Inhalt

Danke

Allen Menschen, die ich im Laufe meiner Recherchen angesprochen und angeschrieben habe, gilt mein aufrichtiger herzlicher Dank. Selten habe ich mit meinen Nachforschungen so viele offene Türen eingerannt, so ein Gefühl der freudvollen Kooperation gespürt. »Wie formuliert man Fragen verständlich, wenn man nicht weiß, wonach man sucht?« Diesem meinem Problem wurde durch viel Geduld und persönlichem Engagement vieler Beteiligter Abhilfe zuteil.

Besonders bedanken möchte ich mich bei Harry B. Davis, dessen englischsprachiges Büchlein »Mark Twain in Heidelberg« etliche Anregungen enthält. Monika Dobler vom Hanser Verlag gab uns das Abdruckrecht für die Übersetzung von Ana Maria Brock. (Hinweisen möchte ich auf die 5-bändige Buchkassette »Mark Twain, Gesammelte Werke« im Diogenes Verlag.) Die Teams vom Stadtarchiv, der Unibibliothek und der Städtischen Bücherei, allen voran Frau Weber und Frau Eberle, hatten so manche Überraschung für mich parat. Der Fotograf Richard Majrczak fuhr auf den Spuren Twains mit dem Velo Solex neckaraufwärts. Ortsvorsteher Wiltschko befragte ältere Dilsberger Bürger, Dr. Michael Rabbow (DMR) vom Corps Saxo-Borussia korrigierte Fachausdrücke vom Paukboden, Herr Haberhammer gab Auskünfte über Bad Wimpfen, Herr Völl über Heilbronn, Herr Zimmermann über die Kettendampfer, H. D. Heilmanns Tips jagten mich erneut in die Archive. Im Café Knösel und beim Friseurmeister Egon Pfaus in Heidelberg fand ich Spuren wie beim Feuerwerker Kesselbach. Im Mannheimer Stadtarchiv und Reissmuseum waren es die Herren Winter, Hermann und Auerscheidt, die mir bereitwillig Auskünfte gaben. Molto Menz suchte in München, Betriebsamtmann Kracht und Vorsteher Volk vom Heidelberger Bahnhof waren so hilfsbereit wie die Bibliothek des Deutsch-Amerikanischen Instituts der Stadt mit Werken über Mark Twain bestückt ist: reichlich. Weiterhin sei folgenden Institutionen und ihren Mitarbeitern Dank: Herrn Finck von der Hapag-Lloyd, Herrn Schmolz, Stadtarchivar von Heilbronn, Frau Lauck vom Stadtarchiv Baden-Baden, der Bayerischen Staatsbibliothek München, der Staatlichen Bibliothek Passau, dem Verlag Passavia in Passau.

Die Zusammenarbeit mit Verleger Grubhofer, Sabine Rüffer, Gestalter Michel Meyer und Setzerin Petra Petzold verlief in einem fast familiären Rahmen, was kann sich ein Schreiberling besseres wünschen?

Ruhe und Inspiration am Arbeitsplatz, richtig. Auch der Mann selber, Mark Twain, hätte sicherlich gerne unter den Bedingungen gearbeitet, die mir von Nadina Leganovic und unserer jungen Tochter Oona geschaffen wurden.

Im strahlenden Altweibersommer '85

Werner Pieper

Zum Text

Der durchlaufende Text ist der deutschen Übersetzung des Buches „A TRAMP ABROAD" von Mark Twain entnommen. In deutscher Sprache unter dem Titel „BUMMEL DURCH EUROPA" im Hanser-Verlag erschienen.

Zitierte Quellen

(in Klammern die jeweils angegebenen Abkürzungen)

(CTB)	The Complete Travel Books of Mark Twain, Charles Neider
(MW)	The Man and His Work: Mark Twain, Ed Wagenknecht
(II)	Mark Twain: An Introduction and Interpretation, Frank Baldanza
(NB)	Mark Twain Notebooks, Albert Paine, ed., NY 1935
(LP)	Mark Twains Letters to his Publishers, Univ. of California, 1967
(RM)	Mark Twain Monografie, rororo
(MTP)	The Mark Twain Papers, Bancroft Library, Univ. of California, Berkeley
(AMT)	The Authentic Mark Twain
(EMT)	Das Europabild des Mark Twain, Günter Möhle, 1940, Berlin
(MTA)	Autobiografie, A. Paine, ec., NY 1924
(RN)	Reise durch das Neckarthal, 1864, Autor unbek., Eberbach
(EH)	Eisenbahnen nach Heidelberg, DB, Heidelberg, 1980
(KSN)	Kettenschiffahrt auf dem Neckar, Heilbronner Museumshefte, 1978
(MTH)	Mark Twain in Heidelberg, Harry B. Davis, Heidelberg, 1985
(MH)	Vor den Mauern Heidelbergs, R. Hoppe, Vlg. Guderjahn, Heidelberg, 1984
(MTG)	Mark Twain in Germany, Hemmersdorf, London, 1940
(AK)	Akademische Monatshefte, München 1898
(HL)	Mark Twain – Howells Letters, Gibson & Smith, ec., Cambridge, Mass., 1960

Die Abkürzungen der benutzten Quellen tauchen bei den Randbemerkungen und im Anhang des Herausgebers auf.
Fett gedruckte Randbemerkungen sind Twain-Zitate, normal gedruckte Bemerkungen des Herausgebers.

Verzeichnis der Abbildungen

Die Bilder auf folgenden Seiten stammen von Mark Twain selber: 73, 84, 97, 100, 130, 134, 135, 146 (zur Hälfte), 187, 208.
Illustrationen, die nicht im folgenden extra aufgelistet sind, entstammen der englischen Erstauflage von »A Tramp Abroad«, London 1880, Verlag Catto und Windus, Picadilly. Der Großteil der Bilder wurde von F. Brown beigesteuert, die anderen von True Williams, B. Day u. a.
Die Fotos auf den Seiten 14/15, 113, 200 wurden von Richard Marjczak speziell für diese Ausgabe aufgenommen.
Außerdem: Seite 7: Hapag-Lloyd AG · Seite 9: Archiv Alfred Volk · Seiten 16 und 103: Stadtarchiv Heidelberg · Seite 19: Firma Kesselbach, Heidelberg · Seite 45: 1st Uniformed Edition, 1905 · Seite 55: Stich von J. J. Tanner aus »Vor den Toren der Stadt«, Verlag Guderjahn · Seiten 80, 123, 155, 209: Historisches Archiv, Birkenau · Seite 103: aus »Die Kettenschiffahrt auf dem Neckar«, Stadt Heilbronn · Seite 126: »Der Dilsberg« · Seite 131: Ortsvorsteher Stefan Wiltschko · Seiten 138, 144, 185 (Donau Zeitung): Stadtarchiv Baden-Baden · Seite 149: Foto Kaeshammer, Ottenhöfen · Seite 160: Ludi Richter · Seite 185: »Heidelberger Zeitung«, Reprint von G. Weber; »Donau Zeitung« vom Verlag Passavia, Passau · Rückcover: Pieper Karikatur Gerd Hosumbek.

Ich danke allen Rechtsinhabern für die Abdruckerlaubnis.

Überfahrt auf der Holsatia
Erste Tage in Deutschland

Die S.S. Holsatia

Am 8. März 1878 unterzeichnete Mark Twain einen Vertrag über ein Buch mit europäischen Reisegeschichten. Dies war der endgültige Anstoß für seine Reise nach Deutschland. (AMT)

Die »Clemens-Reisegesellschaft«, d.h. Ehefrau Livy, die Töchter Susy und Clara (»Bay«), Hausfreundin Clara Spaulding und das Kindermädchen Rosina Hay sowie Samuel Langhorne »Mark Twain« Clemens verließen New York am 11.4.1878 an Bord der S.S. Holsatia.

Twain: ***17th April a most remarkable day – frequent hail, sleet, snow & wind-squalls, with dark lowering <sk>*** *Himmel, und mit hölle <Sonnenschien> zwichen. Sehr hohe Seewellen, mit blenden grün in dem zerbrochenen Spitze. (NB)*

Wir verbrachten zwei teuflische Wochen auf See, anschließend verbrachten wir eine Woche in der schönen,

Eines Tages fiel mir auf, wie viele Jahre vergangen waren, seit die Welt das Schauspiel erlebt hatte, daß ein Mann verwegen genug war, eine Fußreise durch Europa zu unternehmen. Nach vielem Nachdenken entschied ich, daß ich der Richtige wäre, der Menschheit dieses Schauspiel zu bieten. Also entschloß ich mich dazu. Das war im März 1878.

Ich sah mich nach jemandem um, der geeignet wäre, mich als Agent zu begleiten, und stellte schließlich einen Mr. Harris für diesen Dienst ein.

Es war auch meine Absicht, Kunst zu studieren, solange ich in Europa sein würde. Mr. Harris stimmte darin mit mir überein. Er war ebensosehr für die Kunst begeistert wie ich und nicht weniger begierig, malen zu lernen. Ich hatte den Wunsch, die deutsche Sprache zu erlernen; Harris ebenfalls.

Gegen Mitte April reisten wir auf der »Holsatia«, unter Kapitän Brandt, ab und erlebten eine wirklich sehr angenehme Überfahrt.

Nach einer kurzen Erholungspause in Hamburg trafen wir Vorbereitungen, in dem milden Frühlingswetter eine lange Fußwanderung gen Süden zu machen, aber im letzten

in der sehr schönen Stadt Hamburg. Seit dem sind wir rumgebummelt. Täglich vier Stunden per Bahn, mit einem Reisebegleiter, den Rest der Zeit verbringen wir in diesen riesigen Schlafzimmern und Gemächern der Hotels. Sie sind überwältigend. Vorgestern in Kassel war unser Zimmer 31 Fuß lang, hatte zwei Sofas, zwölf Stühle, einen Schreibtisch und vier im Raum verteilte Tische.

Was für ein Paradies dieses Land doch ist! Welch saubere Kleidung, welch gute Gesichter, was für eine ausgeglichene Ruhe, was für ein Wohlstand, welch einzigartige Freiheit, was für eine superbe Regierung! Ich bin so glücklich, denn ich bin für nichts von dem verantwortlich. Ich bin nur hier um mich zu erfreuen. Wie bezaubert ich bin, wenn ich ein deutsches Wort höre, das ich verstehe!

Wir nehmen uns nicht 6 Tage Zeit um nach Heidelberg zu kommen, weil wir es unbedingt so wollen. Ganz im Gegenteil, aber Mrs. Clemens hat sich an Bord des Schiffes eine Erkältung zugezogen, die eine schnellere Reise nicht zuläßt. ...Bevor ich es

Augenblick änderten wir aus privaten Gründen das Programm und fuhren mit dem Schnellzug.

In Frankfurt am Main machten wir kurz halt und fanden die Stadt interessant. Ich hätte gern das Geburtshaus Gutenbergs besucht, aber das war nicht möglich, weil man sich die Lage des Hauses nicht gemerkt hat. Deshalb verbrachten wir statt dessen eine Stunde im Goethehaus. Die Stadt läßt es zu, daß dieses Haus Privatleuten gehört, statt sich selbst mit der Würde zu schmücken und auszuzeichnen, es zu besitzen und zu pflegen.

Frankfurt ist eine der sechzehn Städte, die den Vorzug genießen, Schauplatz des folgenden Ereignisses gewesen zu sein: Als Karl der Große die Sachsen verfolgte (wie *er* sagte) oder von ihnen verfolgt wurde (wie *sie* sagten), kam er bei Morgengrauen im Nebel am Flußufer an. Der Feind war entweder vor ihm oder hinter ihm; aber jedenfalls wollte er sehr dringend hinüber. Für einen Führer hätte er alles gegeben, aber es war keiner da. Bald darauf sah er, wie eine Hirschkuh, von ihren Jungen gefolgt, auf das Wasser zuging. Er beobachtete sie, da er annahm, sie werde eine Furt suchen, und er hatte recht. Sie watete hinüber, und das Heer folgte ihr. So wurde ein großer fränkischer Sieg oder eine große fränkische Niederlage errungen oder vermieden; und zum Andenken an diese Begebenheit ließ Karl der Große dort eine Stadt bauen, die er Frankfurt nannte – die Furt der Franken. Keine der anderen Städte, wo dieses Ereignis stattgefunden hat, wurde danach benannt. Das ist der schlüssige Beweis dafür, daß Frankfurt der erste Ort war, an dem es geschah.

Frankfurt besitzt noch eine Besonderheit – es ist der Geburtsort des deutschen Alphabets oder zumindest des deutschen Wortes für Alphabet – *Buchstaben.* Es heißt, die ersten beweglichen Lettern seien aus Birkenstäben hergestellt worden – daher der Name *Buchstabe.*

In Frankfurt erhielt ich eine Lektion in Nationalökonomie. Ich hatte eine Kiste mit tausend sehr billigen Zigarren von zu Hause mitgebracht. Probehalber betrat ich einen kleinen Laden in einer wunderlichen alten Seitengasse, nahm vier bunte Schachteln mit Wachshölzern und drei Zigarren und legte eine Silbermünze im Werte von achtundvierzig Cent hin. Der Mann gab mir dreiundvierzig Cent heraus.

In Frankfurt sind alle Leute sauber gekleidet, und ich glaube, wir bemerkten diese merkwürdige Tatsache auch in Hamburg und in den Orten entlang der Bahnstrecke. Selbst in den engsten, ärmsten und ältesten Vierteln Frankfurts war ordentliche und saubere Kleidung die Regel. Die kleinen Kinder beiderlei Geschlechts waren fast immer fein genug, um sie auf den Schoß nehmen zu können. Und was die Uniformen der Soldaten betrifft, so waren sie die Neuheit und Pracht in Perfektion. Keinerlei Schmutzfleck oder Stäubchen konnte man je darauf entdecken. Schaffner und Fahrer der Straßenbahn trugen hübsche Uniformen, die eben vom Schneider gekommen zu sein schienen, und so gut wie ihre Kleidung war auch ihr Benehmen.

vergesse, unsere feste Postanschrift in Heidelberg wird c/o Messrs. Koester & Co, Bankiers, Heidelberg, sein.

Links der Bahnhof, rechts Hotel Schrieder, im Hintergrund der Eisenbahntunnel: der Bahnübergang über die Rohrbacher Straße, so wie er bis 1955 in Betrieb war.

Wir stiegen in einem Hotel am Bahnhof ab. Als wir am nächsten Morgen in meinem Zimmer saßen und darauf warteten, daß das Frühstück heraufkomme, wurden wir von etwas, das sich drüben vor einem anderen Hotel abspielte, stark gefesselt. Zuerst erschien an der Tür die Persönlichkeit, die man »Portier« nennt (nicht der Träger, sondern eine Art Obermaat des Hotels) , in einer funkelnagelneuen blauen Tuchuniform, geschmückt mit glänzenden Messingknöpfen und mit Goldtressen um Mütze und Manschetten; und weiße Handschuhe trug er auch noch dazu. Er warf einen dienstlichen Blick auf den Stand der Dinge und begann dann, Befehle zu erteilen. Zwei Dienstmädchen kamen mit Eimern, Besen und Bürsten heraus und schrubbten gründlich den Bürgersteig; inzwischen schrubbten zwei andere die vier Marmorstufen, die zur Tür hinaufführten; weiter hinten konnten wir einige Diener sehen, die den Teppich der großen Treppe aufnahmen. Diesen Teppich brachte man fort, klopfte und schlug ihn und fegte das letzte Stäubchen aus ihm heraus, brachte ihn

Die einzige Spur von Mark Twains Aufenthalt in Heidelberg (abgesehen von seinen Schriften) ist eine Eintragung der Ankunft der »Familie Celmans« (sic!) aus New York im Hotel Schrieder am Bahnhof, in der »Heidelberger Zeitung« vom 7. Mai. (MTH)

Im Hotel Schrieder sind keinerlei »Beweise« aus der Zeit mehr zu finden, da nach Aussage des Hotels »alle Unterlagen in der Zeit amerikanischer Besetzung (bis 1966) verschwunden sind.«

dann zurück und legte ihn wieder hin. Die Läuferstangen aus Messing wurden auf Hochglanz poliert und wieder an ihren Ort gelegt. Nun brachte ein Trupp Diener Töpfe und Kübel mit blühenden Pflanzen heran und gruppierte sie um die Tür und den Fuß der Treppe herum zu einem prächtigen Dickicht. Andere Diener schmückten alle Balkone der einzelnen Stockwerke mit Blumen und Fahnen; weitere stiegen auf das Dach und hißten dort an einem Mast eine große Flagge. Nun kamen noch mehr Zimmermädchen und überarbeiteten noch einmal den Bürgersteig und wischten dann die Marmorstufen mit feuchten Tüchern und staubten sie schließlich mit Federbesen ab. Jetzt wurde ein breiter, schwarzer Läufer herausgebracht und die Marmorstufen hinunter über den Bürgersteig bis zum Bordstein gelegt. Der Portier warf einen Blick daran entlang und bemerkte, daß er nicht absolut gerade lag; er befahl, ihn gerade auszurichten; die Diener gaben sich Mühe – sie gaben sich wirklich viel Mühe –, aber der Portier war nicht zufrieden. Er ließ ihn schließlich aufnehmen, und dann legte er ihn selbst aus und bekam ihn richtig hin.

Die Clemens' erreichten Hamburg am 25. April und verbrachten etwa eine Woche im Hotel Kronprinz. Mark Twain schrieb zwar zwei Kapitel über seinen Hamburg-Aufenthalt, sie wurden jedoch nie publiziert. Von Hamburg aus reiste die Gesellschaft mit dem Zug mit kurzen Aufenthalten in Hannover und Kassel (Ausflug zur Wilhelmshöhe!) nach Frankfurt, wo sie am 4. Mai eintrafen.

***Twain: Das Goethehaus. Unser Führer hat die Unverfrorenheit uns einen Besuch der Geburtsstätte Rothschilds vorzuschlagen. Mein lieber Mann, vor zwei- oder dreihundert Jahren haben sie diese Juden gehäutet im alten Frankfurt und nun ehren sie deren Geburtsplatz – aber immerhin, es ist ein Fortschritt. Wir haben keinen Abscheu mehr vor den Juden sondern beten ihr Geld an.** (NB)*

Bei diesem Stand der Dinge wurde ein schmaler, leuchtendroter Läufer entrollt und von der obersten Marmorstufe bis zum Bordstein mitten auf dem schwarzen Läufer ausgelegt. Dieser rote Pfad kostete den Portier sogar noch mehr Mühe als der schwarze. Aber er schob ihn geduldig wieder und wieder zurecht, bis er vollkommen in Ordnung war und genau in der Mitte des schwarzen Läufers lag. In New York hätten diese Vorgänge eine gewaltige Menge neugieriger und lebhaft interessierter Zuschauer angezogen; hier aber gewannen sie als Publikum nur ein halbes Dutzend kleiner Jungen, die in einer Reihe quer über den Bürgersteig standen, einige mit dem Schulranzen auf dem Rücken und die Hände in den Taschen, andere die Arme voller Sachen, und alle waren in das Schauspiel vertieft. Gelegentlich hüpfte einer von ihnen respektlos über den Läufer und stellte sich auf der anderen Seite hin. Das ärgerte den Portier jedesmal sichtlich.

Nun kam eine Wartezeit. Der Wirt, in schlichtem Zivil und barhäuptig, stellte sich auf der untersten Marmorstufe auf, neben dem Portier, der am anderen Ende derselben Stufe stand; sechs oder acht Kellner, behandschuht, barhäuptig und mit ihrer weißesten Wäsche, ihrer weißesten Krawatte und ihrem besten Frack bekleidet, gruppierten sich um diese Chefs herum, ließen aber den Teppichgang frei. Keiner rührte sich oder sprach, alle warteten nur noch.

Nach kurzer Zeit hörte man das schrille Pfeifen eines ankommenden Zuges, und sofort begannen sich Menschengruppen in der Straße zu versammeln. Zwei oder drei offene Wagen trafen ein und setzten einige Ehrendamen und einige Beamte am Hotel ab. Bald darauf brachte ein weiterer offener Wagen den Großherzog von Baden, einen stattlichen Mann in Uniform, der die hübsche, messingbeschlagene Pickelhaube des Heeres auf dem Kopfe trug. Zuletzt kamen die deutsche Kaiserin und die Großherzogin von Baden in einer geschlossenen Kutsche; sie schritten durch die Gruppen der Bediensteten, die sich tief verneigten, und verschwanden im Hotel, wobei sie uns nur die Hinterköpfe zeigten, und dann war der Aufzug vorbei.

Einen Monarchen an Land zu setzen scheint genau so schwer zu sein, wie ein Schiff vom Stapel laufen zu lassen.

Am 7. Mai traf ihre Majestät die deutsche Kaiserin mit hohem Gefolge dahier ein. Die Königin von Schweden stattete ihr einen Besuch ab. Kaiserin Augusta setzte um 3.30 Uhr ihre Fahrt nach Baden-Baden fort. (Heidelberger Zeitung, 1878)

Heidelberg, »das Höchstmögliche an Schönheit«

Albert's Schloßhotel – das schönste Hotel Deutschlands, hoch über dem Karlstor.

Die Familie Clemens bezog das Schloß-Hotel, laut einem Reiseführer damaliger Zeit »wohl das schönst gelegene Hotel Deutschlands«, das erst einige Jahre vorher eröffnet worden war. Twain dazu: ***Mr. Albert, der Erbauer, muß ein nobles Genie sein. Gott, was für eine gesegnete Lage; die Ruhe dieses Platzes! Nur zwei Geräusche: das glückliche Gezwitscher der Vögel im Gehölz und das Gemurmel des Neckars.*** *Man bezog eine Suite für 250 Dollar. Das Hotel wurde in den 30er Jahren völlig umgebaut und dient seit den 60er Jahren*

Aber nun zu Heidelberg. Es wurde ziemlich warm – wirklich sehr warm. Deshalb verließen wir das Tal und bezogen Quartier im Schloßhotel, auf dem Berg über dem Schloß.

Heidelberg liegt an der Mündung einer engen Schlucht – einer Schlucht in Form eines Hirtenstabes; wenn man in sie hinaufschaut, bemerkt man, daß sie etwa anderthalb Meilen weit gerade verläuft, dann scharf nach rechts abbiegt und verschwindet. Diese Schlucht – auf deren Grund der reißende Neckar fließt – ist eingeschlossen zwischen (oder eingeschnitten in) einige lange, steile Bergrücken, die tausend Fuß hoch und bis zu den Gipfeln hinauf dicht bewaldet sind, mit Ausnahme eines Abschnittes, den man rasiert und dem Ackerbau unterworfen hat. Diese Bergrücken sind an der Mündung der Schlucht abgehackt und bilden zwei kühne, ins Auge fallende Vorgebirge, zwischen die sich Heidelberg schmiegt; zu ihren Füßen breitet sich die weite, dunstige Ebene des Rheintals aus, und in diese Ebene schweift der Neckar in gleißenden Windungen hinein und ist bald den Blicken entschwunden.

Wenn man sich nun umdreht und noch einmal die Schlucht hinaufblickt, sieht man rechts das Schloßhotel, das auf einer steilen Klippe über dem Neckar thront – einer Klippe, die so üppig mit Laub gepolstert und verkleidet ist, daß kein Stück des Felsens sichtbar wird. Das Gebäude scheint sehr hoch gelegen zu sein. Es sieht aus, als stünde es auf einem Bord auf halber Höhe des bewaldeten Berghanges; und da es abseits und ganz für sich liegt und sehr weiß ist, hebt es sich deutlich vom hohen Laubwall in seinem Rükken ab.

Dieses Hotel besaß eine Besonderheit, die entschieden etwas Neues war und die sich jedes Haus sehr zum Vorteil zu eigen machen könnte, das an so beherrschender Stelle thront. Diese Besonderheit könnte man als eine Reihe verglaster Räume beschreiben, *die an der Außenseite des Hauses kleben,* je einer an einem jeden Schlafzimmer und Salon. Sie ähneln an das Gebäude gehängten langen, schmalen, hohen Vogelkäfigen. Ich hatte ein Eckzimmer, das zwei dieser Dinger aufwies, eines nach Norden und eines nach Westen.

Vom Nordkäfig aus schaut man die Neckarschlucht hinauf; von dem westlichen aus schaut man sie hinunter. Der letztere bietet den weitesten Ausblick, und das ist dazu einer der lieblichsten, die man sich nur vorstellen kann. Aus einer schwellenden Woge leuchtendgrünen Laubwerks erhebt sich, einen Büchsenschuß entfernt, die gewaltige

als Internationales Studentenheim. Als unser Fotograf versuchte, den Blick Twains vor die Linse zu bekommen, kam er mit den zwei Studenten, die nun in jenem Zimmer wohnen, ins Gespräch. Während der Inder ruhig war, schwärmte der Nepali von der Aussicht. »Traumhaft! Vor allem nachts!« Nein, Mark Twain kannte er nicht. Wo dieses sagenumwobene Hotel ist? Nun, wenn man von der Altstadt zum Schloß hinaufschaut und dann den Blick etwas nach links schweifen läßt, an der Bergeskante, jawoll, genau, dieser eckige häßliche Kasten . . .

Ruine des Heidelberger Schlosses mit leeren Fensterbögen, efeugepanzerten Zinnen, verwitternden Türmen – der Lear der unbelebten Natur –, verlassen, entthront, sturmgepeitscht, aber noch immer fürstlich und schön. Es ist ein prächtiger Anblick, wenn das Abendsonnenlicht plötzlich den belaubten Abhang am Fuße des Schlosses trifft, an ihm emporschießt und es wie mit leuchtendem Gischt übergießt, während die angrenzenden Gehölze in tiefem Schatten liegen.

Hinter dem Schloß erhebt sich ein ansehnlicher kuppelförmiger, bewaldeter Berg, und hinter diesem einer, der noch stattlicher und höher ist. Das Schloß blickt hinunter auf die dichtgedrängte Stadt mit ihren braunen Dächern; und von der Stadt aus überspannen zwei malerische alte Brücken den Fluß. Nun weitet sich der Ausblick; durch den Torweg zwischen den postenstehenden Vorgebirgen sieht man hinaus auf die weite Rheinebene, die sich sanft und in satten Farbtönen hindehnt, allmählich und traumhaft verschwimmt und schließlich unmerklich mit dem fernen Horizont verschmilzt.

Ich habe noch niemals eine Aussicht genossen, die einen so stillen und beglückenden Zauber besessen hätte wie diese.

Am ersten Abend, den wir dort verbrachten, gingen wir früh schlafen, aber ich erwachte nach zwei oder drei Stunden und lag behaglich eine Weile da, um dem Regen zu lauschen, der so besänftigend gegen die Balkonfenster tropfte. Ich hielt es für Regen, aber es stellte sich heraus, daß es nur das Murmeln des rastlosen Neckars war, der weit unten in der Schlucht über seine Dämme und Wehre toste. Ich stand auf und ging in den Westbalkon und erblickte ein wundervolles Bild. Weit unten im Grund unterhalb der

schwarzen Masse des Schlosses, lag die Stadt am Fluß hingestreckt, und ihr verwickeltes Straßennetz war mit blinzelnden Lichtern geschmückt; auf den Brücken sah man Lichterreihen; diese warfen Lichtspeere auf das Wasser in den schwarzen Schatten der Brückenbogen hinab; und drüben am Rande dieses ganzen Märchenbildes blinkte und glühte eine dichte Menge von Gaslichtern, die sich über mehrere Morgen zu erstrecken schienen; es war, als wären alle Diamanten der Welt dort ausgebreitet worden. Ich hatte nicht gewußt, daß sich eine halbe Meile sechsfacher Eisenbahngleise als solch ein Schmuck ausnehmen könnte.

Man glaubt, Heidelberg – mit seiner Umgebung – bei Tage sei das Höchstmögliche an Schönheit; aber wenn man Heidelberg bei Nacht sieht, eine herabgestürzte Milchstraße, an deren Rand jenes glitzernde Sternbild der Eisenbahn geheftet ist, dann braucht man Zeit, um sich das Urteil noch einmal zu überlegen.

Das Heidelberger Schloß muß sehr schön gewesen sein, bevor es die Franzosen vor zweihundert Jahren beschossen, beschädigten und in Brand steckten. Der Stein ist braun

26. Mai. In einem Brief an seinen Freund Howell schreibt Mark Twain: ***Ich habe darauf gewartet, daß mich die Arbeit ruft. Ich wußte, daß es geschehen würde. Nun, vor einer Woche setzte der Arbeitsdrang ein. Tagtäglich greife ich öfters nach meinem Notizbuch und vor drei Tagen habe ich meine Arbeitsunterlagen in mein Arbeitszimmer geschafft. Nun ist der Drang zum Schreiben sehr stark und so werde ich morgen mit dem regelmäßigen Schreiben anfangen.*** *(NB)*

Twain: 4. Juni. ***Habe einen Raum in der hübschen kleinen Wirtschaft unterhalb des Königstuhls gemietet und bezahlt.*** *(NB)*

Der Königstuhl wurde nach dem Königstuhlfelsen benannt. Dieser Königstein soll Anfang des 15. Jahrhunderts von Kurfürst Ruprecht III. errichtet worden sein. 1832 wurde auf dem Berg ein 27 Meter hoher Aussichtsturm gebaut, 1864 dann die Wirtschaft. Leider läßt sich durch die diversen Umbauten auch hier die genaue Lage von Twains Zimmer nicht mehr rekonstruieren.

mit einem rosigen Schimmer und scheint nicht leicht flekkig zu werden. Das feine und sorgfältig ausgearbeitete Ornament an seinen zwei Hauptfronten ist so zierlich gemeißelt, als wäre es eher für die Innenausstattung eines Salons gedacht gewesen als für das Äußere eines Gebäudes. Viele Früchte und Blumenbüschel, menschliche Köpfe und grimmig vorspringende Löwenköpfe sind noch in jeder Einzelheit so vollkommen, als wären sie neu. Aber die Statuen, die zwischen den Fenstern aufgestellt sind, haben gelitten. Es sind lebensgroße Standbilder von früheren Kaisern, Kurfürsten und ähnlichen hohen Persönlichkeiten; sie tragen Rüstungen und in den Händen gewaltige Schwerter. Manche haben einen Arm verloren, manche den Kopf, und ein armer Kerl ist in der Mitte abgehackt worden. Es gibt eine Sage, wonach ein Fremder, der über die Zugbrücke und über den Hof bis zur Schloßfassade geht, ohne etwas zu sagen, einen Wunsch äußern darf, der erfüllt werden wird. Aber es heißt, daß es nicht möglich sei, zu beweisen, ob das stimmt, denn bevor der Fremde von der Zugbrücke bis zu der bezeichneten Stelle gelangt, zwinge ihm die Schönheit der Schloßfassade einen Ausruf des Entzückens ab.

Um gut zu wirken, muß eine Ruine den richtigen Standort haben. Diese hier hätte nicht günstiger gelegen sein können. Sie steht auf einer die Umgebung beherrschenden Höhe, sie ist in grünen Wäldern verborgen, um sie herum gibt es keinen ebenen Grund, sondern im Gegenteil bewaldete Terrassen über Terrassen, und man blickt durch glänzende Blätter in tiefe Klüfte und Abgründe hinab, wo

Dämmer herrscht und die Sonne nicht eindringen kann. Die Natur versteht es, eine Ruine zu schmücken, um die beste Wirkung zu erzielen.

Einer dieser alten Türme ist mitten durchgespalten, und eine Hälfte ist zur Seite gestürzt. Sie ist so eingestürzt, daß sie ganz malerisch daliegt. Fehlte nur noch eine passende Verhüllung, und dafür hat die Natur gesorgt; sie hat die zerklüftete Masse mit Blüten und Grün überzogen und eine Augenweide aus ihr gemacht. Die aufrechtstehende Hälfte zeigt ihre gewölbten, höhlenartigen Räume wie aufgerissene, zahnlose Rachen; auch hier haben die Ranken und Blüten ihr Werk der Barmherzigkeit getan. Der rückwärtige Teil des Turmes wurde auch nicht vernachlässigt, sondern ist in ein anliegendes Gewand aus poliertem Efeu gekleidet, das die Wunden und Flecken der Zeit verbirgt. Sogar die Spitze ist nicht kahl geblieben, sondern mit einer üppigen Gruppe von Bäumen und Strauchwerk gekrönt. Das Unglück hat für diesen alten Turm getan, was es manchmal für den menschlichen Charakter tut – es hat ihn veredelt.

Der Schloßinnenhof 1878

Einmal bemerkte ein Herr, daß es schön gewesen sein muß, in dem Schloß zu seiner Blütezeit zu wohnen, aber daß wir einen Vorteil genössen, an dem es seinen entschwundenen Bewohnern gemangelt habe, nämlich, eine bezaubernde Ruine besuchen zu können, die Stoff zum Sinnen und Grübeln gibt. Aber das war ein voreiliger Gedanke. Jene Leute hatten *uns* etwas voraus. Sie hatten das schöne Schloß zum Wohnen, und sie konnten außerdem das Rheintal überqueren und sich vor der stattlichen Ruine Trifels in ihre Gedanken versenken. Die Leute von Trifels

*Twain: 10. Juni. **Wir leben immer noch im Schloßhotel, aber ich schlafe und esse dort nur. Mein Arbeitsraum befindet sich im 2. Stock der kleinen Wirtschaft unterhalb des Turms auf dem Königstuhl. Jeden Morgen um 10 laufe ich hinauf, schreibe bis um 3, rede in einem hoffnungslosen und unverbesserlichen Deutsch mit der Wirtsfamilie bis um 5 und begebe mich dann wieder hinunter ins Hotel zur Nachtruhe.** (NB)*

*Twain: 2. Juli. **Habe heute Prof. Fischer an der Uni über Leibniz gehört. Viele Namen und Daten.** (NB)*

21. Juli. Brief von Livy über ihren Mann, der mehrfach von Rheuma gequält wurde. »Er hatte wieder große Schmerzen in seinem Fuß, der arg angeschwollen war. Wir sandten nach dem Doktor, der das Bein mit einer Pariser Bandage umwikkelte, die sehr schnell knochenhart wurde, und nach ein paar Stunden ließ der Schmerz nach.« (NB)

In diesem Sommer wurde die Psychiatrische Klinik der Uni Heidelberg eingeweiht.

konnten zu ihrer Zeit, vor fünfhundert Jahren, hingehen und über majestätische Ruinen sinnen, die jetzt bis auf den letzten Stein verschwunden sind. Zweifellos hat es dort immer Ruinen gegeben; und es hat immer tiefsinnige Leute gegeben, die über ihnen seufzten, und Esel, die ihre Namen und das wichtige Datum ihres Besuches in sie einkratzten. Hundert Jahre, nachdem Adam das Paradies verlassen hatte, machte der Fremdenführer wahrscheinlich schon seine übliche umfassende Handbewegung und sagte: »Stelle, wo die Tiere ihren Namen erhielten, meine Damen und Herren; Stelle, wo der Baum mit den verbotenen Früchten stand; genau die Stelle, wo Adam und Eva sich zuerst begegneten; und hier, meine Damen und Herren, haben wir, geschmückt und geheiligt durch die Namen und Adressen dreier Touristengenerationen, die verfallenden Reste von Kains Altar – schöne, alte Ruine!« Dann hat er zweifellos von jedem ein Trinkgeld kassiert und sie laufen lassen.

Die Illumination des Heidelberger Schlosses gehört zu den Sehenswürdigkeiten Europas. Die malerische Form des Schlosses; seine beherrschende Lage mitten auf dem steilen und bewaldeten Berghang; seine gewaltige Größe – diese drei Merkmale wirken zusammen, um die Illumination höchst wirkungsvoll zu machen. Es ist notwendigerweise eine kostspielige Darbietung und deshalb ziemlich selten. Deswegen geht immer, wenn eine dieser Vorführungen stattfinden soll, die Nachricht durch die Zeitungen, und an dem Abend ist Heidelberg bestimmt voller Menschen. Ich und mein Agent hatten eine solche Gelegenheit, und wir nahmen sie wahr.

An dem bestimmten Abend überschritten wir mit einigen amerikanischen Studenten gegen halb acht im strömenden Regen die untere Brücke und gingen die Straße hinauf, die am Neunheimer Ufer des Flusses entlangführt. Auf dieser Straße drängten sich Wagen und Fußgänger; erstere umfaßten alle Altersklassen, letztere alle Altersklassen und beide Geschlechter. Diese schwarze und kompakte Menge kämpfte sich mühselig durch den Matsch, die Dunkelheit und die Regenflut voran. Wir wateten eine Dreiviertelmeile und stellten uns schließlich direkt dem Schloß gegenüber in einem ungeschützten Biergarten auf. Wir konnten das Schloß nicht *sehen* – übrigens auch nichts anderes –, aber wir konnten durch die herrschende Finsternis hindurch die Umrisse des Berges gegenüber schwach erkennen, und wir wußten, wo ungefähr das Schloß lag. Wir standen unter unseren Regenschirmen auf einer der

hundert Bänke des Gartens; die anderen neunundneunzig nahmen stehende Männer und Frauen ein, und auch diese hatten Regenschirme mit. Die ganze Gegend ringsum und die Uferstraße hinauf und hinab war ein einziges Gewirr von Menschen, verborgen unter einer geschlossenen Decke von Wagendächern und Regenschirmen. So standen wir zwei Stunden hindurch in triefender Nässe da. Es fiel mir kein Regen auf den Kopf, aber die zusammenstoßenden Fischbeinspitzen eines Dutzends benachbarter Regenschirme gossen mir kleine, kühlende Rinnsale in den Hals und manchmal in die Ohren und bewahrten mich so davor, mich zu erhitzen und ungeduldig zu werden. Außerdem hatte ich gehört, daß dies gut für meinen Rheumatismus sei. Später kam ich jedoch zu der Vermutung, daß die Wasserkur für Rheumatismus *nicht* gut sei. Sogar kleine Mädchen waren an diesem furchtbaren Ort. Gerade vor

Prof. Radbruch: Das Heidelberger Klima ist der Produktion nicht günstig, und Heidelberg ist deshalb mehr eine Pflanzstätte von Werken des Geistes als von Werken des Fleißes.

Vom Schloßhotel hat man einen wunderschönen Blick auf den Neckar und in die Pfalz: »Pfalz lautet in pfälzischer Mundart ›Palz‹. Als Christus nämlich vom Teufel zur letzten Versuchung auf einen hohen Berg geführt ward, wo dieser ihm alle Herrlichkeiten der Welt zeigte, hatte Satanas das dicke Ende seines Schweifes auf das schönste Stücklein Erde gelegt, es als das letzte und schwerste Gewicht in die Waagschale der Entscheidung zu werfen. Als alle Herrlichkeiten der Welt nicht verfingen, da spielte Satan den letzten Trumpf und zog den Schweif zu sich, so daß die letzte und größte Herrlichkeit der Erde sich den Blicken des zu Verführenden zeigte. Staunend und in die Betrachtung dieses Paradieses versunken habe Christus da gestanden; gerne hätte er es besessen, aber unter gemachten Bedingungen nicht. Sich ermannend, rief er dem Verführer zu: ›B'halt's!‹ (behalte es), was in der pfälzischen Mundart wie ›Palz‹ lautet. Ob Satan gerade hier oben gesessen und von hier aus die Unterredung gepflogen, sagt die Erzählung nicht, obwohl böse Zungen behaupten, hier sei ein wahrer Teufelssitz, verführerisch, indem er nicht bloß durch die Fernsicht verlocke, sondern nach und nach eine solche Masse inneren Irrgeistes anhäuft, daß man alle Mühe habe, den sonst nicht gerade schmalen Weg zur Stadt nicht zu verlieren, und statt des Teufelsschwanzes will Mancher schon einen stattlichen Zopf gesehen haben.« (RN)

***Twain: Heidelberger Transportmittel sehr teuer. Der selbe Preis wie die Schloßbeleuchtung: 1/2 Mark pro Minute. Mit dem Mietpferd von der Stadt zum Schloß für 10 Minuten 3.50 Mark, zurück in 5 Minuten ebenfalls 3.50 Mark. Zum Königstuhl und zurück 15 Mark. Ich laufe diese Strecke in weniger als 1,5 Std. Immerhin haben wir Gas im Hotel.** (NB)*

Eselstarife zur selben Zeit: Esel zum Schloss 70 Pfg., Wolfsbrunnen und Schloss 1 Mark 80 Pfg.; Königstuhl 3 Mark; Molkenkur, Königstuhl, Felsenmeer, Wolfsbrunnen, Heidelberg 6 Mark.

mir hielt ein Mann eines im Arm, eine geschlagene Stunde lang, und die ganze Zeit hindurch sickerten ihr Regenschirmrinnsale in die Kleider.

Unter diesen Umständen waren zwei Stunden, die wir warten mußten, eine ganze Menge, aber als das Feuerwerk endlich losging, fühlten wir uns entschädigt. Natürlich ging es unvermutet los – das tun Sachen, die lange vorbereitet und ersehnt werden, immer. Mit atemberaubender Schlagartigkeit wurden mehrere riesige Garben vielfarbiger Raketen, von einem donnernden Krachen begleitet, aus den schwarzen Schlünden der Schloßtürme himmelwärts gespien, und sogleich war jede Einzelheit der gewaltigen Ruine vor dem Berghang enthüllt und erglühte in einer fast unerträglichen Feuer- und Farbenpracht. Eine kurze Zeitlang war das ganze Bauwerk eine blendende, hochrote Masse, die Türme spien weiter dichte Raketensäulen empor, und der Himmel darüber strahlte von pfeilförmigen Blitzen, die sich ihren Weg zum Zenit bahnten, innehielten, anmutig abwärtsbogen und dann in einem leuchtenden Gischt farbiger Funken versprühten. Langsam erlosch im Schloß das rote Feuer, und dann wurden die Umrisse fast schwarz; der zornig-grelle Schein, der aus den zerbrochenen Gewölben und unzähligen Fensterhöhlen hervorleuchtete, gab nun den Anblick wieder, den das Schloß in der alten Zeit geboten haben muß, als die französischen Zerstörer die ungeheure Feuersbrunst, die sie da angelegt hatten, verblassen und verschwelen sahen.

Während wir noch entzückt hinüberstarrten, wurde die Ruine plötzlich in wallende, sich übereinander türmende Massen eines nebelähnlichen grünen Feuers gehüllt; dann in blendend purpurne; dann folgte eine Mischung vieler Farben und tauchte das große Bauwerk in ihre ineinanderschmelzende Pracht. Inzwischen war die nächstliegende Brücke illuminiert worden, und von mehreren im Fluß verankerten Flößen wurden in verschwenderischer Fülle Meteorschauer von Raketen, Leuchtkugeln, Kanonenschlägen, Schwärmern und Feuerrädern in den Himmel geschleudert – wahrhaftig ein wunderbarer Anblick für einen, der so wenig an solche Schauspiele gewöhnt war wie ich. Eine Zeitlang schien die ganze Gegend um uns her taghell zu sein, und es goß die ganze Zeit über in Strömen. Dann ging die Vorstellung zu Ende, und wir schlossen uns der Karawane zahlloser, halbertrunkener Menschen an und wateten wieder nach Hause.

Der Schloßpark ist sehr weitläufig und schön; und da er sich so an den Hotelpark anschloß, daß keine Zäune zu überklettern, sondern nur einige herrlich beschattete Stufen hinabzusteigen waren, verbrachten wir fast jeden Tag einige Zeit damit, über seine ebenen Spazierwege und durch seine dichtbelaubten Haine zu schlendern. Unter den Bäumen gab es eine reizende Stelle, wo eine große Anzahl hölzerner Tische und Bänke stand; und da konnte man im Schatten sitzen und vorgeben, an seinem schäumenden Bierkrug zu nippen, während man die Menge betrachtete. Ich sage vorgeben, weil ich nur vorgab zu nippen, ohne wirklich zu nippen. Das ist die feine Art; denn erst wenn man geht, leert man den Krug auf einen Zug. Eine Blaskapelle war da, und jeden Nachmittag bot sie ausgezeichnete Musik dar. Manchmal kamen so viele Leute, daß alle Plätze besetzt, alle Tische voll waren. Und niemals befand sich ein Lümmel in der versammelten Menge – lauter nett angezogene Väter und Mütter, junge Herren und Damen und Kinder; viele Studenten und silberglänzende Offiziere; hier und da ein ergrauter Professor oder eine friedliche alte Dame mit ihrem Strickzeug; und immer ein paar schlaksige Ausländer. Jedermann hatte sein Glas Bier vor sich, seine Tasse Kaffee, seine Flasche Wein oder sein heißes Schnitzel mit Kartoffeln; junge Damen schwatzten, fächelten sich Luft zu oder arbeiteten an ihrer Häkelei oder Stickerei; die Studenten fütterten ihre Hunde mit Zucker, besprachen Duelle oder machten mit ihren Stöcken neue Fechtkniffe vor; und überall herrschten Gemütlichkeit und Behagen, und überall Frieden und den Menschen ein Wohlgefallen. Vögel jauchzten auf den Bäumen und übermütige Kinder auf den Wegen. Für etwa acht Cent oder eine Familienjahreskarte zu zwei Dollar konnte man an diesem Ort jeden Nachmittag einen Platz bekommen und viel Musik genießen.

Nach Belieben konnte man zur Abwechslung zum Schloß schlendern und sich in seinen Verliesen vergraben, in seinen zerstörten Türmen umherklettern oder die Sehenswürdigkeiten betrachten, die es enthielt – zum Beispiel das große Heidelberger Faß. Jeder hat schon einmal von dem großen Heidelberger Faß gehört, und zweifellos haben es die meisten Leute gesehen. Es ist ein Weinfaß von der Größe einer Bauernhütte, und die eine Überlieferung sagt, es fasse achtzehnhunderttausend Flaschen, und die andere sagt, es fasse achtzehnhundert Millionen Fässer. Ich halte es für wahrscheinlich, daß eine dieser Angaben ein Irrtum

Auszüge aus einem Reiseführer von 1878:
Briefe bis 15 gr = 10 Pfg. Telegramm New York pro Wort 3,45 M.
Begräbnistaxen: 1. Klasse 80,35 M., Armenklasse 15,40 M. Abtrittgrubenleerung pro m³ 1,50 M. Waserclosetts 2,00 M.
»Das Sammeln von ungereinigten Knochen und ähnlichen Tierabfällen darf nur in guten, nicht durchlöcherten Säcken geschehen.
Damals gab es in der Stadt
21 Bierbrauer
2 Elfenbeinschnitzer
5 Seifensieder
und 3 Droguen Händler.

Twain: ***Heiliggeistkirche in Heidelberg mit Trennwand – eine Seite Katholiken, andere Seite Protestanten.***
... die Heiliggeistkirche, deren Grundstein 1389 gelegt wurde; nach dem westphälischen Frieden wurde sie paritätisch, indem die Katholiken das Chor, die Evangelischen das Langhaus erhielten. Da Letztere nicht darein willigen wollten, die ganze Kirche den Katholiken zu überlassen, verlegte Karl Philipp die Residenz nach Mannheim.
Zum 500. Universitätsjubiläum wurde diese Trennwand temporär entfernt.

ist und die andere eine Lüge. Jedoch ist die bloße Frage des Fassungsvermögens eine völlig bedeutungslose Sache, denn das Faß ist leer und tatsächlich immer leer gewesen, wie die Geschichte sagt. Ein leeres Faß von der Größe einer Kathedrale könnte mein Gemüt nur wenig bewegen. Ich begreife nicht den Sinn, ein ungeheures Faß zu bauen, um darin Leere aufzubewahren, wenn man draußen täglich kostenlos eine bessere Qualität bekommen kann. Wofür könnte dieses Faß gebaut worden sein? Je mehr man darüber nachgrübelt, desto unsicherer und unerfreulicher wird es. Einige Historiker behaupten, dreißig Paare, andere, dreißigtausend Paare könnten gleichzeitig oben auf diesem Fasse tanzen. Sogar das scheint mir keine Erklärung dafür zu sein, warum es gebaut worden ist. Es wirft nicht einmal Licht darauf. Ein tiefgründiger und gelehrter Engländer – ein Spezialist –, der das große Heidelberger Faß fünfzehn Jahre hindurch zu seinem einzigen Studienobjekt gemacht hatte, erzählte mir, er habe sich schließlich davon überzeugt, daß die Alten es gebaut hätten, um deutsche Sahne darin herzustellen. Er sagte, die deutsche Durchschnittskuh gebe täglich einen bis zweieinhalb Teelöffel Milch, wenn sie nicht länger als achtzehn oder neunzehn Stunden täglich vor den Pflug oder den Heuwagen gespannt werde. Diese Milch sei sehr süß und gut und habe einen schönen, durchsichtig-bläulichen Farbton; aber um in der wirtschaftlichsten Weise Sahne daraus zu erhalten, sei ein eigentümlicher Prozeß erforderlich. Er nehme nun an, es sei bei den Alten Brauch gewesen, das Produkt mehrmaligen Melkens in einer Teetasse zu sammeln, in das große Faß zu schütten, es mit Wasser aufzufüllen und dann von Zeit zu Zeit die Sahne abzuschöpfen, wie es die Bedürfnisse des Deutschen Reiches erforderten.

Das fing an, vernünftig zu klingen. Ganz bestimmt fing es an, Klarheit hinsichtlich der deutschen Sahne zu bringen, die ich in so vielen Hotels und Restaurants angetroffen und bestaunt hatte. Aber mir fiel etwas ein:

»Warum hat der alte Milchmann nicht seine eigene Teetasse voll Milch und sein eigenes Faß Wasser genommen und sie gemischt, ohne eine Regierungsangelegenheit daraus zu machen?«

»Woher hätte er denn ein Faß nehmen sollen, das groß genug gewesen wäre, um Wasser im richtigen Verhältnis aufzunehmen?«

»Sehr wahr.«

Es war offensichtlich, daß der Engländer den Fall von

allen Seiten durchdacht hatte. Dennoch glaubte ich, ich könnte ihn in einem Punkt kriegen; so fragte ich ihn, warum das heutige Reich die Sahne für die Nation nicht im Heidelberger Faß herstelle, statt es unbenutzt vermodern zu lassen.

Aber er antwortete, als wäre er darauf vorbereitet:

»Eine beharrliche und eingehende Untersuchung der heutigen deutschen Sahne hat mich davon überzeugt, daß sie das große Faß jetzt nicht verwenden, weil sie irgendwo ein *größeres* verborgen halten. Entweder ist das der Fall, oder sie schütten die im Frühjahr gemolkene Milch in die Gebirgsbäche und schöpfen dann den ganzen Sommer hindurch vom Rhein die Sahne ab.«

Im Schloß befindet sich auch ein Altertumsmuseum, und zu seinen wertvollsten Reliquien gehören alte Manuskripte, die mit der deutschen Geschichte zusammenhängen. Hunderte sind dort, und ihre Daten reichen viele Jahrhunderte weit zurück. Darunter befindet sich ein Erlaß aus dem Jahre 896, unterschrieben und gesiegelt von der Hand eines Nachfolgers Karls des Großen. Eine Unterschrift von einer Hand, die vor fast tausend Jahren aus diesem Leben geschwunden ist, fesselt sogar noch mehr als ein zerstörtes Schloß. Man zeigte mir Luthers Trauring; auch eine Gabel, die einer Periode vor unserem Zeitalter angehörte, und einen frühgeschichtlichen Stiefelknecht. Und es gab da einen Gipsabdruck vom Kopf eines Mannes, der vor etwa sechzig Jahren umgebracht worden war. Die Stichwunden im Gesicht waren mit unangenehmer Naturtreue wiedergegeben. In den Augenbrauen des Abdruckes steckten noch ein oder zwei echte Haare. Diese Kleinigkeit verwandelte das Abbild beinahe in einen Leichnam.

Jim Baker's Eichelhähergeschichten

Man wird nie müde, in den dichten Wäldern umherzustöbern, die alle diese hohen Neckarberge bis an ihre Gipfel umkleiden. Die tiefsten Tiefen eines grenzenlosen Waldes besitzen in jedem Land einen bestrickenden, mächtigen Zauber; aber die deutschen Sagen und Märchen haben diesem hier einen zusätzlichen Reiz verliehen. Sie haben diese ganze Gegend mit Geistern, Zwergen, geheimnisvollen und unheimlichen Geschöpfen aller Art bevölkert. Zu der Zeit, von der ich schreibe, hatte ich so viel von dieser Literatur gelesen, daß ich manchmal nicht sicher war, ob ich nicht allmählich an die Geister und Feen als wirkliche Wesen glaubte.

Eines Nachmittags verlief ich mich in den Wäldern, etwa eine Meile vom Hotel entfernt, und verfiel bald träumerischen Gedanken über sprechende Tiere und Kobolde und über verzauberte Menschen und den übrigen Märchenkram; und indem ich so meine Phantasie aufstachelte, kam ich schließlich so weit, mir einzubilden, daß ich hier und da in den Säulengängen des Waldes kleine, huschende Gestalten sehen könne. Der Ort war für so etwas besonders gut geeignet. Ein Kiefernwald mit einem so dicken und weichen Teppich aus braunen Nadeln, daß ein Tritt nicht mehr Geräusch machte, als wenn man über Wolle schritte; die Baumstämme waren so rund, gerade und glatt wie Säulen und standen dicht beisammen; bis etwa fünfundzwanzig Fuß über dem Boden wiesen sie keine Äste auf, und von da an aufwärts waren diese so dicht verzweigt, daß kein Sonnenstrahl hindurchdringen konnte. Draußen war die Welt hell vom Sonnenlicht, aber hier drinnen herrschten ein dunkles und sanftes Zwielicht und eine so tiefe Stille, daß ich meine eigenen Atemzüge zu hören glaubte.

Als ich zehn Minuten lang dagestanden, sinnend und phantasierend mein Gemüt auf den Ort eingestimmt und in die rechte Verfassung gebracht hatte, das Übernatürliche zu genießen, stieß plötzlich ein Rabe über meinem Kopf ein heiseres Krächzen aus. Das schreckte mich auf; und dann war ich wütend, weil ich aufgeschreckt war. Ich schaute hinauf, und das Tier saß auf einem Ast direkt über mir und schaute auf mich herunter. Ich empfand etwas von dem gleichen Gefühl der Erniedrigung und Beleidigung, das man verspürt, wenn man entdeckt, daß ein fremder Mensch einen in der Zurückgezogenheit verstohlen beobachtet und im Geiste kritische Anmerkungen dazu gemacht hat. Ich beäugte den Raben, und der Rabe beäugte mich. Ein paar Sekunden wurde nicht gesprochen. Dann schritt der Vogel ein Stückchen auf seinem Zweig entlang, um besser sehen zu können, lüftete die Flügel, stieß den Kopf weit unter Schulterhöhe hinab auf mich zu und krächzte wieder – ein Krächzer mit einem deutlich beleidigenden Klang. Hätte er Englisch gesprochen, so hätte er nicht offener sagen können, als er es auf räbisch tat: »Na, was willst *du* denn hier?« Ich kam mir so albern vor, als wäre ich von einem höheren Wesen bei einer gemeinen Handlung erwischt und dafür gerügt worden. Ich gab jedoch keine Antwort; ich wollte mich doch nicht mit einem Raben auf einen Wortwechsel einlassen. Der Gegner wartete eine Weile, wobei er die Schultern noch immer erhoben, den Kopf zwischen ihnen herabgestreckt und das scharfe, glänzende Auge auf mich gerichtet hielt; dann stieß er noch zwei oder drei Beleidigungen aus, die ich nicht weiter verstehen konnte, nur wußte ich, daß ein Teil davon aus Redensarten bestand, die in der Kirche nicht gebräuchlich sind.

Ich gab noch immer keine Antwort. Nun hob der Gegner den Kopf und rief. Ein Antwortkrächzen kam nahe aus dem Wald – offensichtlich ein fragendes Krächzen. Der Gegner erstattete eifrigst Bericht, und der andere Rabe ließ alles stehen und liegen und kam an. Die beiden saßen nebeneinander auf dem Zweig und sprachen so ungezwungen und verletzend über mich, wie zwei große Naturforscher über eine neue Wanzenart sprechen würden. Das wurde immer peinlicher. Sie riefen einen weiteren Freund herzu. Das war zuviel. Ich erkannte, daß sie im Vorteil waren, und so beschloß ich, mich aus der Affäre zu ziehen, indem ich mich davonmachte. Sie freuten sich über meine Niederlage so sehr, wie es nur irgendwelche niedrigen Weißen hätten tun können. Sie reckten die Hälse und lachten mich aus (denn ein Rabe *kann* lachen, genau wie ein Mensch), sie kreischten beleidigende Bemerkungen hinter mir her, solange sie mich sehen konnten. Es waren nur Raben, ich wußte das; was sie über mich dachten, war völlig unwichtig – und doch, wenn sogar ein Rabe hinter einem herruft: »Doller Hut!«, »Mann, zieh die Weste glatt!« und solche Sachen, dann tut es einem weh und demütigt, und mit spitzfindigen Beweisführungen und hübschen Argumenten kommt man nicht darüber hinweg.

Natürlich sprechen Tiere miteinander. Das ist gar keine Frage; aber ich vermute, es gibt sehr wenige Leute, die sie verstehen können. Ich habe nur einen Mann gekannt, der das konnte. Daß er sie verstand, wußte ich freilich nur, weil er selbst es mir erzählt hatte. Er war ein argloser Silbergräber mittleren Alters, der viele Jahre in einer einsamen Ecke Kaliforniens in den Wäldern und Bergen verbracht und die Lebensweise seiner einzigen Nachbarn, der Tiere und Vögel, studiert hatte, bis er glaubte, jede ihrer Bemerkungen genau übersetzen zu können. Nach Jim Baker besitzen manche Tiere nur eine begrenzte Bildung und verwenden nur sehr einfache Wörter, kaum jemals einen Vergleich oder eine blumenreiche Wendung; während gewisse andere Tiere über einen großen Wortschatz, vortreffliche Sprachbeherrschung und einen gewandten und flüssigen Vortragsstil verfügen. Letztere reden deswegen eine ganze Menge; es macht ihnen Spaß; sie sind sich ihrer Begabung bewußt und lieben es, anzugeben. Baker sagte, er sei nach langer und sorgfältiger Beobachtung zu dem Schluß gekommen, daß die Eichelhäher die besten Sprecher seien, die er unter Vögeln und Vierfüßlern gefunden habe. Er sagte:

»An einem Eichelhäher ist mehr dran als an jedem anderen Tier. Er besitzt mehr Stimmungen und mehr verschiedenartige Gefühle als andere Tiere; und merken Sie sich das, was ein Eichelhäher fühlt, kann er auch in Sprache ausdrücken. Und auch nicht bloß in gewöhnlicher Sprache, sondern in fließender regelrechter Schriftsprache, die noch dazu von Bildern strotzt – einfach strotzt! Und was die Beherrschung der Sprache angeht – na, *Sie* erleben es nicht, daß ein Eichelhäher steckenbleibt und nach einem Wort sucht. Das hat noch kein Mensch erlebt. Die Worte sprudeln nur so aus ihm heraus! Und noch etwas: Ich habe schon vieles beobachtet, und es gibt keinen Vogel und keine Kuh oder sonst etwas, das eine so gute Grammatik spricht wie der Eichelhäher. Man könnte ja sagen, eine Katze spricht gute Grammatik. Gut, das stimmt – aber lassen Sie nur mal eine Katze sich aufregen; lassen Sie mal eine Katze nachts mit einer anderen Katze auf einem Schuppen raufen, und Sie bekommen eine Grammatik zu hören, daß Sie die Maulsperre kriegen. Unkundige denken, der *Krach*, den raufende Katzen machen, wirkt so unangenehm, aber der ist es nicht; es ist die scheußliche Grammatik, die sie sprechen. Häher habe ich aber nur ganz selten schlechte Grammatik sprechen hören; und wenn sie es tun, schämen sie sich wie ein Mensch; gleich halten sie den Schnabel und hauen ab.

Man könnte einen Häher einen Vogel nennen. Na ja, das ist er gewissermaßen auch – vielleicht, weil er Federn trägt und keiner Kirche angehört; aber sonst ist er genauso menschlich wie Sie. Und ich will Ihnen sagen, warum. Die Geistesgaben, Instinkte, Gefühle und Interessen eines Hähers sind allumfassend. Ein Häher hat nicht mehr Grundsätze als ein Abgeordneter. Ein Häher lügt, ein Häher stiehlt, ein Häher täuscht, ein Häher betrügt, und viermal von fünfen bricht ein Häher sein feierlichstes Wort. Die Heiligkeit eines Versprechens ist etwas, das Sie keinem Häher eintrichtern können. Na, und zu alledem kommt noch eine andere Sache: Ein Häher überbietet jeden Mann auf den Silbergruben im Fluchen. Man denkt, eine Katze kann fluchen. Schön, kann sie; aber geben Sie einem Eichelhäher einen Anlaß, der seine versteckten Reserven herausfordert, und wo bleibt Ihre Katze? Erzählen Sie *mir* nichts – ich weiß zu viel darüber. Und da ist noch etwas: In dem einen kleinen Punkte des Schimpfens – einfach anständigen, ordentlichen, gründlichen Schimpfens – schlägt der Eichelhäher alles, menschlich oder göttlich. Jawohl, Sir, der Eichelhäher ist alles, was der Mensch auch ist. Der Häher kann weinen, der Häher kann lachen, der Häher kann sich schämen, der Häher kann denken und planen und diskutieren, der Häher liebt Klatsch und Verleumdung, der Häher hat Sinn für Humor, der Häher weiß genauso gut wie Sie, wann er sich lächerlich macht – vielleicht noch besser. Wenn der Häher nicht menschlich ist, sollte er sein Schild lieber einholen, so ist das. Jetzt werde ich Ihnen eine vollkommen wahre Begebenheit von ein paar Eichelhähern erzählen.«

Als ich gerade anfing, die Hähersprache richtig zu verstehen, gab es hier einen kleinen Vorfall. Vor sieben Jahren war der letzte Mann in dieser Gegend außer mir weggezogen. Dort steht sein Haus – seither immer leer gewesen; ein Blockhaus mit Bretterdach – nur ein großer Raum und weiter nichts; keine Decke – nichts zwischen den Dachbalken und dem Fußboden. Na gut, eines Sonntagmorgens saß ich mit meiner Katze hier draußen vor der Hütte und sonnte mich, schaute zu den blauen Bergen und hörte zu, wie die Blätter so verlassen in den Bäumen raschelten, und dachte an die Heimat weit drüben in den Staaten, von der ich seit dreizehn Jahren nichts gehört hatte – als sich ein Eichelhäher auf dem Haus dort niederließ, eine Eichel im Schnabel, und sagte: »Hallo, ich glaube, ich hab was entdeckt.« Als er sprach, fiel ihm die Eichel aus dem Schnabel und rollte natürlich das Dach hinunter, aber er kümmerte sich nicht darum; sein ganzer Sinn war auf die Sache gerichtet, die er aufgespürt hatte. Es war ein Astloch im Dach. Er legte den Kopf auf die Seite, machte ein Auge zu und legte das andere an das Loch, wie ein Opossum, das in einen Krug schaut; dann blickte er mit seinen glänzenden Augen auf, schlug ein- oder zweimal mit den Flügeln – das bedeutet Befriedigung, wissen Sie – und sagte: »Es sieht aus wie ein Loch, es ist wie ein Loch gelegen – verdammt, ich glaube, das *ist* ein Loch!«

Dann senkte er den Kopf und riskierte noch einen Blick; diesmal sah er restlos glücklich auf, wackelte mit Flügeln und Schwanz gleichzeitig und sagte: »Oh, das ist wohl kein dicker Hund, was? Hab ich ein Glück! – das ist doch ein maßlos schickes Loch!« Also flog er hinab, holte sich die Eichel und brachte sie hinauf, ließ sie hineinfallen und bog gerade mit einem restlos verklärten Lächeln auf dem Gesicht den Kopf zurück, als er plötzlich in lauschender Haltung erstarrte und das Lächeln allmählich aus seiner Miene schwand wie der Hauch von einem Rasiermesser und der seltsamste Ausdruck der Überraschung an seine Stelle trat. Dann sagte er: »Nanu, ich habe sie nicht fallen gehört!« Er neigte das Auge wieder an das Loch und schaute lange hinein, richtete sich auf und schüttelte den Kopf, trat auf die andere Seite des Loches und schaute von da aus erneut hinein, schüttelte wieder den Kopf. Er überlegte eine Weile, dann ging er der Sache nach – lief immer wieder um das Loch herum und starrte aus jeder Himmelsrichtung hinein. Keinen Zweck. Nun nahm er auf dem Dachfirst Denkerstellung ein und kratzte sich eine Minute lang mit dem rechten Fuß den Hinterkopf und sagte schließlich: »Also, mir ist das zu hoch, das steht fest; muß ein lausig langes Loch sein; aber ich hab keine Zeit, hier herumzutrödeln, die Arbeit ruft; ich denke, 's wird schon stimmen – will's jedenfalls hoffen.«

So flog er weg und holte noch eine Eichel, ließ sie hineinfallen und versuchte, das Auge schnell genug an das Loch zu bringen, um zu sehen, was aus ihr wurde, aber er kam zu spät. Er hielt das Auge fast eine Minute lang dran; dann richtete er sich auf und seufzte und sagte: »Verflixt, das begreif ich anscheinend nicht, überhaupt nicht; aber ich mach mich noch mal drüber her.« Er holte eine neue Eichel und gab sich die größte Mühe, um zu sehen, was aus ihr wurde, aber er schaffte es nicht. Er sagte: »Also, *ich* hab so ein Loch noch nie erlebt; ich bin der Meinung, es ist eine völlig neue Art von Loch.« Dann fing er an, wild zu werden. Er hielt noch eine kurze Weile an sich, ging auf dem Dachfirst hin und her, schüttelte den Kopf und murmelte vor sich hin; aber bald überwältigten ihn seine Gefühle, und er ging durch und fluchte, bis er schwarz im Gesicht wurde. Ich habe noch nie einen Vogel gesehen, der wegen so einer Kleinigkeit soviel Wind gemacht hat. Als er damit fertig war, ging er zu dem Loch und schaute wieder eine halbe Minute lang hinein; dann sagte er: »Gut, du bist ein langes Loch und ein tiefes Loch und überhaupt ein mächtig komisches Loch – aber ich hab nun mal angefangen, dich aufzufüllen, und verdammt will ich sein, wenn ich dich nicht ganz auffülle, und wenn's hundert Jahre dauert!«

Und damit zog er los. In Ihrem ganzen Leben haben Sie noch nie einen Vogel so arbeiten sehen. Er kniete sich in die Arbeit wie ein Nigger, und wie er an die zweieinhalb Stunden lang Eicheln in das Loch hievte, das war eines der aufregendsten und erstaunlichsten Schauspiele, das ich je erlebt habe. Er hielt überhaupt nicht mehr an, um nachzusehen – er hievte sie bloß hinein und holte mehr. Na, schließlich konnte er kaum noch mit den Flügeln schlagen, so fertig war er. Noch einmal kam er abgekämpft an, schwitzend wie ein Krug Eiswasser, ließ seine Eichel hineinfallen und sagte: »*Jetzt*, schätz ich, hab ich dich aber doch kleingekriegt.« So bückte er sich, um nachzusehen. Ob Sie mir glauben oder nicht, als er den Kopf wieder hob, war er einfach bleich vor Wut. Er sagte: »Ich habe genug Eicheln hier reingeschaufelt, um die Familie dreißig Jahre lang zu ernähren, und wenn ich auch nur von einer davon ein Zeichen sehen kann, will ich binnen zwei Minuten mit dem Bauch voll Sägemehl im Museum landen!«

Er hatte gerade noch Kraft genug, um auf den First hinaufzukriechen und den Rücken gegen den Schornstein zu lehnen, und dann faßte er seine Eindrücke zusammen und fing an, sich alles von der Seele zu reden. In einer Sekunde hatte ich gemerkt, daß das, was ich in den Gruben fälschlich für Gefluche gehalten hatte, sozusagen nur die Grundbegriffe gewesen waren.

Ein anderer Häher kam vorbei und hörte seine Andachtsübungen und hielt an, um sich zu erkundigen, was los sei. Der Schwergeprüfte erzählte ihm den ganzen Fall und sagte: »Also, dort drüben ist das Loch, und wenn du mir nicht glaubst, dann geh hin und sieh selbst nach.« So ging dieser Kerl hin und sah nach und sagte: »Was hast du gesagt, wieviel hast du dort reingesteckt?« – »Bestimmt nicht weniger als zwei Tonnen«, sagte der Schwergeprüfte. Der andere Häher sah wieder nach. Er kam anscheinend nicht dahinter, deshalb machte er ein Geschrei, und es kamen noch drei Häher. Sie untersuchten alle das Loch, sie ließen alle den Schwergeprüften alles noch mal erzählen, dann besprachen sie alle die Sache und gaben ebenso viele verschrobene Ansichten darüber ab, wie es eine durchschnittliche Gruppe von Menschen getan hätte.

Sie riefen noch mehr Häher herzu; dann mehr und mehr, bis ziemlich bald die ganze Gegend einen blauen Schimmer anzunehmen schien. Es müssen fünftausend gewesen sein; und so ein Schwadronieren, Diskutieren, Streiten und Fluchen hat man noch nie gehört. Jeder Häher dieses ganzen Haufens legte das Auge an das Loch und gab eine unsinnigere Ansicht über das Geheimnis von sich als der Häher, der vor ihm hingegangen war. Sie untersuchten auch das ganze Haus. Die Tür stand halb offen, und schließlich stieß ein alter Häher zufällig auf sie und schaute hinein. Natürlich blies das das Rätsel auf der Stelle in den Wind. Da lagen die Eicheln, über den ganzen Fußboden verstreut. Er schlug mit den Flügeln und erhob ein Geschrei. »Kommt her«, sagte er, »kommt alle mal her; will tot umfallen, wenn dieser Trottel nicht versucht hat, ein Haus mit Eicheln anzufüllen!« Sie kamen alle wie eine blaue Wolke herabgestoßen, und immer wenn einer auf der Tür landete und einen Blick hineinwarf, gab ihm die ganze Absurdität der Aufgabe, die sich der erste Häher vorgenommen hatte, den Rest, und er fiel hintenüber und erstickte vor Lachen, und der nächste Häher kam dran, und ihm ging es genauso.

Na, eine Stunde lang hockten sie hier auf dem Hausdach und den Bäumen herum und lachten schallend über die Sache wie die Menschen. Es hat keinen Zweck, mir zu erzählen, daß der Eichelhäher keinen Sinn für Humor hat, denn ich weiß es besser. Und Gedächtnis hat er auch. Sie haben Häher aus den ganzen Vereinigten Staaten hergebracht, um ihnen das Loch zu zeigen, jeden Sommer, drei Jahre lang. Andere Vögel auch. Und sie haben alle die Pointe erfaßt, bloß eine Eule nicht, die aus Neuschottland gekommen war, um das Yosemite-Tal zu besuchen, und diese Sache auf dem Rückweg mitnahm. Sie sagte, sie könnte nichts komisch daran finden. Aber sie war ja auch über das Yosemite-Tal ziemlich enttäuscht.

Die Universität war nach den heutigen Maßstäben klein. 70 Professoren standen 750 Studenten gegenüber. Studentinnen wurden erst 10 Jahre später zugelassen. Unter den Studenden waren 33 Amerikaner und 22 Briten, die im Anglo-Amerikanischen Verein verkehrten. Frank Harris, später ein bekannter Schreiber, war gerade 22 Jahre alt, als er Mark Twain zu der hier abgedruckten Rede zum 4. Juli einlud. Der Anglo-Amerikanische Verein residierte am Wredeplatz, dem heugiten Friedrich-Ebert-Platz.

Das studentische Leben

Das Sommersemester war in vollem Gange; infolgedessen war die häufigste Erscheinung in und um Heidelberg der Student. Natürlich waren die meisten Studenten Deutsche, aber es gab sehr viele Vertreter anderer Länder. Sie stammten aus allen Ecken des Erdballs – denn die Ausbildung ist billig in Heidelberg und der Lebensunterhalt auch. Der Anglo-Amerikanische Klub, der sich aus britischen und amerikanischen Studenten zusammensetzte, hatte fünfundzwanzig Mitglieder, und es gab noch viel Reservematerial.

Statt »weiße Mützen« muß es heißen »weiße Stürmer«, d.h. es waren Saxo-Borussen. Auch Burschenschaften und Landsmannschaften schlugen, nicht nur die Corps.

Neun Zehntel der Heidelberger Studenten trugen weder Abzeichen noch Uniform; das andere Zehntel trug Mützen verschiedener Farben und gehörte gesellschaftlichen Organisationen an, die »Corps« heißen. Es gab fünf Corps, jedes mit einer eigenen Farbe; da waren weiße Mützen, blaue Mützen, rote, gelbe und grüne. Das berühmte Schlagen ist auf die Corpsstudenten beschränkt. Die »Kneipe« scheint auch eine Spezialität von ihnen zu sein. Kneipen werden dann und wann abgehalten, um große Anlässe zu feiern – wie zum Beispiel die Wahl eines Bierkönigs. Der Gang der Feierlichkeit ist einfach; die fünf Corps versammeln sich am Abend, und auf ein Zeichen hin fangen sie alle an, sich aus Halbliterkrügen so schnell wie möglich mit Bier volllaufen zu lassen, und jeder zählt für sich selbst – gewöhnlich dadurch, daß er für jeden Krug, den er leert, ein Streichholz zur Seite legt. Die Wahl ist schnell entschieden. Wenn in die Kandidaten nichts mehr hineingeht, veranstaltet man eine Zählung, und wer die größte Anzahl von Halblitern getrunken hat, wird zum König ausgerufen. Man hat mir erzählt, daß der letzte durch die Corps – oder durch seine eigenen Fähigkeiten – erwählte Bierkönig seinen Krug fünfundsiebzigmal geleert habe. Natürlich könnte kein Magen diese ganze Menge auf einmal fassen – aber es gibt Möglichkeiten, wiederholt ein Vakuum zu schaffen, was diejenigen verstehen werden, die oft zur See gefahren sind.

Man sieht zu allen Stunden so viele Studenten unterwegs, daß man sich bald fragt, ob sie überhaupt jemals arbeiten und studieren. Manche tun es, manche nicht. Jeder kann sich selbst aussuchen, ob er arbeiten oder sich amüsieren will; denn das deutsche Universitätsleben ist ein sehr freies Leben; es scheint keinen Beschränkungen zu unterliegen. Der Student wohnt nicht in den Universitätsgebäuden, sondern mietet seine eigene Bude, wo es ihm beliebt, und nimmt seine Mahlzeiten ein, wann und wo es ihm gefällt. Er geht zu Bett, wann es ihm paßt, und steht überhaupt nicht auf, es sei denn, er will. Er wird an der Universität nicht für eine bestimmte Zeitdauer immatrikuliert; deshalb ist damit zu rechnen, daß er sie wechselt. Beim Eintritt in die Universität macht er keine Prüfung. Er zahlt nur eine geringfügige Gebühr von fünf oder zehn Dollar, erhält eine Karte, die ihm die Privilegien der Universität einräumt, und das ist alles. Nun kann die Arbeit losgehen – oder das Vergnügen, was er vorziehen mag. Wenn er zu arbeiten beschließt, findet er eine lange Vorlesungsliste, aus der er wählen kann. Er sucht die Fächer aus, die er studieren will, und er trägt seinen Namen für diese Veranstaltungen ein; aber er kann auch schwänzen.

Das Ergebnis dieses Systems ist, daß Vorlesungen sehr spezieller Themen häufig vor äußerst kleinem Hörerkreis stattfinden, während solche über mehr praktische und alltägliche Gebiete der Bildung vor einer sehr großen Zuhörerschaft gehalten werden. Ich hörte von einem Fall, wo das Publikum des Dozenten Tag für Tag aus drei Studenten bestand – und immer denselben. Aber eines Tages blieben zwei von ihnen weg. Der Dozent begann wie gewöhnlich:

»Meine Herren...« – dann, ohne ein Lächeln, verbesserte er sich und sagte:

Lebenskosten, Lebenshaltung der Studenten damals:
Friedrich Paulsen berechnete den Jahresaufwand eines Studenten – unter Abrechnung der Ferien und unter Berücksichtigung der lokalen Unterschiede – zwischen 1500 und 2000 Mark. Auch wenn die Kosten für Wohnung (man nahm gewöhnlich ein möbliertes Zimmer für Semestermiete) und Mahlzeiten nicht höher waren als anderswo, galt Heidelberg – verglichen etwa mit Tübingen oder Straßburg – als recht kostspieliger Wohn- und Studienort; und der in einer Kleinstadt unerläßliche Aufwand für Kleidung und Lebensweise zwang so manchen Studenten zum Schuldenmachen.
Die Unbemittelten mußten sich mit Hilfe von Stundengeben und Stipendien durchschlagen; andere Erleichterungen waren Freitische und Stundung oder Erlaß des Hörergeldes. Freitische und Stipendien waren zwar immer noch in der Wirksamkeit, hatten aber, gemessen an den steigenden Lebenskosten und der wachsenden Anzahl der Studierenden, nicht mehr allzu große Bedeutung. Die wenigen – meist ausländischen – reichen Studenten wohnten etwa während des Studiums im ersten Hotel der Stadt

oder konnten sich z.B. leisten, im Vollrausch nach Paris zu fahren, um im Louvre ihre Lieblingsbilder zu besehen. Eine Stube mit Kammer kostete zwischen 50 und 140 Mark, gewöhnlich 80 Mark pro Semester. Dazu kamen für Heizung etwa 25 Mark, für Bedienung durch den Wirt oder Stiefelknecht 3 bis 4 Mark. Häufiger Wohnungswechsel – jeweils nach zwei Semestern – war durchaus üblich. Eine Tasse Kaffee kostete zwischen 10 und 20 Pf.; ein Schoppen Bier 20 Pf.; ein Mittagessen zwischen 60 und 90 Pf. (aus: Lebensformen und Denkweisen der akademischen Welt Heidelbergs im Wilhelminischen Zeitalter, Helene Tompert 1969)

»Mein Herr...«
und fuhr mit der Vorlesung fort.

Es heißt, die übergroße Mehrheit der Heidelberger Studenten arbeite fleißig und nutze alle Möglichkeiten gründlich; sie habe keine überschüssigen Mittel, die sie zum Vergnügen ausgeben könne, und keine Zeit für lustige Streiche. Eine Vorlesung folgt der anderen auf den Fersen, wobei der Student sehr wenig Zeit hat, um aus einem Hörsaal in den nächsten zu gelangen; aber die Fleißigen schaffen es, indem sie Trab laufen. Die Professoren helfen ihnen dadurch, Zeit zu sparen, daß sie pünktlich beim Stundenschlag an ihren kleinen Rednerpulten stehen und ebenso pünktlich wieder draußen sind, wenn die Stunde abgelaufen ist. Eines Tages betrat ich einen leeren Hörsaal, kurz bevor die Uhr schlug. Der Raum enthielt einfache, ungestrichene Pulte und Bänke aus Kiefernholz für etwa zweihundert Personen.

Etwa eine Minute vor dem Stundenschlag kamen hundertfünfzig Studenten hereingeschwärmt, stürzten zu den Plätzen, klappten sofort die Kolleghefte auf und tauchten die Federn in die Tinte. Als die Uhr zu schlagen anfing, trat ein stämmiger Professor ein, wurde mit einer Beifallssalve begrüßt, ging rasch den Mittelgang hinab, sagte »Meine Herren« und begann zu sprechen, während er noch die Stufen zu seinem Pult emporstieg; und bevor er in seinem Kasten angekommen war und sich seinen Hörern zugewandt hatte, war seine Vorlesung schon in vollem Gang, waren alle Federn in Bewegung. Er hatte kein Manuskript bei sich und sprach eine Stunde lang mit erstaunlicher Geschwindigkeit und Energie – dann fingen die Studenten an, ihn auf eine bestimmte Art, die er wohl verstand, daran zu erinnern, daß seine Zeit um war; er griff, immer weitersprechend, zu seinem Hut, stieg schnell die Stufen seines Pultes hinab, brachte das letzte Wort seiner Vorlesung heraus, als er den Fußboden erreichte; alle erhoben sich respektvoll, und er fegte den Gang hinunter und verschwand. Es folgte sofort ein Sturm auf einen anderen Hörsaal, und binnen einer Minute war ich wieder allein mit den leeren Bänken.

Ja, zweifellos sind faule Studenten nicht die Regel. Von achthundert, die in der Stadt sind, kannte ich nur die Gesichter von etwa fünfzig; aber diese sah ich überall und täglich. Sie wanderten auf den Straßen und den bewaldeten Bergen umher, sie fuhren in Mietkutschen aus, sie machten Bootsfahrten auf dem Fluß, sie tranken nachmittags im Schloßgarten Bier und Kaffee. Eine ganze Anzahl von ihnen trug die bunten Mützen der Corps. Sie waren gut und modern gekleidet, ihre Manieren waren ganz fabelhaft, und sie führten ein leichtes, sorgloses, behagliches Leben. Wenn ein Dutzend von ihnen beisammensaß und eine Dame oder ein Herr vorüberging, die einer von ihnen kannte und grüßte, erhoben sich alle und zogen die Mütze. Die Angehörigen eines Corps empfingen auch ein Mitglied stets auf diese Weise, aber Mitgliedern anderer Corps schenkten sie keine Beachtung; die schienen sie nicht zu sehen. Das war keine Unhöflichkeit; es war nur ein Teil der komplizierten und strengen Corpsetikette.

Die Studenten rauchten in ihren langen Pfeifen sogenanntes Pfeifengras, Molinia caerulea, teils vermengt mit Knaster, d.h. badischem Hanf.

Zwischen den deutschen Studenten und dem Professor scheint kein frostiger Abstand zu bestehen, sondern vielmehr ein geselliger Umgang, das Gegenteil von Frostigkeit und Zurückhaltung. Wenn der Professor abends ein Bierlokal betritt, wo Studenten versammelt sind, erheben sich diese, ziehen die Mütze und laden den alten Herrn ein, sich zu ihnen zu setzen und mitzuhalten. Er nimmt an, und eine oder zwei Stunden lang fließen Bier und Unterhaltung dahin, und dann wünscht der Professor, ordentlich vollgetankt und gemütlich geworden, herzlich eine gute Nacht, während die Studenten barhäuptig dienernd dastehen; und dann begibt er sich auf seinen fröhlichen Heimweg, und all seine gewaltige Last von Gelehrsamkeit schwimmt ihm im Laderaum herum. Niemand tadelt das oder ist empört darüber; es ist nichts Böses geschehen.

Es schien auch zur Corpsetikette zu gehören, mindestens einen Hund zu halten. Ich meine einen Corpshund – das gemeinsame Eigentum der Organisation, wie der Küchenmeister oder Oberkellner des Corps; dann gibt es noch weitere Hunde, die Einzelpersonen gehören.

An einem Sommernachmittag habe ich im Schloßgarten sechs Studenten feierlich hereinmarschieren sehen, einer hinter dem anderen, jeder mit einem bunten chinesischen Sonnenschirm in der Hand und einem gewaltigen Hund an der Leine. Es war ein sehr eindrucksvoller Anblick. Manchmal wimmelten fast ebenso viele Hunde wie Studenten um den Pavillon herum; Hunde aller Rassen und aller Schattierungen von Schönheit und Häßlichkeit. Diese Hunde führten ein ziemlich saures Leben, denn sie waren an die Bänke gebunden und hatten eine oder zwei Stunden lang nur die Unterhaltung, die sie sich verschaffen konnten, indem sie nach Mücken schlugen oder einzuschlafen versuchten und das nicht schafften. Gelegentlich bekamen sie jedoch ein Stück Zucker – den mochten sie.

Es erschien richtig und in Ordnung, daß Studenten sich Hunde hielten; aber alle anderen hatten auch welche – alte Männer und junge, alte Frauen und hübsche junge Damen. Wenn es einen Anblick gibt, der unerfreulicher ist als jeder andere, so ist es der einer elegant gekleideten jungen Dame, die einen Hund an der Leine zieht. Man sagt, es sei das Zeichen und Symbol unglücklicher Liebe. Mir scheint, man könnte sich eine andere Methode ausdenken, das bekanntzugeben, die genau so auffällig wäre und doch nicht die Schicklichkeit so herausforderte.

Es wäre ein Irrtum, anzunehmen, daß der leichtlebige, vergnügungssüchtige Student einen leeren Kopf umhertrüge. Ganz im Gegenteil. Er hat neun Jahre auf dem Gymnasium unter einem System verbracht, das ihm keinerlei Freiheit gewährte, sondern ihn unerbittlich zwang, wie ein Sklave zu arbeiten. Infolgedessen hat er das Gymnasium mit einer Bildung verlassen, die so umfangreich und vollständig ist, daß die Universität höchstens noch einige ihrer tiefgründigeren Spezialgebiete vervollkommnen kann. Es heißt, wenn ein Schüler das Gymnasium verläßt, besitzt er nicht nur eine umfassende Bildung, sondern er *weiß*, was er weiß – er ist nicht von Ungewißheit umnebelt, es ist so in ihn hineingebrannt, daß es haftet. Zum Beispiel liest und schreibt er nicht nur Griechisch, sondern er spricht es auch; das gleiche gilt für Latein. Ausländische Jünglinge machen um das Gymnasium einen Bogen; seine Regeln sind zu streng. Sie gehen zur Universität, um ein Mansardendach über ihrer ganzen Allgemeinbildung zu errichten; aber der deutsche Student hat schon sein Mansardendach, darum geht er hin, um ein Türmchen in Gestalt irgendeines Spezialfaches hinzuzufügen, wie etwa eines besonderen Zweiges der Gesetzeskunde oder der Medizin oder der Philologie – beispielsweise internationales Recht oder Augenkrankheiten oder ein spezielles Studium der alten gotischen Sprachen. Deshalb besucht dieser Deutsche nur diejenigen Vorlesungen, die seinem erwählten Fachgebiet entsprechen, und den Rest des Tages hindurch trinkt er sein Bier, zerrt seinen Hund umher und läßt es sich allgemein gut gehen. Er hat so lange in strenger Knechtschaft gelebt, daß die großzügige Freiheit des Universitätslebens genau das ist, was er braucht und liebt und zu schätzen weiß; und da sie nicht ewig währen kann, genießt er sie, solange er sie hat, und legt sich einen guten Überschuß davon für jenen Tag zurück, der ihn das Joch wieder aufnehmen und in die Sklaverei des Beamten- oder Berufslebens eintreten sieht.

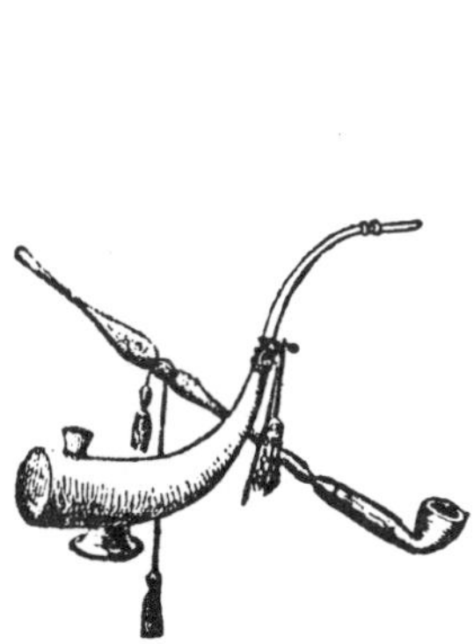

Im Karzer

Es scheint, daß der Student eine ganze Menge der bürgerlichen Gesetze übertreten kann, ohne sich vor den bürgerlichen Behörden verantworten zu müssen. Sein Fall muß zur Verhandlung und Aburteilung vor die Universität kommen. Wenn ihn ein Polizist bei einer ungesetzlichen Handlung erwischt und sich anschickt, ihn zu verhaften, erklärt der Missetäter, er sei Student, zeigt vielleicht seine Immatrikulationskarte, woraufhin der Beamte ihn nach der Adresse fragt, seiner Wege geht und die Sache im Polizeipräsidium meldet. Wenn es sich um ein Vergehen handelt, das nicht der Gerichtsbarkeit der Stadt unterliegt, melden die Behörden den Fall offiziell an die Universität und kümmern sich nicht weiter darum. Das Universitätsgericht lädt den Studenten vor, hört sich die Zeugenaussagen an und spricht sein Urteil. Die gewöhnlich auferlegte Strafe ist Haft im Universitätskarzer. Wie ich es verstanden habe, wird der Fall des Studenten oft verhandelt, ohne daß er überhaupt anwesend ist. Dann geschieht etwa folgendes: Der Pedell sucht das Quartier des betreffenden Studenten auf, klopft, wird hereingerufen, tritt ein und sagt höflich:

»Bitte, ich komme, um Sie in den Karzer zu bringen.«

»Ach«, sagt der Student, »das habe ich nicht erwartet. Was habe ich denn getan?«

»Vor zwei Wochen hatte die öffentliche Ruhe die Ehre, von Ihnen gestört zu werden.«

»Das stimmt; das hatte ich vergessen. Na schön; man hat sich über mich beschwert, über mich ist verhandelt und ich bin für schuldig befunden worden – nicht wahr?«

»Ganz richtig. Sie wurden zu zwei Tagen Einzelhaft im Karzer verurteilt, und man hat mich geschickt, Sie zu holen.«

»Oh, heute kann ich nicht!«

»Warum nicht, bitte?«

»Weil ich eine Verabredung habe.«

»Dann vielleicht morgen?«

»Nein, morgen gehe ich in die Oper.«

»Könnten Sie Freitag kommen?«

Nachdenklich: »Mal sehen – Freitag – Freitag. Freitag habe ich anscheinend nichts vor.«

»Dann werde ich Sie Freitag erwarten, wenn es recht ist.«

»In Ordnung, ich komme Freitag vorbei.«

»Danke. Guten Tag, mein Herr.«

»Guten Tag.«

Also geht am Freitag der Student von sich aus zum Karzer und wird eingelassen.

Es ist fraglich, ob die Kriminalgeschichte der Welt einen kurioseren Brauch als diesen aufzuweisen hat. Niemand weiß jetzt mehr, wie er entstanden ist. Es sind immer viele Adlige unter den Studenten gewesen, und man nimmt an, daß alle Studenten Gentlemen sind; in alter Zeit war es üblich, die Bequemlichkeit solcher Leute so wenig wie möglich zu beeinträchtigen; vielleicht rührt dieser nachsichtige Brauch daher.

Einmal hörte ich einer Unterhaltung über dieses Thema zu, als ein amerikanischer Student sagte, er sei schon seit einiger Zeit wegen einer geringfügigen Ruhestörung verurteilt und habe dem Pedell versprochen, daß er einmal einen unbesetzten Tag finden und sich zum Karzer begeben werde. Ich bat den jungen Herrn, mir die Freundlichkeit zu erweisen und ins Gefängnis zu gehen, sobald es ihm nur passe, damit ich versuchen könne, hineinzukommen, um ihn zu besuchen und dabei zu sehen, wie der Karzer so wäre. Er sagte, er wolle den allerersten Tag, den er entbehren könne, dafür vorsehen.

Seine Haft sollte vierundzwanzig Stunden dauern. Bald wählte er einen Tag aus und gab mir Nachricht. Ich ging sogleich los. Als ich den Universitätsplatz erreichte, sah ich zwei Herren miteinander sprechen, und da sie Mappen unter dem Arm trugen, nahm ich an, es wären Erzieher oder ältere Studenten; so bat ich sie auf englisch, mir den Karzer zu zeigen. Ich hatte es allmählich als selbstverständlich vorausgesetzt, daß in Deutschland jeder, der etwas kann, auch Englisch spricht, deshalb hatte ich aufgehört, die Leute mit meinem Deutsch zu peinigen. Diese Herren schienen ein bißchen belustigt – und auch ein bißchen verwirrt – zu sein, aber einer von ihnen sagte, er würde mit mir um die Ecke gehen und mir den Ort zeigen. Er fragte mich, warum ich dort hinein wollte, und ich sagte, um einen Freund zu besuchen – und aus Neugier. Er bezweifelte, ob man mich einlassen würde, erbot sich jedoch, beim Aufseher ein oder zwei gute Worte für mich einzulegen.

Er läutete, eine Tür öffnete sich, wir traten in einen gepflasterten Flur und dann in eine kleine Wohnstube, wo wir von einer freundlichen, gutmütigen deutschen Frau von fünfzig Jahren empfangen wurden. Sie warf mit einem überraschten: »Ach Gott, Herr Professor!« die Hände hoch und legte eine mächtige Ehrerbietung für meinen neuen Bekannten an den Tag. Aus dem Funkeln in ihrem Blick schloß ich, daß auch sie sehr belustigt war. Der »Herr Professor« sprach mit ihr deutsch, und ich verstand genug davon, um zu merken, daß er sehr überzeugende Argumente dafür vortrug, mich einzulassen. Sie hatten Erfolg. Also empfing der Herr Professor meinen ernstgemeinten Dank und ging. Die alte Frau nahm ihre Schlüssel, führte mich zwei oder drei Treppen hinauf, schloß eine Tür auf, und wir standen in Gegenwart des Verbrechers. Dann begann sie mit einer fröhlichen und eifrigen Beschreibung all dessen, was unten geschehen war und was der Herr Professor gesagt hatte und so weiter und so fort. Offenbar betrachtete sie es als einen ganz hervorragenden Spaß, daß ich einen Professor überfallen und ihn zu einem so seltsamen Dienst herangezogen hatte. Aber ich hätte es nicht getan, wenn ich gewußt hätte, daß es ein Professor war; deswegen regte sich mein Gewissen nicht.

Nun ließ uns die Frau allein. Die Zelle war nicht sehr geräumig; immerhin war sie ein bißchen größer als eine gewöhnliche Gefängniszelle. Sie hatte ein Fenster von beträchtlicher Größe mit Eisengitter, einen kleinen Ofen, zwei Holzstühle, zwei Eichentische, sehr alt und reichlich versehen mit Schnitzereien, Namen, Sprüchen, Gesichtern, Wappen und so weiter, dem Werk mehrerer Generationen inhaftierter Studenten; sie besaß ferner eine schmale, hölzerne Bettstelle mit einer erbärmlichen alten Strohmatratze – aber ohne Decken, Kissen, Laken oder Bettdecken, denn die muß der Student auf eigene Kosten stellen, wenn er welche haben will. Natürlich war kein Teppich da. Die Decke war vollständig bedeckt von Namen, Daten und Monogrammen, gemalt mit Kerzenrauch. Die Wände waren dicht mit Bildern und Porträts (im Profil) überzogen, einige mit Tinte, einige mit Ruß, andere mit Bleistift oder mit roter, blauer oder grüner Kreide gemalt; und wo immer ein oder zwei Zoll Raum zwischen den Bildern geblieben waren, hatten die Gefangenen klagende Verse, Namen oder Daten hingeschrieben. Ich glaube nicht, daß ich mich jemals in einem Raum befunden habe, der reicher al fresco ausgemalt war.

An der Wand hing ein Anschlag mit der Karzerordnung. Ich habe mir eine oder zwei Vorschriften notiert. Zum Beispiel: Der Häftling muß für das »Vorrecht«, eintreten zu dürfen, eine Summe bezahlen, die etwa zwanzig Cent unseres Geldes entspricht; für das Vorrecht, hinauszugehen, wenn seine Frist abgelaufen ist, zwanzig Cent; für jeden im Karzer verbrachten Tag zwölf Cent; für Heizung und Beleuchtung zwölf Cent täglich. Der Kerkermeister liefert morgens Kaffee gegen ein kleines Entgelt; Mittag- und Abendessen kann man von außerhalb bestellen, wenn man will – und man darf auch dafür bezahlen.

Hier und da tauchten an den Wänden die Namen amerikanischer Studenten auf, und an einer Stelle waren das amerikanische Wappen und Motto in farbiger Kreide zu sehen.

Mit Hilfe meines Freundes übersetzte ich viele der Inschriften. Einige waren heiter, andere das Gegenteil davon. Ich teile dem Leser ein paar Beispiele mit:

»In meinem zehnten (meinem besten) Semester wurde ich auf Grund von Beschwerden anderer hierher verschlagen. Laßt die, die mir nachfolgen, gewarnt sein.«

»Drei Tage ohne Grund angeblich aus Neugierde.« Das soll heißen, er empfand Neugierde, wie das Karzerleben aussah; also übertrat er irgendein Gesetz und bekam dafür drei Tage. Es ist mehr als wahrscheinlich, daß er nie wieder dieselbe Neugierde verspürt hat.

Weitere von Twain notierte Graffiti:

... Wochen, wegen, misverstandener galanterie. *(NB)*

Lerne schweigen,
o Freund!
dem Polypenthum
gegenüber –
Sind deine Worte auch
wahr,
es geht ihr Diensteid
drüber.
(3 days, 1873. *(NB)*

(Übersetzung:) »E. Glinicke, vier Tage wegen zu eifrigen Zuschauens bei einer Schlägerei.«

»F. Graf Bismarck, 27.–29. II. 74.« Das bedeutet, daß Graf Bismarck, Sohn des großen Staatsmannes, im Jahre 1874 drei Tage lang Häftling war.

(Übersetzung:) »R. Diergandt – wegen der Liebe – vier Tage.« Viele Leute auf dieser Welt hat es wegen der gleichen Unvorsichtigkeit schlimmer erwischt.

Die folgende ist kurz und bündig. Ich übersetze: »Vier Wochen wegen *falsch verstandener Tapferkeit.*«

Ich wünschte, der Dulder hätte sich ein bißchen ausführlicher ausgelassen. Vier Wochen Haft sind eine ziemlich ernste Sache.

An den Wänden gab es viele abfällige Anspielungen auf einen gewissen unbeliebten Würdenträger der Universität. Ein Dulder hatte drei Tage bekommen, weil er ihn nicht gegrüßt hatte. Wegen dieses selben »Dr. K.« hatte ein anderer »hier zwei Tage geschlafen und drei Nächte gewacht«. An einer Stelle fand sich ein Bild des Dr. K., wie er am Galgen hing.

Hier und da hatten sich einsame Häftlinge die schwere Zeit verkürzt, indem sie die von den Vorgängern zurückgelassenen Aufzeichnungen abänderten. Sie hatten Namen, Datum und Haftdauer stehengelassen, die Bezeichnung des Vergehens ausgelöscht und mit auffallenden Großbuchstaben an ihre Stelle geschrieben: »WEGEN DIEBSTAHLS!« oder »WEGEN MORDES!« oder sonst ein protziges Verbrechen. An einer Stelle stand ganz für sich allein das haarsträubende Wort: »RACHE!«

Es stand kein Name darunter und kein Datum. Es war eine Inschrift, die geschickt darauf berechnet war, Neugier zu erregen. Man hätte gern gewußt, welcher Art die Kränkung gewesen war, welche Art Rache verlangt wurde und ob der Häftling sie jemals ausgeübt hat oder nicht. Aber es gab keine Möglichkeit, das herauszubekommen.

Gelegentlich folgte einem Namen nur die Bemerkung: »Zwei Tage wegen Ruhestörung«, ohne Kommentar über die Gerechtigkeit oder Ungerechtigkeit des Urteils.

An einer Stelle sah man ein lustiges Bild von einem Studenten des Corps der Grünen Mützen mit einer Sektflasche in jeder Hand, und darunter stand die Inschrift: »Das macht ein böses Geschick erträglich.«

Es gab zwei Karzerzellen, und keine hatte an den Wänden oder an der Decke noch Platz für weitere Namen, Porträts oder Zeichnungen übrig. Die Innenseiten der beiden Türen waren vollständig mit Visitenkarten früherer

Häftlinge bedeckt, die in sinnreicher Weise ins Holz eingelassen und durch Glas vor Schmutz und Beschädigung geschützt waren.

Ich wollte unbedingt einen der traurigen alten Tische haben, den die Häftlinge im Laufe so vieler Jahre mit ihren Taschenmessern verziert hatten, aber der Amtsschimmel ließ das nicht zu. Der Wächter konnte keinen ohne Erlaubnis eines Vorgesetzten verkaufen, und dieser Vorgesetzte hätte sie von *seinem Vorgesetzten* einholen müssen, und dieser hätte sie von einem noch höheren einholen müssen – und so weiter und höher, bis die Fakultät über die Angelegenheit beraten und das endgültige Urteil abgegeben hätte. Das System war in Ordnung, und niemand konnte etwas daran bemängeln; aber es schien nicht entschuldbar, so viele Leute zu behelligen, deshalb gab ich es auf. Er hätte mich ohnehin vielleicht mehr gekostet, als ich mir hätte leisten können; denn einer dieser Karzertische, der damals in einem Privatmuseum in Heidelberg stand, wurde später bei einer Auktion für zweihundertfünfzig Dollar verkauft. Er war nicht mehr als einen Dollar oder vielleicht auch anderthalb Dollar wert gewesen, bevor die gefangenen Studenten ihre Arbeit daran aufnahmen. Leute, die ihn auf der Auktion gesehen hatten, sagten, er sei so merkwürdig und wunderbar geschnitzt gewesen, daß er das Geld wert sei, das für ihn bezahlt wurde.

Unter den vielen, welche die traurige Gastfreundschaft des Karzers genossen, befand sich ein lebhafter junger Bursche aus einem der Südstaaten von Amerika, der im ersten Jahr ziemlich eigenartige Erfahrungen mit dem Universitätsleben in Deutschland gemacht hatte. An dem Tag, als er in Heidelberg ankam, schrieb er sich in das Fakultätsregister ein und war davon, daß sich seine größte Hoffnung erfüllt hatte und er tatsächlich Student der alten und berühmten Universität war, so freudig bewegt, daß er sich am selben Abend daran machte, das Ereignis mit einigen anderen Studenten durch einen großartigen Jux zu feiern. Im Laufe dieses Juxes gelang es ihm, eine breite Bresche in eines der strengsten Gesetze der Universität zu schlagen. Ergebnis: am nächsten Tage, noch vor Mittag, saß er im Universitätskarzer – seine drei Monate waren ihm sicher. Die zwölf langen Wochen schlichen träge vorüber, und endlich kam der Tag der Erlösung. Als er herauskam, empfing ihn eine große Schar sympathisierender Kommilitonen mit einer brausenden Demonstration, und natürlich gab es wieder einen großartigen Jux – in dessen Verlauf es ihm gelang, eine breite Bresche in eines der strengsten Gesetze der *Stadt* zu schlagen. Ergebnis: am nächsten Tag, noch vor Mittag, saß er im Stadtgefängnis – seine drei Monate waren ihm sicher. Diese zweite langwierige Gefangenschaft ging mit der Zeit zu Ende, und wieder bereitete ihm, als er herauskam, eine große Menge sympathisierender Studenten einen lebhaften Empfang; aber seine Freude über die Freiheit war so grenzenlos, daß er nicht nüchtern und gelassen dahinschreiten konnte, sondern aus reinem Überschwang die schlüpfrige Straße entlang hopsen, hüpfen und springen mußte. Ergebnis: er rutschte aus und brach sich das Bein und lag wahrhaftig während der nächsten drei Monate im Krankenhaus.

Als er endlich wieder auf freiem Fuß war, sagte er, er wolle lieber einen Sitz der Gelehrsamkeit ausfindig machen, wo es ein bißchen lebhafter voranginge; die Vorlesungen in Heidelberg seien vielleicht gut, aber die Gelegenheiten, ihnen beizuwohnen, seien zu spärlich, der Bildungsprozeß zu langsam; er sagte, er sei mit der Vorstellung nach Europa gekommen, daß der Erwerb einer Ausbildung nur eine Frage der Zeit wäre, aber wenn er das Heidelberger System richtig erfaßt hätte, so wäre das eher eine Frage der Ewigkeit.

Aktivitäten auf dem Paukboden

Paukboden. Ein damals junger Mann erzählte mir dieser Tage, wie er zu seiner Lehrzeit, die finanziell nichts einbrachte, morgens an der Alten Brücke wartete, wenn die Studenten um 6 Uhr früh zur Hirschgasse pirschten. Dort standen schon Bier und belegte Brötchen bereit. Unser »junger Mann« half beim Verbinden und bei anderen helfenden Handgriffen. Extrageld gab es für ihn, wenn er einen zu klein geratenen Schmiß »Gestatten der Herr« mit dem Rasiermesser ritschratsch verlängerte. Noch heute findet er diese Art der (Selbst-)Verstümmelung seltsam, wo doch kein normaler Mensch eine Narbe, noch dazu im Gesicht schön findet.

Eines Tages erlangte mein Agent im Interesse der Wissenschaft die Genehmigung, mich auf den Paukboden zu bringen. Wir überquerten den Fluß und fuhren ein paar hundert Yard das Ufer aufwärts, wandten uns dann nach links, betraten ein enges Gäßchen, gingen darin hundert Yard weit und kamen zu einem zweistöckigen Wirtshaus; seine Außenansicht kannten wir, denn es war vom Hotel aus zu sehen. Wir stiegen die Treppe hinauf und betraten einen großen, getünchten Raum, der etwa fünfzig Fuß lang, dreißig Fuß breit und zwanzig bis fünfundzwanzig Fuß hoch war. Es war ein heller Saal. Einen Teppich gab es nicht. Quer an einer Schmalseite und beide Längsseiten des Raumes entlang erstreckte sich eine Reihe Tische, und an diesen Tischen saßen etwa fünfzig bis fünfundsiebzig Studenten.

Einige tranken Wein, andere spielten Karten oder Schach, wieder andere Gruppen schwatzten, und viele rauchten

Zigaretten, während sie auf die folgenden Zweikämpfe warteten. Fast alle trugen bunte Mützen; es gab weiße Mützen, grüne Mützen, blaue, rote und leuchtend gelbe; also waren alle fünf Corps in starker Zahl vertreten. In den Fenstern am freien Ende des Raumes standen sechs oder acht lange Säbel mit schmalen Klingen und großen Schutzkörben für die Hand, und draußen war ein Mann dabei, andere auf einem Schleifstein zu schärfen. Er verstand sein Geschäft, denn wenn er einen Säbel aus der Hand gab, konnte man sich damit rasieren.

Man konnte beobachten, daß die jungen Herren diejenigen Studenten, deren Mützen sich in der Farbe von ihrer eigenen unterschieden, weder grüßten noch anredeten. Das bedeutete nicht Feindschaft, sondern nur bewaffnete Neutralität. Man war der Meinung, daß jemand im Zweikampf härter und mit ernsterer Absicht zuschlagen könne, wenn er zu seinem Gegner niemals in einem kameradschaftlichen Verhältnis gestanden hätte; aus diesem Grunde war Kameradschaft zwischen den Corps nicht gestattet. Die Vorsitzenden der fünf Corps hielten gelegentlich eine kühle, offizielle Zusammenkunft ab, aber weiter nichts. Wenn zum Beispiel der reguläre Fechttag eines Corps naht, ruft der Vorsitzende aus den Reihen der Mitglieder Freiwillige auf, sich zum Kampf zu stellen; drei oder mehr melden sich – aber es dürfen nicht weniger als drei sein; der Vorsitzende teilt ihre Namen den anderen Vorsitzenden mit und ersucht sie, aus ihrem Corps Gegner für diese Herausforderer zu stellen. Das wird prompt getan. Zufällig war gerade Fechttag des Corps der Roten Mützen. Sie waren die Herausforderer, und gewisse Mützen von anderer Farbe hatten sich erboten, ihnen entgegenzutreten. Die Studenten schlagen sich in dem Raum, den ich beschrieben habe, *siebeneinhalb oder acht Monate jeden Jahres hindurch zweimal wöchentlich.* Dieser Brauch besteht in Deutschland seit zweihundertfünfzig Jahren.

Sehen wir von einigen offenbaren Mißverständnissen und Irrthümern ab, so muß man gestehen, daß diese Schilderung eines Mensurtages außerordentlich zutreffend und packend dargestellt ist, und daß eine gerechtere Würdigung des Corpswesens seitens eines Ausländers kaum zu finden sein dürfte. (Deutsche Corpszeitung 1898)

Zurück zu meinem Bericht. Ein Student mit weißer Mütze empfing uns und stellte uns sechs oder acht seiner Freunde vor, die auch weiße Mützen trugen, und während wir so dastanden und uns unterhielten, führte man aus einem anderen Zimmer zwei merkwürdige Gestalten herein. Es waren für das Duell aufgetakelte Studenten. Sie trugen keine Kopfbedeckung; ihre Augen wurden von einer eisernen Brille geschützt, die einen Zoll oder noch mehr heraus-stand und deren Lederriemen ihnen die Ohren flach an den Kopf banden; den Hals hatten sie mehrmals mit dicken Bandagen umwunden, die ein Säbel nicht durchschneiden konnte; vom Kinn bis zum Knöchel waren sie gegen Verletzungen gründlich abgepolstert; ihre Arme waren umwickelt und wieder umwickelt, Schicht um Schicht, bis sie wie feste, schwarze Blöcke aussahen. Diese unheimlichen Erscheinungen waren fünfzehn Minuten vorher hübsche Jünglinge in moderner Kleidung gewesen, aber jetzt sahen sie keinem Geschöpf mehr ähnlich, das einem anderswo als im Alptraum begegnet. Sie schritten dahin, wobei ihnen die Arme steif vom Körper abstanden; sie hielten sie nicht selbst hoch, sondern Kommilitonen gingen neben ihnen her und gaben ihnen die notwendige Hilfestellung.

Alles stürzte jetzt zu dem freien Ende des Raumes, und wir folgten und bekamen gute Plätze. Die Kämpfer wurden einander gegenübergestellt, jeder hatte mehrere Mitglieder seines eigenen Corps zum Beistand um sich; zwei gutgepolsterte Sekundanten mit Säbeln in der Hand nahmen dicht dabei Aufstellung; ein Student, der keinem der gegnerischen Corps angehörte, stellte sich in einer günstigen Position auf, um bei dem Kampf Schiedsrichter zu sein; ein anderer Student stand mit einer Uhr und einem Notizbuch dabei, um die Zeit sowie die Anzahl und Art der Wunden festzuhalten; ein grauhaariger Wundarzt war mit seiner Scharpie, seinen Verbänden und seinen Instrumenten zur Stelle. Nach einer kurzen Pause grüßten die Kämpfer respektvoll den Schiedsrichter, dann traten die verschiedenen Offiziellen nacheinander vor, nahmen elegant die Mütze ab, grüßten ihn ebenfalls und kehrten dann auf ihre Plätze zurück. Nun war alles bereit; vorn standen dichtgedrängt Studenten, und andere standen hinter ihnen auf Stühlen und Tischen. Jedes Gesicht war auf den Mittelpunkt des Interesses gerichtet.

Im Schwäbischen Merkur vom 24.11.1935 wird dem Preußischen Landrat a.D. Herrn von Flügge aus Speck im Kreis Naugard ein Artikel gewidmet, aus dem hervorgeht, daß von Flügge 1878 in Heidelberg studierte, dort Mark Twain kennenlernte und diesen zu seinem Corps, den Saxo-Borussen einludt. Von Flügge war Teilnehmer der Mensur, die Mark Twain hier beschreibt. (MTG)

Die Kämpfer beobachteten einander mit wachsamen Augen; es herrschte völlige Stille, atemlose Spannung. Ich hatte den Eindruck, ich würde sehr behutsame Arbeit zu sehen bekommen. Aber keineswegs. Sofort, als das Kommando fiel, sprangen die zwei Gespenster vor und fingen an, mit so blitzartiger Geschwindigkeit Schläge aufeinander herabprasseln zu lassen, daß ich nicht genau sagen konnte, ob ich die Säbel sah oder nur ihr Aufblitzen in der Luft; der Lärm dieser Schläge, wenn sie Stahl oder Polster trafen, war etwas wunderbar Aufregendes, und sie wurden mit so furchtbarer Kraft geführt, daß ich nicht begreifen konnte, wieso der gegnerische Säbel unter dem Anprall nicht aus der Hand geschlagen wurde. Plötzlich sah ich inmitten der Säbelblitze eine Handvoll Haar aufstieben, als hätte es lose auf dem Kopfe des Opfers gelegen und wäre plötzlich von einem Windstoß fortgeweht worden.

Die Sekundanten riefen: »Halt!« und schlugen die Säbel der Kämpfenden mit ihren eigenen hoch. Die Duellanten setzten sich; ein Offizieller, ein Student, trat vor, untersuchte den verwundeten Kopf und berührte die Stelle ein- oder zweimal mit einem Schwamm; der Wundarzt kam, strich das Haar von der Wunde zurück, enthüllte eine karmesinrote Wunde von zwei oder drei Zoll Länge und machte sich daran, ein ovales Stück Leder und einen Bausch Scharpie darüberzubinden; der Merker trat vor und trug in seinem Buch einen Punkt für den Gegner ein.

Dann stellten sich die Kämpfer wieder auf; dem Verletzten floß ein Blutbächlein seitlich den Kopf herunter, über die Schulter und am Leib entlang auf den Boden, aber das schien ihn nicht zu stören. Das Kommando ertönte, und sie stürzten so hitzig wie vorher aufeinander los; wieder prasselten, dröhnten und blitzten die Hiebe; alle paar Augenblicke bemerkten die Sekundanten mit raschem Blick, daß ein Säbel verbogen war – dann riefen sie: »Halt!«, schlugen die gegnerischen Waffen hoch, und ein assistierender Student richtete den verbogenen aus.

Das erstaunliche Getümmel ging weiter – plötzlich sprang von einer Klinge ein heller Funken auf, und diese Klinge, in mehrere Stücke zerbrochen, schleuderte eines ihrer Bruchstücke zur Decke empor. Man brachte einen neuen Säbel herbei, und das Gefecht wurde fortgesetzt. Die Anstrengung war natürlich ungeheuer groß, und mit der Zeit begannen die Kämpfer, große Erschöpfung zu zeigen. In kurzen Abständen durften sie einen Augenblick ausruhen; sie verschafften sich weitere Ruhepausen, indem sie einander verwundeten, denn dann konnten sie sich setzen, während der Arzt die Scharpie und die Verbände anlegte. Nach der Satzung muß der Kampf fünfzehn Minuten dauern, wenn die Leute durchhalten können, und da die Pausen nicht zählen, zog sich dieses Duell über zwanzig oder dreißig Minuten hin, schätzte ich. Schließlich wurde entschieden, daß die Männer zu erschöpft wären, um länger zu kämpfen. Sie wurden fortgeführt, von Kopf bis Fuß blutgetränkt. Das war ein guter Kampf, aber er war nicht gültig, teils weil er nicht die vorschriftsmäßigen fünfzehn Minuten (tatsächlichen Fechtens) gedauert hatte, und teils weil keiner der Männer durch seine Wunden kampfunfähig geworden war. Es war ein unentschiedener Kampf, und die Satzung des Corps schreibt vor, daß unentschiedene Kämpfe erneut ausgefochten werden müssen, sobald die Gegner von ihren Verletzungen genesen sind.

Während des Kampfes hatte ich mich hin und wieder ein bißchen mit einem jungen Herrn vom Corps der Weißen Mützen unterhalten, und er hatte erwähnt, daß er als nächster fechten würde – und hatte mir auch seinen Herausforderer gezeigt, einen jungen Herrn, der an der gegenüberliegenden Wand lehnte, eine Zigarette rauchte und gelassen den in Gang befindlichen Kampf beobachtete.

Meine Bekanntschaft mit einem Teilnehmer des nächsten Kampfes bewirkte, daß ich eine Art persönlicher Anteilnahme empfand; natürlich wünschte ich, er möge gewinnen, und es war keineswegs erfreulich, zu erfahren, daß ihm das wahrscheinlich nicht gelingen würde, denn obwohl er ein hervorragender Fechter war, galt der Herausforderer als ihm überlegen.

Korrekturen: statt Zweikämpfe heißt's Mensuren; Säbel = Schläger; Mütze = Stürmer; Kämpfer = Paukant; Schiedsrichter = Unparteiischer; anderer Student = Mensurlöffel; assistierender Student = Schleppfuchs; fünfzehn Minuten = mindestens 7 Gänge à 5 Hiebe; Runde = Gang (DMR)

Bald begann der Zweikampf, und zwar in der gleichen hitzigen Weise, die den vorigen ausgezeichnet hatte. Ich stand dicht dabei, konnte aber nicht sagen, welche Hiebe zählten und welche nicht; sie fielen und schwanden wie Lichtblitze. Alle zählten anscheinend; dauernd senkten sich die Säbel über die Köpfe der Gegner, von der Stirn bis über den Scheitel, und schienen zu treffen; aber das war nicht der Fall – stets wurde eine schützende Klinge, für mich unsichtbar, dazwischengehalten. Nach zehn Sekunden hatte jeder Mann zwölf oder fünfzehn Hiebe geführt und zwölf oder fünfzehn abgewehrt, und es war nichts passiert; dann wurde ein Säbel unbrauchbar, und es folgte eine kurze Ruhepause, bis ein neuer gebracht wurde. In der nächsten Runde bekam der Student des weißen Corps bald seitlich am Kopf eine häßliche Wunde ab und versetzte dem Gegner eine gleiche. In der dritten Runde nahm letzterer eine weitere schlimme Wunde hin, und dem ersten wurde die Unterlippe gespalten. Danach teilte der Student des weißen Corps zahlreiche ernste Verwundungen aus, empfing dagegen keine erheblichen. Fünf Minuten nach dem Beginn des Kampfes brach ihn der Wundarzt ab; der Herausforderer hatte solche Verletzungen erlitten, daß jede weitere hätte gefährlich werden können. Diese Verletzungen boten einen furchterregenden Anblick, werden aber besser nicht beschrieben. So war mein Bekannter wider Erwarten Sieger.

Das dritte Duell war kurz und blutig. Der Wundarzt gebot Einhalt, als er sah, daß einer der Männer so schwere Wunden empfangen hatte, daß er, ohne sein Leben zu gefährden, nicht weiterkämpfen konnte.

Der vierte Kampf war ein gewaltiges Treffen; aber nach fünf oder sechs Minuten trat der Arzt wieder dazwischen:

wieder war ein Mann so schwer verletzt, daß es gefährlich gewesen wäre, seinen Verletzungen weitere hinzuzufügen. Ich beobachtete dieses Gefecht, wie ich die anderen beobachtet hatte – mit angespanntem Interesse und starker Erregung, mit Zusammenschrecken und Erschauern bei jedem Hieb, der eine Wange oder eine Stirn verletzte, und mit spürbarem Erbleichen, wenn ich gelegentlich sah, wie eine noch entsetzlichere Wunde beigebracht wurde. Ich hatte den Blick auf den Verlierer dieses Zweikampfes gerichtet, als er seine letzte und entscheidende Verletzung erhielt, im Gesicht, und sie entfernte seine – aber egal, ich darf mich nicht in Einzelheiten verlieren. Ich schaute nur flüchtig hin und wandte mich dann schnell ab, aber ich hätte überhaupt nicht hingesehen, wenn ich gewußt hätte, was kam. Nein, das stimmt wahrscheinlich nicht; man glaubt, man würde nicht hinschauen, wenn man wüßte, was kommt, aber die Anteilnahme und die Erregung sind so mächtig, daß sie zweifellos alle anderen Gefühle besiegen würden; und so würde man, wild hingerissen von dem klirrenden Stahl, dennoch nachgeben und hinschauen. Manchmal werden Zuschauer bei diesen Zweikämpfen ohnmächtig, und das scheint wirklich ein sehr vernünftiges Verhalten zu sein.

Beide Beteiligten an diesem vierten Treffen waren schlimm zugerichtet; so sehr, daß der Wundarzt eine knappe oder eine ganze Stunde lang mit ihnen beschäftigt war – eine Tatsache, die für sich spricht. Aber diese Wartezeit wurde von den versammelten Studenten nicht untätig vergeudet. Es war nach zwölf; deshalb wiesen sie den Wirt unten an, heiße Beefsteaks, Huhn und Ähnliches heraufzuschicken, und das aßen sie gemütlich an den Tischen, wobei sie schwatzten, disputierten und lachten. Die Tür zum Zimmer des Wundarztes stand dabei offen, aber das Schneiden, Nähen, Verspleißen und Verbinden, das dort drinnen in voller Sicht vor sich ging, schien niemandem den Appetit zu verderben. Ich ging hinein und schaute dem Arzt eine Weile bei der Arbeit zu, aber es machte mir keinen Spaß; es war bei weitem nicht so unangenehm gewesen, zu sehen, wie die Wunden erteilt und empfangen wurden, als zu sehen, wie man sie flickte; der Aufruhr, das Getümmel und der Klang des Stahls fehlten hier – dieses grausige Schauspiel hier ging an die Nerven, während die ausgleichende angenehme Erregung des Zweikampfes fehlte.

Schließlich war der Arzt fertig, und die Männer, die das letzte Treffen des Tages ausfechten sollten, traten vor. Eine ganze Anzahl war mit dem Speisen noch nicht fertig, aber das machte nichts, man konnte alles nach dem Kampf kalt essen; deshalb drängte jeder nach vorn, um zuzuschauen. Das war kein Freundschaftstreffen, sondern eine »Satisfaktions«-Affäre. Diese zwei Studenten hatten sich gestritten und waren hier, um die Sache auszutragen. Sie gehörten keinem der Corps an, aber die fünf Corps versahen sie aus Gefälligkeit mit Waffen und Rüstung und gestatteten ihnen, hier zu fechten. Offensichtlich waren diese beiden jungen Männer mit dem Zeremoniell des Duells nicht vertraut, obwohl sie mit dem Säbel durchaus umzugehen wußten. Als man sie aufgestellt hatte, dachten sie, es wäre Zeit anzufangen – und sie fingen auch an, und zwar mit ungestümer Kraft, ohne abzuwarten, daß ihnen jemand ein Zeichen gäbe. Das belustigte die Zuschauer ungemein und überwand sogar ihren gekünstelten, förmlichen Ernst und überraschte sie so, daß sie loslachten. Natürlich schlugen die Sekundanten die Säbel hoch und ließen das Duell von neuem anfangen. Auf das Kommando begann der Hagel von Schlägen, aber bald darauf unterbrach der Wundarzt wieder – aus dem einzigen Grunde, der ihm überhaupt gestattete zu unterbrechen –, und der Kampf war für diesen Tag vorbei. Jetzt war es zwei Uhr nachmittags, und ich war seit morgens halb zehn dort gewesen. Mittlerweile war das Schlachtfeld wirklich rot geworden, aber etwas Sägemehl brachte das bald in Ordnung. Ein Duell hatte stattgefunden, bevor ich eingetroffen war. Dabei hatte einer der Männer viele Verletzungen erlitten, während der andere ohne einen Kratzer davongekommen war.

Twain unterscheidet nicht genügend zwischen Schlägermensur (in vollem Paukzeug mit Brille, Halsbandagen etc.) und Säbelmensur (Seidenhemd, Herzleder, kein volles Paukzeug). (DMR)

Ich hatte zugesehen, wie die scharfen, zweischneidigen Klingen zehn Jünglingen die Köpfe und Gesichter in allen Richtungen zerhieben, und hatte doch keines der Opfer zusammenzucken sehen, auch kein Stöhnen gehört oder einen flüchtigen Ausdruck erhascht, der ein Eingeständnis des heftigen Schmerzes gewesen wäre, den die Wunden verursachten. Das war wirklich beträchtliche Seelenstärke. Eine solche Standhaftigkeit kann man von Wilden und Preisboxern erwarten, denn sie werden dazu geboren und erzogen; aber sie in solcher Vollendung bei diesen umhegt aufgewachsenen und liebevoll erzogenen jungen Burschen zu finden, das ist überraschend. Nicht etwa nur in der Hitze des Gefechts wurde diese Standhaftigkeit bewiesen; sie wurde auch im Zimmer des Wundarztes an den Tag gelegt, wo eine ernüchternde Ruhe herrschte und wo kein Publikum vorhanden war. Die Handgriffe des Arztes brachten weder Grimassen noch Stöhnen hervor; und bei den Kämpfen konnte man beobachten, daß diese Burschen, nachdem sie mit blutströmenden Wunden bedeckt waren, mit demselben Kampfgeist draufloshieben und -schlugen, den sie zu Anfang gezeigt hatten.

Im allgemeinen betrachtet die Welt Studentenduelle als sehr possenhafte Angelegenheiten; das sind sie auch, aber wenn man bedenkt, daß das Duell von Knaben ausgefochten wird, daß die Säbel richtige Säbel sind und daß Kopf und Gesicht nicht geschützt werden, so scheint mir doch die Posse eine ziemlich ernste Seite zu haben. Hauptsächlich lachen die Leute darüber, weil sie glauben, der Student sei so bepanzert, daß er nicht verletzt werden könne. Aber so ist das nicht: Augen und Ohren sind geschützt, aber das übrige Gesicht und der Kopf sind unbedeckt. Der Student kann nicht nur böse verletzt werden, auch sein Leben ist in Gefahr, und manchmal würde es einer verlieren, wenn sich der Wundarzt nicht einmischte. Es besteht nicht die Absicht, das Leben des Gegners zu gefährden. Doch sind tödliche Unfälle möglich. Zum Beispiel kann der Säbel des Studenten zerbrechen, das Ende empor- und bis hinter das Ohr des Gegners schnellen und eine Arterie zerschneiden, die mit unversehrtem Säbel nicht zu erreichen wäre. Das ist schon passiert, und der Tod trat auf der Stelle ein. Früher waren die Achselhöhlen des Studenten nicht geschützt, und damals waren die Säbel spitz, während sie jetzt abgestumpft sind; daher wurde manchmal eine Arterie in der Achselhöhle zerschnitten, und Tod war die Folge. Dann war zur Zeit der Säbel mit scharfen Spitzen gelegentlich ein Zuschauer das Opfer; die Spitze eines zerbrochenen Säbels flog fünf oder zehn Fuß weit und bohrte sich ihm in den Hals oder ins Herz hinein, und der sofortige Tod trat ein. Jetzt verursachen die Fechtkämpfe der Studenten in Deutschland zwei oder drei Todesfälle jährlich, aber nur wegen der Unvorsichtigkeit der verletzten Leute; sie essen oder trinken in leichtsinniger Weise oder strengen sich übermäßig an; eine Entzündung tritt dann ein und greift so schnell um sich, daß sie nicht mehr einzudämmen ist. Der Zweikampf der Studenten bedeutet wirklich genug Blut, Schmerzen und Gefahr, um ein beträchtliches Maß an Achtung zu beanspruchen.

Alle Gebräuche, alle Vorschriften, alle Einzelheiten, die zu dem Studentenduell gehören, sind wunderlich und naiv. Das ernste, exakte und höfliche Zeremoniell, mit dem es durchgeführt wird, verleiht ihm eine Art altertümlichen Zaubers.

Diese Würde und dieser ritterliche Anstand erinnern an

das mittelalterliche Turnier, nicht an das Preisboxen. Die Vorschriften sind ebenso merkwürdig wie streng. Zum Beispiel kann der Duellant über die Linie, auf der er steht, hinaus vortreten, aber niemals hinter sie zurück. Tritt er hinter die Linie oder beugt er sich auch nur zurück, nimmt man an, daß er es tue, um einem Schlag auszuweichen oder einen Vorteil zu gewinnen; darum wird er schmachvoll aus seinem Corps ausgestoßen. Es scheint nur natürlich zu sein, unbewußt und entgegen eigenem Willen und eigener Absicht vor einem herabsausenden Säbel zurückzuweichen, aber diese unbewußte Reaktion wird nicht gestattet. Und wenn der Kämpfer unter dem plötzlichen Schmerz einer Verwundung das Gesicht verzieht, sinkt er etliche Grade in der Wertschätzung seiner Kameraden; sein Corps schämt sich seiner und nennt ihn Hasenfuß, was das deutsche Gegenstück zum englischen »Hühnerherz« ist.

Seither habe ich niemals wieder mit Duellen zu tun gehabt. Ich lehne sie aus Überzeugung ab. Ich halte sie für unklug und weiß, daß sie gefährlich sind. Und eine Sünde obendrein. Würde mich heute jemand fordern, so würde ich zu ihm gehen, ihn gütig und nachsichtig bei der Hand nehmen, ihn zu einer ruhigen, einsamen Stelle führen und ihn umbringen. Trotzdem haben mich die Duelle anderer immer sehr interessiert. Man verliert eben nie das Interesse an Heldentaten, die man aus eigener Erfahrung kennt. (MTA)

Corpsbrauchtum

In Ergänzung der Corpssatzungen gibt es einige Corpsbräuche, welche die bindende Kraft einer Satzung haben.

Vielleicht bemerkt der Vorsitzende eines Corps, daß eines der Mitglieder, das nicht mehr vom Schlagen befreit – das heißt, kein Fuchs mehr – ist, sich schon eine kleine Weile im zweiten Studienjahr befindet, ohne sich freiwillig zum Kampf gemeldet zu haben; anstatt Freiwillige aufzurufen, *bestimmt* der Vorsitzende eines Tages diesen Studenten dazu, sich mit einem Studenten aus einem anderen Corps zu messen. Es steht ihm nun frei, abzulehnen – jeder sagt das, es gibt keinen Zwang. Das stimmt alles, aber ich habe noch von keinem Studenten gehört, der tatsächlich abgelehnt hätte. Er würde natürlich eher aus dem Corps austreten als ablehnen; wenn er ablehnte und dennoch im Corps bliebe, fiele er unangenehm auf, und das mit Recht, da er beim Eintritt gewußt hatte, seine Hauptaufgabe als Mitglied würde das Schlagen sein. Nein, es gibt keine Vorschrift, die das Ablehnen verbietet – außer dem Gewohnheitsrecht, das zugestandenermaßen überall stärker ist als das geschriebene Recht.

Die zehn Männer, deren Kämpfen ich beigewohnt hatte, gingen entgegen meiner Annahme nicht fort, nachdem ihre Wunden versorgt waren, sondern kamen einer nach dem anderen zurück, sobald der Wundarzt sie entlassen hatte, und mischten sich unter die Gesellschaft auf dem Paukboden. Der Student mit der weißen Mütze, der den zweiten Kampf gewonnen hatte, schaute sich die restlichen drei an und unterhielt sich während der Pausen mit uns. Er konnte nicht sehr gut sprechen, weil der Säbel seines Gegners ihm die Unterlippe entzweigeschnitten und der Wundarzt sie dann zusammengenäht und reichlich mit weißen Pflasterstreifen überklebt hatte; er konnte auch nicht richtig essen, brachte es aber fertig, einen langsamen und mühevollen Imbiß einzunehmen, während zum letzten Zweikampf gerüstet wurde. Der von allen am schlimmsten verletzte Mann spielte Schach, während er darauf wartete, diesen Kampf zu sehen. Pflaster und Verbände bedeckten einen großen Teil seines Gesichts, und sie bedeckten und verhüllten den ganzen übrigen Kopf. Es heißt, der Student erscheine gern in dieser Aufmachung auf der Straße und an anderen öffentlichen Orten, und wegen dieser Vorliebe bleibe er oft auch dann noch draußen, wenn es eine ausgesprochene Gefahr für ihn bedeutet, sich dem Regen oder der Sonne auszusetzen. Frisch verbundene Studenten sind in den Parks von Heidelberg ein alltäglicher Anblick. Es heißt auch, der Student freue sich, Verletzungen im Gesicht abzubekommen, weil die zurückbleibenden Narben sich da so gut machen; und es heißt auch, diese Gesichtswunden würden so sehr geschätzt, daß man sogar von Jünglingen gehört habe, die sie von Zeit zu Zeit auseinandergezogen und Rotwein hineingestrichen hätten, damit sie schlecht heilten und eine möglichst scheußliche Narbe hinterließen. Es klingt unvernünftig, und doch wird es ernstlich behauptet, und man beharrt darauf. Einer Sache

Statt Rotwein z.T. auch Salz (DMR)

Wolfsbrunnenweg

bin ich sicher – in Deutschland sind bei den jungen Männern Narben recht häufig, und zwar sehr grausige. Sie stehen als bösartig rote Schmisse kreuz und quer im Gesicht und sind dauerhaft und unauslöschlich. Manche dieser Narben sehen ganz seltsam und furchtbar aus; und wenn mehrere dieser Art die schwächer ausgeprägten unterstreichen, die auf dem Gesicht eines Mannes einen Stadtplan bilden, ist die Wirkung überraschend; sie erinnern dann an einen verbrannten Stadtteil.

Wir hatten oft bemerkt, daß viele der Studenten ein buntes Seidenband schräg über der Brust trugen.* Es stellte sich heraus, dies bedeute, daß der Träger drei Duelle ausgefochten habe, in denen eine Entscheidung fiel – Duelle, in denen er entweder gesiegt hatte oder besiegt worden war, denn unentschiedene Kämpfe zählen nicht. Nachdem ein Student das Band empfangen hat, ist er »frei«; er kann ohne Vorwurf aufhören zu fechten – es sei denn, es beleidigt ihn jemand; sein Vorsitzender kann ihn nicht zum Schlagen abordnen; er kann sich freiwillig melden, wenn er will, oder sich still verhalten, wenn er das vorzieht. Die Statistik weist aus, daß er es *nicht* vorzieht, sich still zu verhalten. Sie zeigt, daß der Zweikampf irgendwie einen besonderen Reiz ausüben muß, denn diese freien Leute, weit entfernt, auf dem Privileg des Bandes auszuruhen, melden sich dauernd freiwillig. Ein Corpsstudent erzählte mir, es sei aufgezeichnet, daß Fürst Bismarck, als er auf der Universität war, in einem einzigen Sommersemester zweiunddreißig dieser Duelle ausgetragen habe. Also hat er neunundzwanzig ausgefochten, nachdem ihm das Band das Recht gegeben hatte, sich vom Schlachtfeld zurückzuziehen.

Vielleicht ist die Statistik in verschiedenen Punkten interessant. Zwei Tage jeder Woche werden dem Fechten gewidmet. Die strenge Regel lautet, daß an jedem dieser Tage drei Treffen stattfinden müssen; im allgemeinen sind es mehr, aber es dürfen nicht weniger sein. An dem Tag, als ich anwesend war, waren es sechs; manchmal sind es sie-

Mit dem Hotel »ein paar Meilen neckaraufwärts« war der Wolfsbrunnen gemeint, dessen Speisekarte, vor allem die Forellen, Twain sehr schätzte, wie aus seinem Tagebuch hervorgeht.
Heute kann man ähnliche Gruppenbilder noch im Café Knösel und beim Friseur Egon Pfaus (die beste Rasur in der Hauptstraße, gegenüber vom Zimmertheater!) sehen.

* *Aus meinem Tagebuch.* Haben ein paar Meilen neckaraufwärts in einem Hotel gegessen, in einem Raum, dessen Wände über und über mit gerahmten Gruppenbildern der fünf Corps vollgehängt waren; einige waren neueren Datums, aber viele stammten aus der Zeit vor der Photographie und waren lithographiert – die Zeitangaben reichten bis zu vierzig oder fünfzig Jahre zurück. Fast jeder trug das Band über der Brust. Bei einer Gruppenaufnahme, die (wie alle diese Bilder) ein ganzes Corps darstellte, machte ich mir die Mühe, die Bänder zu zählen: Es waren siebenundzwanzig Mitglieder, und einundzwanzig davon trugen dieses bedeutsame Kennzeichen.

ben oder acht. Es wird betont, daß acht Duelle wöchentlich – vier an jedem der zwei Tage – ein zu niedriger Durchschnitt sind, um daraus Berechnungen abzuleiten, aber ich werde von dieser Grundlage ausgehen, denn ich ziehe eine Unterschätzung dieser Sache einer Überschätzung vor. Das erfordert etwa vierhundertachtzig bis fünfhundert Duellanten im Jahr – denn im Sommer dauert das Semester etwa dreieinhalb Monate und im Winter vier Monate und manchmal länger. Zu der Zeit, von der ich schreibe, gehörten von den siebenhundertfünfzig Studenten der Universität nur achtzig den fünf Corps an, und nur diese Corps schlagen sich; gelegentlich borgen sich andere Studenten Waffen und Kampfplatz der fünf Corps, um einen Streit zu entscheiden, aber das kommt nicht an jedem Fechttag vor.* Infolgedessen geben achtzig junge Männer das Material für etwa zweihundertfünfzig Duelle im Jahr ab. Dieser Durchschnitt weist jedem der achtzig im Jahr sechs Kämpfe zu. Diese umfangreiche Arbeit wäre nicht zu bewältigen, wenn die Bandträger auf ihrem Vorrecht bestünden und aufhörten, sich freiwillig zu melden.

Wo soviel gefochten wird, legen die Studenten natürlich Wert darauf, ständig mit dem Rapier in Übung zu bleiben. Man sieht sie oft an den Tischen im Schloßpark ihre Peitschen oder Stöcke gebrauchen, um irgendeine neue Finte zu erläutern, von der sie gehört haben; und an dem Tage, dessen Verlauf ich beschrieben habe, waren zwischen den Duellen die Säbel nicht dauernd müßig; immer wieder einmal hörten wir eine Folge der scharf zischenden Töne, die der Säbel verursacht, wenn man ihn in der Luft alle seine Tempi machen läßt, und das verkündete uns, daß ein Student beim Üben war. Natürlich bringt diese unaufhörliche Beschäftigung mit der Kunst gelegentlich einen Meister hervor. Er wird an seiner eigenen Universität berühmt, sein Ruhm wird zu anderen Universitäten getragen. Man lädt ihn nach Göttingen ein, wo er sich mit einem Göttinger Meister schlagen soll; wenn er siegt, wird er an andere Hochschulen eingeladen, oder diese Hochschulen schicken ihre Meister zu ihm. Häufig treten Amerikaner und Engländer dem einen oder anderen der fünf Corps bei. Vor

Die Rede Seiner Majestät des Kaisers: »Es ist meine feste Überzeugung, daß jeder junge Mann, der in ein Corps eintritt, durch den Geist, welcher in demselben herrscht, und mit diesem Geist seine wahre Richtung fürs Leben erhält. Denn es ist die beste Erziehung, die ein junger Mann für sein späteres Leben bekommt. Und wer über die deutschen Corps spottet, der kennt ihre wahre Tendenz nicht.« Er spricht darin zunächst von den Grundsätzen und Zielen der Corps und führt die alte Constitution der Saxonia zu Leipzig als schönstes und edelstes Muster für das innere Wesen solcher Vereinigungen an. Diese empfiehlt vor allem deutschen Volkssinn und Liebe zum Vaterland, Heilighaltung der Ehre, des Ehrenwortes und der Freundschaft, und Eintreten für diese Ideale mit dem Schläger, mit Blut und Leben, Vervollkommnung des Geistes und Charakters, Pflege wahrer Liebe und Freundschaft, Bildung des Geistes durch Wissenschaft und Kunst, Fernhaltung von Renommisterei und Prahlerei und Achtung vor den Chargierten und den Gesetzen der Verbindung. (Akademische Monatshefte 1898)

* Sie müssen sich die Waffen borgen, weil sie diese sonst nirgendwo und auf keine andere Art bekommen könnten. Nach meiner Kenntnis gestatten die Behörden in ganz Deutschland den fünf Corps zwar, Säbel zu halten, *gestatten ihnen aber nicht, sie zu benutzen.* Dieses Gesetz ist streng; nur seine Durchführung ist lässig.

Nicht korrekt. Es gab zu jener Zeit kein Corpsmitglied aus Kentucky, nur den »Guestphalen«, John Allien Case aus Pennsylvanien.

einem oder zwei Jahren war der erste Heidelberger Meister ein großer Kerl aus Kentucky; er wurde zu den verschiedenen Universitäten eingeladen und ließ in ganz Deutschland eine Siegesspur hinter sich; aber schließlich besiegte ihn ein kleiner Straßburger Student. In Heidelberg gab es einmal einen Studenten, der irgendwo einen besonderen Trick aufgeschnappt und sich angeeignet hatte, von unten heraufzuziehen, statt von oben nach unten zu schlagen. Solange der Trick klappte, gewann er an seiner Universität sechzehn Duelle hintereinander; aber inzwischen hatten Beobachter herausgefunden, worin der Zauber bestand und wie man ihn brechen könne, und so lief seine Meisterschaft ab.

Die Vorschrift, die den geselligen Verkehr zwischen Mitgliedern der verschiedenen Corps verbietet, ist streng. Im Fechtsaal, in den Parks, auf der Straße und überall, wohin die Studenten auch gehen, scharen sich Mützen von gleicher Farbe zusammen. Wenn in einem Gartenlokal alle Tische bis auf einen voll besetzt wären und an diesem einen zwei Studenten in roten Mützen säßen und zehn Plätze frei wären, würden die gelben Mützen, die blauen Mützen, die weißen und die grünen Mützen platzsuchend an diesem Tische vorbeigehen und ihn scheinbar nicht sehen, würden scheinbar nicht einmal merken, daß es auf dem Grundstück einen solchen Tisch gibt. Der Student, durch dessen Entgegenkommen wir den Fechtboden hatten besuchen dürfen, trug die weiße Mütze – Corps Borussia. Er stellte uns vielen weißen Mützen vor, aber keiner von anderer Farbe. Die Corpsetikette erstreckte sich sogar auf uns, die wir Fremde waren, und forderte von uns, nur mit dem weißen Corps zusammen zu sein und nur mit dem weißen Corps zu sprechen, solange wir seine Gäste waren, und uns von Mützen der anderen Farben fernzuhalten. Einmal wollte ich mir einige der Säbel ansehen, aber ein amerikanischer Student sagte: »Es wäre nicht sehr höflich; die jetzt in den Fenstern liegen, haben alle rote oder blaue Griffe; man wird gleich welche mit weißen Griffen hereinbringen, und die können Sie gern anfassen.« Als im ersten Treffen ein Säbel zerbrach, wollte ich ein Stück davon haben; aber sein Griff hatte die falsche Farbe, so hielt man es für besser und höflicher, eine günstigere Gelegenheit abzuwarten. Man brachte mir einen, nachdem der Saal geräumt war, und ich werde nun eine Skizze »in Lebensgröße« davon anfertigen, indem ich mit der Feder eine Linie darum ziehe, um die Breite der Waffe zu zeigen. Die Länge dieser Säbel beträgt etwa drei Fuß, und sie sind ziemlich schwer. Natürlich war man stark versucht, während der Duelle oder bei ihrem Abschluß Beifall zu spenden, aber die Corpsetikette verbot jede Kundgebung dieser Art. Wie glänzend ein Kampf oder ein Sieg auch sein mochte, kein Zeichen oder Laut verriet, daß jemand davon gepackt war. Stets wurden würdiger Ernst und Beherrschung gewahrt.

Als das Fechten zu Ende war und wir gehen wollten, zogen die Herren des Corps Borussia, denen wir vorgestellt worden waren, auf die höfliche deutsche Art die Mütze und schüttelten uns auch die Hände; ihre Corpsbrüder zogen die Mützen und verbeugten sich, aber ohne Händeschütteln; die Herren der anderen Corps behandelten uns gerade so, wie sie weiße Mützen behandelt hätten – sie traten zur Seite, offenbar zufällig, und ließen uns eine Bahn frei, schienen uns aber nicht zu sehen oder nicht zu wissen, daß wir da wären. Wenn wir in der nächsten Woche als Gäste eines anderen Corps hingegangen wären, hätten die weißen Mützen ohne jede beleidigende Absicht die Etikette ihres Ordens eingehalten und unsere Anwesenheit ignoriert.

In der Mannheimer Oper

Eines Tages bestiegen wir den Zug und fuhren nach Mannheim hinüber, um uns »König Lear« anzusehen, das in deutscher Sprache gespielt wurde. Es war ein Fehler. Drei volle Stunden saßen wir auf unseren Plätzen und verstanden überhaupt nichts außer dem Donner und Blitz, und selbst die hatte man umgekehrt, um sie der deutschen Vorstellung anzupassen, denn der Donner kam zuerst und der Blitz danach.

Das Benehmen des Publikums war tadellos. Es gab kein Rascheln oder Flüstern und keine anderen kleinen Störungen; jedem Akt hörte man still zu, und der Applaus setzte ein, nachdem der Vorhang sich gesenkt hatte. Um halb fünf wurde geöffnet, das Schauspiel begann pünktlich um halb sechs, und zwei Minuten später saßen alle, die noch kamen, auf ihren Plätzen, und es herrschte Ruhe. Ein deutscher Herr im Zug hatte gesagt, ein Drama Shakespeares sei in Deutschland ein hochgeschätzter Genuß, und wir würden ein volles Haus vorfinden. Das stimmte; alle sechs Ränge waren voll besetzt und blieben es bis zum Schluß – was darauf hinwies, daß in Deutschland nicht nur die Leute aus dem ersten Rang Shakespeare lieben, sondern auch die aus dem Parkett und auf dem Olymp.

Ein andermal fuhren wir nach Mannheim und besuchten ein Spektakel – auch Oper genannt –, und zwar »Lohengrin«. Das Gebumse und Gepauke, Gedröhn und Gekrache war einfach unglaublich. Der quälende und unbarmherzige Schmerz, den es verursachte, ruht in meinem Gedächtnis gleich neben der Erinnerung an die Zeit, als ich meine Zähne in Ordnung bringen ließ. Gewisse Umstände machten es notwendig, daß ich die vier Stunden bis zum Schluß dablieb, und ich blieb da; aber das Andenken dieser langen, schleppenden, harten Leidenszeit ist unzerstörbar. Daß man es schweigend und stillsitzend ertragen mußte, machte es nur noch schlimmer. Ich befand mich in einem Abteil mit acht oder zehn Fremden beiderlei Geschlechts, und das legte mir Zurückhaltung auf; aber zeitweise war der Schmerz so heftig, daß ich kaum die Tränen unterdrücken konnte. In solchen Augenblicken, wenn das Heulen, Jammern und Kreischen der Sänger und das Rasen, Tosen und Krachen des gewaltigen Orchesters immer lauter, immer toller, immer wilder wurden, hätte ich weinen können, wenn ich allein gewesen wäre. Diese Fremden wären wohl nicht überrascht gewesen, jemanden weinen zu sehen, dem man allmählich die Haut abzöge, aber hier hätten sie sich darüber gewundert und zweifellos Bemerkungen darüber gemacht, während doch der vorliegende Fall gegenüber dem Geschundenwerden absolut keinen Vorzug besaß. Nach dem ersten Akt gab es eine halbstündige Pause, und ich hätte in dieser Zeit hinausgehen und mich erholen können, aber ich traute mich nicht,

Die »Lohengrin«-Aufführung fand am 30. Mai 1878 in Mannheim statt. Den Lohengrin sang der erste berühmte Wagner-Tenor Albert Niemann. Die weitere Besetzung: Heinrich: Herr Mödlinger, Elsa: Frl. Ottiker, Friedrich: Herr Plank, Ortrud: Frau Seubert, Herzog Gottfried: Frl. Ullmicher (so hat's zumindest Mark Twain in seinem Tagebuch aufgeschrieben). Im Mannheimer Reiss-Museum ist noch ein Plakat von damals erhalten. Bemerkenswert: damals wurden die Dirigenten nicht namentlich erwähnt.

Wir kamen um 17.30 Uhr an, sie spielten gerade die Ouvertüre und nach zwei Minuten ging der Vorhang hoch. 3 Akte. Nur 30 Minuten Pause zwischen den Akten. Die Menschen scheinen sich genau auszukennen, in den Pausen ist das Theater halbleer und plötzlich, zwei Minuten bevor es weitergeht, ist alles wieder gefüllt und ruhig und es kann wieder losgehen. Ich konnte erkennen, daß die Umbauten keine 30 Minuten brauchten, nicht einmal die Hälfte, so wie sie in diesem Lande die Dekorationen einsetzen. Pünktlich um 21.30 Uhr war dann Schluß. (NB)

denn ich spürte, daß ich desertieren und draußen bleiben würde. Gegen neun Uhr gab es eine weitere halbstündige Pause, aber mittlerweile hatte ich so viel durchgemacht, daß ich keine Kraft mehr hatte und deshalb nur noch wünschte, in Frieden gelassen zu werden.

Ich möchte damit nicht sagen, daß es den anderen Leuten genauso ging wie mir, denn das war keineswegs der Fall. Ob ihnen dieser Lärm von Natur aus gefiel oder ob sie allmählich Gefallen daran fanden, indem sie sich daran gewöhnten, wußte ich damals nicht; aber er gefiel ihnen – das war ganz deutlich. Solange er anhielt, saßen sie da und sahen so hingerissen und dankbar aus wie Katzen, wenn man ihnen den Rücken streichelt; und immer wenn der Vorhang fiel, standen sie wie eine gewaltige, geschlossene Menge auf, Taschentücher wehten in der Luft wie dichtes Schneetreiben, und Beifallsstürme durchrasten das Haus. Das war mir unbegreiflich. Natürlich waren viele Leute da, die nicht gezwungen waren zu bleiben; und doch waren zum Schluß die Ränge genauso voll wie zu Anfang. Das bewies doch, daß es den Leuten gefiel.

Es war ein Stück merkwürdiger Art. Was die Kostüme und Bühnenbilder anbetraf, war es ganz schön und prunkvoll; aber es gab nicht viel Handlung. Das soll heißen, daß nicht viel wirklich geschah, es wurde nur davon gesprochen; und immer mit heftiger Erregung. Man könnte es ein erzählendes Drama nennen. Jeder hatte etwas zu erzählen und zu beklagen, und keiner benahm sich vernünftig, sondern alle befanden sich in reizbarer und unbeherrschter Verfassung. Von dem üblichen Zeug, wo der Tenor und die Sopranistin vorn an der Rampe stehen, die trillernden Stimmen ineinander verwoben, und immerzu einander die Arme entgegenstrecken, sie wieder zurückziehen und mit Beben und Pressen beide Hände erst über die eine und dann über die andere Brust breiten, davon brachten sie nicht viel – nein, jeder Meuterer blieb für sich, und ein Verschmelzen der Stimmen gab es nicht. Einer nach dem anderen sang seine anklagende Erzählung, von dem gesamten Sechzig-Mann-Orchester begleitet; und wenn das einige Zeit so gegangen war und man gerade hoffte, sie würden zu einer Verständigung gelangen und den Lärm dämpfen, brach plötzlich ein großer Chor los, der gänzlich aus Verrückten bestand, und dann machte ich zwei und manchmal drei Minuten lang alles noch einmal durch, was ich damals gelitten hatte, als das Waisenhaus abbrannte.

Nur eine kurze Zeitspanne, die den Himmel und des Himmels süße Wonne und Eintracht ahnen ließ, erlebten wir während dieser ganzen langen, fleißigen und quälenden Darstellung des anderen Ortes. Das war, als im dritten Akt eine prächtige Prozession von Leuten immer im Kreise herumlief und den Brautchor sang. Das war für mein ungebildetes Ohr Musik – beinahe göttliche Musik. Während meine verdorrte Seele in dem heilenden Balsam dieser lieblichen Töne badete, schien mir, als könnte ich fast die vorherigen Martern noch einmal erdulden, nur um wieder auf diese Art geheilt zu werden. Hier tritt die überaus sinnreiche Idee der Oper zutage. Sie teilt so reichlich Qualen aus, daß die darin verstreuten Wonnen durch den Kontrast ungeheuer verstärkt werden. In einer Oper wirkt eine hübsche Arie hübscher, als sie irgendwo anders wirken könnte, nehme ich an, gerade wie ein ehrlicher Mann in der Politik mehr glänzt als sonstwo.

*Bemerkungen aus Twains Tagebuch: **Soviel möchte ich zum Lohengrin sagen: er hat erreicht, was noch kein Ereignis noch eine Kombination von Ereignissen erreicht hat, seit ich das Licht dieser Welt erblickte – ich bekam Kopfschmerzen... Seit vierzehn Jahren besuche ich nun Opern, wo und wann es sich nicht vermeiden läßt. Ich bin sicher, keine vergleichbare Qual zu kennen als das Anhören einer mir unbekannten Oper...** (NB)*

Seither habe ich festgestellt, daß die Deutschen nichts so sehr lieben wie die Oper. Sie lieben sie nicht auf gelinde und mäßige Art, sondern mit ganzem Herzen. Das ist ein echtes Ergebnis von Gewohnheit und Erziehung. Zweifellos wird auch unser Volk mit der Zeit die Oper lieben. Einer von fünfzig, die unsere Opern besuchen, liebt sie vielleicht schon, aber ich glaube, eine ganze Anzahl von den anderen neunundvierzig geht hin, um sie lieben zu lernen, und der Rest, um klug darüber reden zu können. Die letzteren summen gewöhnlich die Arien mit, während diese gesungen werden, damit ihre Nachbarn merken, daß sie schon einmal in der Oper waren. Bestattungen solcher Leute finden noch nicht oft genug statt.

An jenem Abend saßen in der Mannheimer Oper gerade vor uns eine freundliche, altjüngferliche Person und ein süßes, junges Mädchen von siebzehn Jahren. Diese Leute unterhielten sich zwischen den Akten, und ich verstand sie, obwohl ich nichts von dem verstand, was auf der fernen Bühne geäußert wurde. Zuerst war ihre Unterhaltung reserviert, aber nachdem sie meinen Agenten und mich hatten Englisch reden hören, ließen sie ihre Zurückhaltung fallen, und ich schnappte viele ihrer kleinen vertraulichen Mitteilungen auf; nein, ich meine viele kleine vertrauliche Mitteilungen der einen – wobei ich die ältere Person meine, denn das junge Mädchen hörte nur zu und nickte zustimmend, sagte aber kein einziges Wort. Wie hübsch sie war und wie süß! Ich wünschte, sie würde reden. Aber offensichtlich war sie in ihre eigenen Gedanken versunken, ihre eigenen Jungmädchenträume, und fand größere Freude am

Schweigen. Aber sie hing keinen vagen Träumen nach – nein, sie war wach, lebendig, munter; sie konnte keinen Augenblick stillsitzen. Sie zu studieren war bezaubernd. Ihr Kleid war aus weichem, weißem, seidigem Stoff, der wie eine Fischhaut ihrer rundlichen, jungen Gestalt anlag, und es wurde von sehr zierlichen, duftigen kleinen Spitzenvolants überrieselt; sie besaß tiefe, zärtliche Augen mit langen, geschwungenen Wimpern, und sie hatte Pfirsichwangen, ein Grübchen im Kinn und einen so lieben, kleinen, frischen Rosenknospenmund; und sie war so taubensanft, so rein und anmutig, so süß und zauberhaft. Lange Stunden hindurch wünschte ich mit aller Macht, daß sie sprechen möge. Und schließlich tat sie es; die roten Lippen öffneten sich, und heraus hüpfte ihr Gedanke, mit argloser und netter Inbrunst: »Tantchen, ich *weiß* einfach, daß ich fünfhundert Flöhe habe!«

Das lag wahrscheinlich über dem Durchschnitt. Ja, es muß sehr weit über dem Durchschnitt gelegen haben. Damals betrug im Großherzogtum Baden der Durchschnitt, der auf einen jungen Menschen (wenn er allein war) entfiel, fünfundvierzig, und zwar nach der amtlichen Schätzung des Innenministers für jenes Jahr; der Durchschnitt bei älteren Leuten war schwankend und unbestimmbar, denn wenn ein gesundes, junges Mädchen zu Älteren trat, senkte sie sofort deren Durchschnitt und erhöhte ihren eigenen. Sie wurde eine Art Sammelbüchse. Das liebe Kind im Theater hatte dagesessen und unbewußt eine Kollekte veranstaltet. Manches dürre, alte Wesen in unserer Umgebung war um so glücklicher und ruhiger, weil sie gekommen war.

Unter dem zahlreichen Publikum jenes Abends befanden sich acht sehr auffällige Leute. Das waren Damen, die ihre Hüte oder Hauben aufhatten. Was wäre das für eine schöne Sache, wenn in unseren Theatern eine Dame dadurch Aufmerksamkeit erregen könnte, daß sie ihren Hut trüge! In Europa ist es nicht üblich, Damen und Herren zu gestatten, daß sie Hauben, Hüte, Mäntel, Stöcke oder Regenschirme in den Zuschauerraum mitnehmen, aber in Mannheim bestand man nicht auf dieser Vorschrift, weil sich das Publikum großenteils aus Leuten von außerhalb zusammensetzte, und unter diesen befanden sich immer ein paar ängstliche Damen, die fürchteten, ihren Zug zu verpassen, wenn sie zum Schluß des Stückes in die Garderobe gehen müßten, um ihre Sachen zu holen. Aber die überwiegende Mehrheit derer, die von auswärts kamen, riskierten es und ließen es darauf ankommen, da sie das

Verpassen des Zuges einem Bruch der guten Sitten sowie dem Unbehagen vorzogen, drei oder vier Stunden lang unangenehm aufzufallen.

Drei oder vier Stunden! Das ist eine lange Zeit, wenn man sie auf einem Fleck sitzend verbringen muß, ob man nun auffällt oder nicht, aber einige Wagneropern dröhnen sechs ganze Stunden lang hintereinander fort! Und doch sitzen die Leute da und genießen alles und wünschen, es dauerte länger. Eine deutsche Dame in München sagte mir, zuerst könne man Wagners Musik nicht leiden, sondern müsse sich bewußt daranmachen, sie liebenzulernen – dann sei einem der Lohn gewiß; denn wenn man gelernt hätte, sie zu lieben, würde man danach hungern und nie genug davon bekommen. Sie sagte, sechs Stunden Wagner seien keineswegs zuviel. Sie sagte, dieser Komponist habe in der Musik eine vollständige Revolution verursacht und trüge die alten Meister nacheinander zu Grabe. Und sie sagte, Wagners Opern unterschieden sich in einem bemerkenswerten Umstand von allen anderen, und zwar in dem, daß sie nicht bloß hier und da mit Musik gesprenkelt, sondern *ganz* Musik seien, vom ersten Ton bis zum letzten. Das überraschte mich. Ich sagte, ich hätte eine seiner Revolutionen besucht und kaum irgendwelche Musik darin gefunden, mit Ausnahme des Brautchores. Sie sagte, »Lohengrin« sei geräuschvoller als die anderen Opern Wagners, aber wenn ich sie immer wieder besuchte, würde ich mit der Zeit bemerken, daß sie ganz aus Musik bestünde, und mich dann aus diesem Grunde daran erfreuen. Ich *hätte* sagen können: »Aber würden Sie jemandem raten, ein paar Jahre lang bewußt zu üben, Zahnweh im tiefsten Magen zu haben, damit er dann allmählich dazu kommt, sich daran zu erfreuen?« Aber ich unterdrückte diese Bemerkung.

Diese Dame war des Lobes voll über den Heldentenor, der am Abend vorher in einer Wagneroper aufgetreten war, und fuhr fort, sich über seinen langjährigen und gewaltigen Ruhm auszulassen und darüber, mit wie vielen Ehrungen ihn die Fürstenhäuser Deutschlands überschüttet hätten. Das war wieder eine Überraschung. Ich hatte in der Person meines Agenten dieselbe Oper besucht und hatte gründliche und genaue Beobachtungen angestellt. Also sagte ich:

»Aber, meine Dame, *meine* Erlebnisse berechtigen mich zu der Behauptung, daß die Stimme dieses Tenors überhaupt keine Stimme ist, sondern nur ein Heulen – das Heulen einer Hyäne.«

»Das ist ganz richtig«, sagte sie; »jetzt kann er nicht mehr singen; schon vor vielen Jahren hat er die Stimme verloren, aber früher sang er, ja, göttlich! Deshalb werden Sie sehen, wann immer er jetzt kommt, daß mehr Leute kommen, als das Theater faßt. Jawohl bei Gott, seine Stimme ist wunderschön in jener vergangenen Zeit!«

Ich sagte, sie enthülle mir einen liebenswürdigen Zug an den Deutschen, der des Nacheiferns wert wäre. Ich sagte, wir jenseits des großen Teiches seien nicht ganz so großzügig; wenn bei uns ein Sänger die Stimme und ein Springer die Beine verloren hätten, zögen diese Leute nicht mehr. Ich sagte, ich sei einmal in Hannover in der Oper gewesen, einmal in Mannheim und einmal (durch meinen autorisierten Agenten) in München, und diese umfangreiche Erfahrung habe mich fast davon überzeugt, daß die Deutschen solche Sänger vorzögen, die nicht singen könnten. Das war gar nicht eine so besonders übertriebene Rede, denn die Lobreden auf jenen stämmigen Mannheimer Tenor waren in ganz Heidelberg schon eine Woche vor seinem Auftritt Stadtgespräch gewesen, doch glich seine Stimme dem aufreizenden Geräusch, das ein Nagel hervorbringt, wenn man ihn über eine Fensterscheibe kreischen läßt. Ich sagte das am nächsten Tage Heidelberger Freunden, und sie sagten ganz gelassen und schlicht, das sei sehr richtig, aber in früheren Zeiten sei seine Stimme wunderbar schön *gewesen.* Und der Tenor in Hannover war bloß ein weiteres Exemplar derselben Sorte. Der englischsprechende Herr, der dort mit mir in die Oper ging, überschlug sich vor Begeisterung über jenen Tenor.

Er sagte:

»Ach Gott! Ein großer Mann! Sie werden ihn ja sehen. Er wird in ganz Deutschland so gefeiert; und er hat eine Pension, ja, von der Regierung. Er ist jetzt nicht mehr zum Singen verpflichtet, nur zweimal im Jahr; aber wenn er nicht zweimal im Jahr singt, nehmen sie ihm die Pension weg.«

Also schön, wir gingen hin. Als der berühmte alte Tenor erschien, bekam ich einen Rippenstoß, und mir wurde erregt zugeflüstert: »Da sehen Sie ihn!«

Aber der »Gefeierte« war für mich eine verblüffende Enttäuschung. Wenn ihn ein Schirm verborgen hätte, hätte ich angenommen, daß man eine chirurgische Operation an ihm ausführte. Ich schaute meinen Freund an. Zu meinem großen Erstaunen schien er von Wonne berauscht, seine Augen strahlten vor brennendem Entzücken. Als schließlich der Vorhang fiel, brach er in rasenden Beifall aus und setzte diesen fort – wie es das ganze Haus tat –, bis der zermürbende Tenor dreimal vor den Vorhang gekommen war, um seine Verbeugung zu machen. Während der glühende Enthusiast sich den Schweiß vom Gesicht wischte, sagte ich:

»Ich meine es wirklich nicht böse, aber nun einmal im Ernst: glauben Sie, daß er singen kann?«

»Er? *Nein!* Gott im Himmel, aber wie hat er vor fünfundzwanzig Jahren gesungen!« Dann nachdenklich: »Ach nein, *jetzt* singt er nicht mehr, er schreit nur noch. Wenn er jetzt denkt, er singt, singt er überhaupt nicht, nein; er macht nur wie eine Katze, der übel ist.«

Wie sind wir nur auf die Idee gekommen, die Deutschen seien ein stures, phlegmatisches Volk? Tatsächlich sind sie weit davon entfernt. Sie sind warmherzig, gefühlvoll, impulsiv, begeisterungsfähig, beim zartesten Anstoß kommen ihnen die Tränen, und es ist nicht schwer, sie zum Lachen zu bringen. Es sind wirklich Kinder des Impulses. Im Vergleich zu den Deutschen sind wir kühl und verschlossen. Sie umarmen und küssen sich, weinen, jubeln, tanzen und singen; und wo wir einen liebenden, kosenden Ausdruck anwenden, verströmen sie gleich zwanzig. Ihre Sprache ist voller zärtlicher Diminutive; nichts von dem, was sie lieben, entgeht der Anwendung einer kosenden Verkleinerungsform – weder das Haus noch der Hund, noch das Pferd, noch die Großmutter, noch irgendein anderes Geschöpf, ob beseelt oder unbeseelt.

In den Theatern in Hannover, Hamburg und Mannheim gab es einen vernünftigen Brauch. Sobald sich der Vorhang hob, gingen die Lichter im Zuschauerraum aus. Das Publikum saß im kühlen Dunkel eines tiefen Dämmerlichtes, was den leuchtenden Glanz der Bühne vermehrte. Es sparte außerdem Gas, und die Leute schwitzten sich nicht tot.

Mark Twain sah am 14.1.1879 eine Opernproduktion von François Adrien Boieldieu's »Die Weiße Frau«. Sein Kommentar: ***Dies ist kein Krach, dies ist Musik.***

Als ich »König Lear« sah, durfte niemand einen Szenenwechsel beobachten; wenn auch weiter nichts zu tun war, als einen Wald fortzurollen und einen dahinterstehenden Tempel zu enthüllen, sah man diesen Wald nicht in der Mitte auseinanderbrechen und quietschend abfahren, begleitet von dem entzauberten Anblick der Hände und Füße der bewegenden Kraft – nein, jedesmal wurde der Vorhang für einen Augenblick gesenkt, man hörte nicht die geringste Bewegung hinter ihm; aber wenn er sich im nächsten Augenblick wieder hob, war der Wald fort. Selbst wenn die Bühne völlig umgebaut wurde, hörte man kein Geräusch. Während der ganzen Spieldauer dieses »König Lears« war der Vorhang kein einziges Mal zwei Minuten lang unten. Das Orchester spielte, bis sich der Vorhang zum erstenmal hob, dann ging es für den Rest des Abends fort. Wo die Pausen niemals zwei Minuten dauern, gibt es keine Gelegenheit für Musik. Ich hatte diese Zweiminutenmasche zwischen den Akten nur einmal vorher erlebt, und das war, als damals im Wallack-Theater »Shaughraun« gegeben wurde.

Eines Abends besuchte ich in München ein Konzert, die Leute kamen hereingeströmt, der Zeiger stand auf sieben, die Musik setzte ein, und augenblicklich hörte jede Bewegung im Zuschauerraum des Hauses auf – niemand stand noch, lief die Gänge entlang oder fummelte mit einem Sitz herum, der Strom der Eintretenden war plötzlich an der Quelle versiegt. Ich lauschte ungestört einem fünfzehnminütigen Musikstück, wobei ich stets erwartete, daß ein paar säumige Karteninhaber sich an meinen Knien vorbeidrängen würden, und darin ständig angenehm enttäuscht wurde; aber als der letzte Ton verklungen war, setzte der Strom wieder ein. Man hatte nämlich diese Verspäteten von dem Zeitpunkt an, da die Musik begonnen hatte, bis zum Ende des Stückes in dem behaglichen Foyer warten lassen.

Zum allererstenmal hatte ich erlebt, daß dieser Sorte Verbrecher das Recht verweigert wurde, die Bequemlichkeit eines Hauses voller Leute zu stören, die besser waren als sie. Ein paar von diesen waren ziemlich hohe Tiere, aber dennoch mußten sie draußen in dem langen Foyer warten, unter der Aufsicht einer Doppelreihe livrierter Diener und Zofen, welche die beiden Wände mit ihrem Rücken stützten und die Mäntel und Siebensachen ihrer Herrschaften über dem Arm trugen.

Wir hatten keine Lakaien, die unsere Sachen hätten halten können, und es war nicht gestattet, diese in den Saal mitzunehmen; aber es gab einige Männer und Frauen, die sie uns abnahmen. Sie gaben uns dafür Marken und verlangten einen festen Preis, im voraus zahlbar – fünf Cent.

In Deutschland hört man in einer Oper stets etwas, das man in Amerika bisher vermutlich noch nie gehört hat – ich meine den Schlußton eines schönen Solos oder Duetts. Wir fallen schon immer vorzeitig mit einem Beifall ein, daß die Wände wackeln. Die Folge davon ist, daß wir uns selbst den schönsten Teil des Vergnügens rauben; wir kriegen den Whisky, aber den Zucker auf dem Grund des Glases kriegen wir nicht.

Unsere Art, im Verlaufe eines Aktes Applaus zu verstreuen, scheint mir besser zu sein als die Mannheimer Art, ihn völlig aufzusparen, bis der Akt zu Ende ist. Ich kann nicht begreifen, wie ein Schauspieler vor einem kühlen, stillen Publikum sich selbst vergessen und heiße Leidenschaft darstellen kann. Ich denke, er müßte sich komisch vorkommen. Es tut mir bis zum heutigen Tage weh, mich daran zu erinnern, wie jener alte deutsche Lear auf der Bühne herumraste, -weinte und -heulte, ohne eine einzige Reaktion aus dem verstummten Haus, einen einzigen Ausbruch, bevor der Akt zu Ende war. Für mich lag etwas unsagbar Unbehagliches in dem ernsten, toten Schweigen, das stets auf die ungeheuren Gefühlsergüsse dieses alten Mannes folgte. Ich konnte nicht anders, als mich an seine Stelle zu versetzen – ich glaubte zu wissen, wie elend und niedergeschlagen ihm während dieser Schweigepausen zumute war, denn ich gedachte eines Vorfalls, den ich einmal erlebt hatte und der – aber ich werde das Ereignis schildern:

An Bord eines Mississippidampfers lag eines Abends ein zehnjähriger Junge schlafend in seiner Koje – ein hochaufgeschossener dünnbeiniger Junge; er war in ein ziemlich kurzes Hemd gehüllt. Es war das erste Mal, daß er auf einem Dampfer fuhr, und deshalb sorgte und ängstigte er sich und war zu Bett gegangen, den Kopf voll drohender Zusammenstöße mit Snags, voller Explosionen, Feuersbrünste und plötzlicher Todesfälle. Gegen zehn Uhr saßen etwa zwanzig Damen im Damensalon umher, still mit Lesen, Nähen, Sticken und dergleichen beschäftigt, und zwischen diesen saß eine liebe, wohlwollende alte Dame mit runden Brillengläsern auf der Nase und geschäftigen Stricknadeln in den Händen. Nun brach plötzlich mitten in diese friedliche Szene jener dünnbeinige Junge im kurzen Hemd ein, mit wildem Blick und zu Berge stehenden Haaren, und schrie: »Feuer, Feuer! Lauft los, das Schiff brennt, und es ist keine Minute zu verlieren!«

Alle diese Damen blickten freundlich auf, niemand rührte sich, die alte Dame schob die Brille nach unten, schaute darüber hinweg und sagte sanft: »Erkälte dich nur nicht, Kind. Geh', steck dir deine Schlipsnadel an, dann kannst du wiederkommen und uns alles erzählen.«

Es war eine grausame, kalte Dusche für das überschäumende Ungestüm eines armen, kleinen Teufels. Er erwartete, gewissermaßen ein Held zu sein – Auslöser einer wilden Panik –, und hier saßen alle und lächelten spöttisch, und eine alte Frau machte sich über seinen Alptraum lustig. Ich drehte mich um und schlich geknickt fort – denn jener Junge war ich – und wollte gar nicht mehr wissen, ob ich das Feuer geträumt oder tatsächlich gesehen hatte.

Man hat mir gesagt, in einem deutschen Konzert oder einer Oper werde kaum jemals ein Musikstück wiederholt; wenn sie auch womöglich vor Sehnsucht stürben, es noch einmal zu hören, halte ihre gute Erziehung sie gewöhnlich davon ab, ein Dakapo zu verlangen.

Könige dürfen eine Wiederholung verlangen; das ist etwas ganz anderes. Jedermann ist entzückt, wenn er sieht, daß es dem König gefällt; und was den zum Wiederholen aufgeforderten Künstler angeht, so übersteigen sein Stolz und seine Freude einfach alle Grenzen. Dennoch gibt es Umstände, unter denen selbst ein königlicher Dakaporuf...

Aber man sollte das lieber erläutern. Der König von Bayern ist ein Dichter und weist die Überspanntheiten eines Dichters auf – mit dem Vorteil vor allen anderen Dichtern, daß er sie befriedigen kann, gleichgültig, in welcher Form sie sich äußern. Er liebt die Oper, aber er liebt es nicht, in Gegenwart eines Publikums dazusitzen; deshalb ist es in München manchmal vorgekommen, wenn eine Oper zu Ende war und die Darsteller sich gerade abschminkten und umzogen, daß ihnen ein Befehl zuging, sich erneut zu schminken und zu kostümieren. Bald darauf kam dann der König, einsam und allein, und die Schauspieler fingen von vorn an und wiederholten die ganze Oper mit nur diesem einen Menschen als Publikum in dem riesigen, feierlichen Theater. Einmal setzte er sich eine sonderbare Grille in den Kopf. Weit oben und unsichtbar über der ungeheuren Bühne des Hoftheaters zieht sich ein Wirrwarr ineinander verschlungener Wasserrohre hin, die so durchlöchert sind, daß man im Falle eines Brandes unzählige kleine, fadendünne Wasserstrahlen herabsprühen lassen kann; und wenn es notwendig sein sollte, können diese zu einer strömenden Flut verstärkt werden. Amerikanische Theaterdirektoren dürfen sich das notieren. Der König war das ganze Publikum. Die Oper lief ab, es war ein Stück mit einem Gewitter darin; der Bühnendonner begann zu grollen, der Bühnenwind begann zu heulen und zu rauschen, und der Bühnenregen begann zu prasseln.

Die Anteilnahme des Königs wurde immer stärker, sie wurde zu Begeisterung. Er rief: »Das ist gut, wirklich sehr gut! Aber ich will einen richtigen Regen haben! Stellt das Wasser an!«

Der Direktor bat, den Befehl zurückzuziehen; er sagte, es würde das teure Bühnenbild und die prächtigen Kostüme ruinieren, aber der König rief:

»Egal, egal, ich will einen richtigen Regen haben! Stellt das Wasser an!«

Also wurde der echte Regen angestellt, und er begann, in feinen Strahlen auf die imitierten Blumenbeete und Kieswege der Bühne herabzurieseln. Die reichgekleideten Künstlerinnen und Künstler trippelten umher, sangen tapfer und gaben vor, sich nichts daraus zu machen.

Der König war entzückt – seine Begeisterung wuchs. Er rief: »Bravo, bravo! Mehr Donner! Mehr Blitz! Dreht den Regen stärker auf!«

Der Donner polterte, der Blitz blendete, die Sturmwinde wüteten, die Sintflut stürzte herab. Den Theatermajestäten auf der Bühne klebten die durchnäßten Satinstoffe am Leibe, sie platschten durch knöcheltiefes Wasser und trillerten so süß und schön sie nur konnten, die Geiger unter der Bühnentraufe sägten drauflos, als ginge es ums liebe Leben, während ihnen die kalte Flut hinten den Nacken hinabrann, und der trockene und glückliche König saß in seiner erhöhten Loge und applaudierte so sehr, daß seine Handschuhe in Fetzen gingen.

»Noch mehr!« schrie der König, »noch mehr – laßt den ganzen Donner los, stellt das ganze Wasser an! Wer einen Regenschirm aufspannt, wird gehängt!«

Als dieses gewaltigste und wirkungsvollste Gewitter, das jemals auf einem Theater aufgeführt wurde, schließlich abzog, war der Beifall des Königs grenzenlos. Er rief: »Großartig, großartig! *Da capo!* Macht das noch mal!« Aber es gelang dem Direktor, ihn zu überreden, die Aufforderung zurückzunehmen; er sagte, das Ensemble fühle sich durchaus belohnt und geschmeichelt durch die bloße Tatsache, daß Seine Majestät ein Dakapo gewünscht habe, ohne daß das Ensemble ihn, nur um ihre eigene Eitelkeit zu befriedigen, mit einer Wiederholung ermüden wolle.

Im weiteren Verlauf der Vorstellung waren diejenigen Künstler glücklich dran, deren Rollen einen Kostümwechsel verlangten; die anderen blieben ein durchnäßter, schmuddeliger und trostloser Haufen, aber ungemein malerisch. Das Bühnenbild war hin, die Versenkungen waren so verquollen, daß sie eine Woche später noch nicht wieder funktionierten, die schönen Kostüme waren verdorben, und noch unendlich viele kleinere Schäden hatte dieses bemerkenswerte Gewitter angerichtet.

Es war ein königlicher Einfall, dieses Gewitter, und königlich ausgeführt. Aber man beachte die Mäßigung des Königs: Er bestand nicht auf dem Dakapo. Wäre er ein fröhliches, unbesonnenes amerikanisches Opernpublikum gewesen, dann hätte er wahrscheinlich sein Gewitter immer von neuem wiederholen lassen, bis er alle diese Leute ertränkt hätte.

Gedanken zur Kunst und Musik

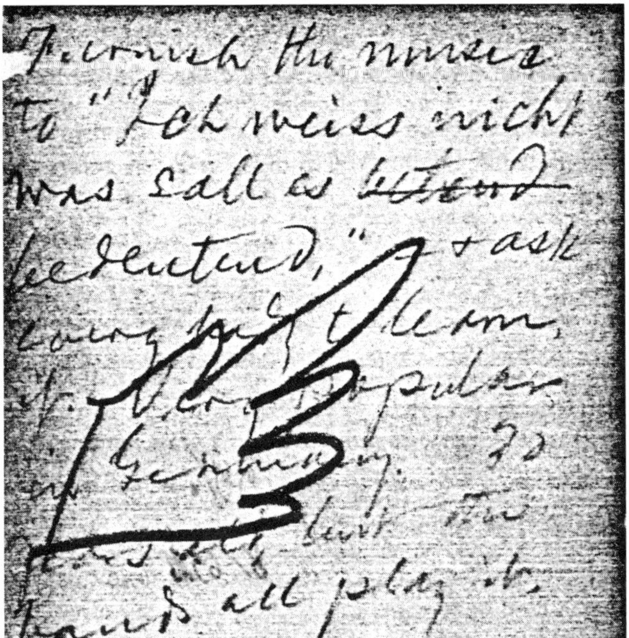

*Twain: **Vertone »Ich weiß nicht was soll es bedeuten« und bitte alle, es zu lernen. Ist sehr populär in Deutschland. 30 Jahre alt, doch die Bands spielen es immer wieder.***
Faksimiliert aus seinem Notizbuch:

Im Kapitel 16 der Originalausgabe, das ich in dieser Ausgabe gänzlich unterschlagen habe, beschäftigt sich Mark Twain mit der »Lorelei« und hat außer der deutschen Fassung des Liedes (mit Noten) und einer amerikanischen Übersetzung auch noch seine eigene Neuübersetzung dargeboten. Ich weiß nicht, was soll es bedeuten . . .

An diesem Abend versammelte sich eine große Menschenmenge in den Anlagen, um die Kapelle den »Fremersberg« spielen zu hören. Dieses Musikstück schildert eine alte Sage aus dieser Gegend; wie ein großmächtiger Edler aus dem Mittelalter sich in den Bergen verlief und in einem wütenden Sturm mit seinen Hunden umherirrte, bis schließlich die schwachen Klänge einer Klosterglocke, welche die Mönche zur Mitternachtsmesse rief, an sein Ohr drangen und er die Richtung einschlug, aus der die Töne kamen,

Twain wollte sich eine 400 Dollar-Musikbox herstellen lassen und sinnierte lange Zeit darüber, mit welchen Musikstücken er diese programmieren sollte. Seine vier erklärten Favoriten:
Das Lorelei Lied –
die Miserère von Trovatore
der Hochzeitsmarsch aus Lohengrin
die russische National-hymne.
Danach folgten
Tannhaüser
Irish Immigrant's Lament
Way down in Tennessee
Day after Day.
The Fremersberg
Bonny Doon
Last Rose of Summer.
Overture–Wm Tell
Auld Lang Syne
Long, Long Ago.
Schubert's "Wanderer"
Ouverture–Caliph of Bagdad.
Mendelsson's Hymn.

und gerettet war. Eine wunderschöne Melodie zog sich unaufhörlich durch das Stück; manchmal laut und kräftig, manchmal so leise, daß man sie kaum erkennen konnte – aber immer war sie da; sie kam machtvoll durch das schrille Pfeifen des Sturmwindes, das prasselnde Rauschen des Regens und das Rollen und Krachen des Donners dahergetost; sie wand sich sanft und leise um die weniger lauten, die entfernteren Klänge, wie das Läuten der Klosterglocke, das melodische Blasen des Jagdhorns, das jämmerliche Gebell der Hunde und den feierlichen Gesang der Mönche; sie steigerte sich wieder zu jubelndem Klang und verschmolz mit den ländlichen Liedern und Tänzen der Bauern, die sich im Klostersaal versammelt hatten, um den geretteten Jägersmann aufzuheitern, solange er sein Nachtmahl einnahm. Alle diese Klänge ahmten die Instrumente mit wunderbarer Genauigkeit nach. Mehr als einer machte Anstalten, den Regenschirm aufzuspannen, als das Gewitter losging und die nachgeahmten Regengüsse vorüberfegten; kaum konnte man sich zurückhalten, die Hand zum Hut zu führen, wenn der heftige Wind zu toben und zu kreischen anfing, und man konnte sich *nicht* enthalten aufzuschrecken, wenn die plötzlichen, bezaubernd echten Donnerschläge losbrachen.

Ich nehme an, daß der »Fremersberg« sehr wertlose Musik ist; tatsächlich weiß ich, daß es wertlose Musik sein *muß*, weil er mich so entzückte, erwärmte, bewegte, aufrührte, erhob, hinriß, daß ich die ganze Zeit über dem Weinen nahe und vor Begeisterung wahnsinnig war. Solange ich lebe, hat mein Gemüt noch kein solches Reinigungsbad erlebt. Der feierliche und majestätische Gesang der Mönche wurde nicht von Instrumenten, sondern von Männerstimmen ausgeführt; und er schwoll an und wurde leiser und schwoll wieder an in einer üppigen Vermischung miteinander ringender Töne, schlagender Glocken und jener allgegenwärtigen, bezaubernden Melodie mit ihrem stolzen Schwung, und mir schien, als könne nur das allerwertloseste aller wertlosen Musikwerke so überirdisch schön sein.

Die große Menschenmenge, die der »Fremersberg« herausgelockt hatte, war ein weiterer Beweis dafür, daß es sich um sehr wertlose Musik handelte; denn nur die wenigsten haben einen Bildungsstand erreicht, wo wertvolle Musik Freude macht. Ich habe niemals so viel klassische Musik gehört, daß ich sie genießen könnte. Ich mag die Oper nicht, weil ich sie lieben möchte und das nicht kann.

Ich nehme an, daß es zwei Arten von Musik gibt – eine Art, die man empfindet, genau so, wie es eine Auster könnte, und eine andere Art, die höhere Gaben erfordert, Gaben, die man durch Erziehung fördern und entwickeln muß. Doch wenn mindere Musik manche unter uns beflügelt, warum sollten wir eine andere wollen? Aber wir tun es. Wir wollen sie, weil die Höherstehenden und Besseren an ihr Gefallen finden. Aber wir wollen sie, ohne ihr die notwendige Zeit und Mühe zu widmen; daher steigen wir durch eine Lüge in den höheren, den ersten Rang auf; wir *geben vor,* Gefallen daran zu finden. Ich kenne mehrere Leute dieser Art – und ich habe mir vorgenommen, selbst zu diesen zu gehören, wenn ich mit meiner feinen europäischen Bildung nach Hause komme.

Und dann ist da die Malerei. Was einem Stier das rote Tuch ist, war mir Turners »Sklavenschiff«, bevor ich Kunst studiert hatte. Mr. Ruskin hat in der Kunst einen solchen Bildungsstand erreicht, daß ihn dieses Gemälde in eine so wahnsinnige Ekstase des Entzückens versetzt, wie es mich stets in eine der Wut versetzte – im vorigen Jahr, als ich noch unwissend war. Seine Bildung befähigt ihn – und jetzt auch mich –, in jenem grellgelben Schlamm Wasser und in jenen fahlen Explosionen aus Rauch und Flammen und jener karmesinroten Sonnenuntergangspracht natürliche Wirkungen zu sehen; sie versöhnt ihn – und jetzt auch mich – mit dem Schwimmen von Ankerketten und anderen nicht schwimmfähigen Dingen; sie versöhnt uns mit Fischen, die oben auf dem Schlamm herumschwimmen – ich meine auf dem Wasser. Der größte Teil des Bildes ist eine offensichtliche Unmöglichkeit – das heißt, eine Lüge; und nur strenge Bildung kann einen Menschen dazu befähigen, in einer Lüge Wahrheit zu finden. Aber sie befähigte Mr. Ruskin dazu, und sie hat mich dazu befähigt, und dafür bin ich dankbar. Ein Bostoner Zeitungsreporter ging hin, warf einen Blick auf das Sklavenschiff, wie es in jener wilden Feuersbrunst von Rot und Gelb herumkrebst, und sagte, es erinnere ihn an eine Katze aus Schildpatt, die in einer Tomatenschüssel die Krämpfe habe. Bei meiner damaligen Unwissenheit ging das meiner Unbildung ohne weiteres ein, und ich dachte, dies sei ein Mann mit unvoreingenommenen Blick. Mr. Ruskin hätte gesagt: Das ist ein Esel. Genau das würde auch ich jetzt sagen.*

* Monate, nachdem ich dies geschrieben hatte, kam ich zufällig in die National Gallery in London und wurde bald von den Turner-Bildern so gefesselt, daß ich kaum mehr fortkam. Danach ging ich noch oft hin und wollte mir den Rest der Galerie ansehen, aber die Anziehungskraft Turners war zu stark; sie ließ sich nicht abschütteln. Aber die Turners, die mich am meisten anzogen, erinnerten mich nicht an das »Sklavenschiff«.

Ich frage mich, wieso manche Dinge so sind? Zum Beispiel ist der bildenden Kunst heute genausoviel unanständige Freiheit gegeben wie in früheren Zeiten; aber die Rechte der Literatur in dieser Beziehung sind in den vergangenen achtzig oder neunzig Jahren streng beschnitten worden. Fielding und Smollet durften die Brutalität ihrer Tage in der brutalsten Sprache wiedergeben; wir haben in unseren Tagen genug schmutzige Themen zu behandeln, aber wir dürfen uns ihnen nicht allzusehr nähern, auch nicht mit beschönigenden und vorsichtigen Formulierungen. Aber nicht so in der bildenden Kunst. Der Pinsel darf sich freimütig mit jedem Thema befassen, wie abstoßend oder gemein es auch sei. Es treibt einem den Sarkasmus aus allen Poren, wenn man in Rom und Florenz umhergeht und sieht, was die letzte Generation mit den Statuen angestellt hat. Diese Werke, die jahrhundertelang in unschuldiger Nacktheit dagestanden hatten, sind jetzt alle befeigenblättert. Jawohl, jedes einzelne. Niemand hat vielleicht vorher ihre Nacktheit bemerkt; niemand kann jetzt umhin, sie zu bemerken, das Feigenblatt läßt sie so ins Auge fallen. Aber das Komische an der ganzen Sache ist, daß das Feigenblatt auf den kalten und bleichen Marmor beschränkt bleibt, der auch ohne dieses heuchlerische und aufdringliche Symbol der Schamhaftigkeit immer noch kalt und unverfänglich wäre, während warmblütige Gemälde, die es wirklich nötig hätten, in keinem Falle damit versehen worden sind.

Am Eingang der Uffizien in Florenz steht man vor den Statuen eines Mannes und einer Frau, nasenlos, zerbeult, schwarz vom angesammelten Schmutz – sie lassen kaum noch an menschliche Wesen denken –, aber solche lächerlichen Geschöpfe hat diese penible Generation umsichtig und gewissenhaft befeigenblättert. Man tritt ein und schreitet weiter zu der meistbesuchten kleinen Galerie, die es in der Welt gibt, der Tribuna, und dort an der Wand, unbehindert durch irgendeinen Fetzen oder ein Blatt, kann man sich satt sehen an dem schmutzigsten, gemeinsten, obszönsten Gemälde, das die Welt besitzt – Tizians »Venus«. Nicht, weil sie nackt auf einem Bett ausgestreckt liegt; nein, es ist die Stellung eines ihrer Arme und ihrer Hand. Wenn ich es wagen wollte, diese Stellung zu beschreiben, gäbe es ein schönes Geschrei; aber dort liegt die Venus, und jeder, der will, kann sich an ihr weiden; und sie hat das Recht, dort zu liegen, denn sie ist ein Kunstwerk, und die bildende Kunst hat ihre Privilegien. Ich sah junge Mädchen verstohlene Blicke auf sie werfen; ich sah junge Männer, die sie lange und versunken anstarrten; ich sah alte, kraftlose Männer mit pathetischem Interesse an ihren Reizen hängen. Wie gern würde ich sie beschreiben – nur um zu sehen, welch fromme Entrüstung ich in der Welt aufrühren könnte, nur um zu hören, wie sich der gedankenlose Durchschnittsmensch über meine Derbheit und Roheit und all so etwas ausließe. Jedermann sagt, die Beschreibung eines erregenden Vorganges allein mit Worten besitze nicht ein Hundertstel der Eindringlichkeit, gemessen an der Wirkung des gleichen Vorganges, wenn man ihn mit eigenen Augen sieht; und doch will jedermann Sohn und Tochter und sich selbst Tizians Biest betrachten lassen, nicht aber ihre Beschreibung in Worten dulden. Was beweist, daß jedermann nicht so konsequent ist, wie er sein könnte.

Es gibt Bildnisse nackter Frauen, die keinen unreinen Gedanken erregen; das weiß ich sehr wohl. Über solche ziehe ich auch nicht her. Was ich betonen möchte, ist nur, daß Tizians Venus bei weitem nicht zu dieser Kategorie gehört. Ohne jede Frage ist das Bild für ein Bordell gemalt worden, und wahrscheinlich hat man es dort zurückgewiesen, weil es ein bißchen zu stark war. Tatsächlich ist es für jede Örtlichkeit außer einer öffentlichen Kunstgalerie zu stark. Tizian hat zwei Venusse in der Tribuna; Leute, die sie gesehen haben, werden sich sogleich erinnern, auf welche ich mich beziehe.

In jeder Galerie in Europa gibt es scheußliche Gemälde voll Blut und Gemetzel, herausquellendem Gehirn, Verwesung – Bilder, die unerträgliche Qualen wiedergeben, Bilder, die von allen erdenklichen Schrecken strotzen, welche in gräßlicher Ausführlichkeit herausgearbeitet sind; und noch täglich werden solche Bilder auf die Leinwand gebracht und öffentlich ausgestellt – ohne daß jemand murrt, denn die Bilder sind unschuldig, sie sind harmlos, da sie Werke der bildenden Kunst sind. Aber angenommen, ein Künstler des Wortes wagte es, sich an eine gewissenhafte und ausführliche Schilderung einer dieser grausigen Sachen zu machen, die Kritiker würden ihn bei lebendigem Leibe schinden. Nun, lassen wir es dabei, man kann es nicht ändern; die bildende Kunst behält ihre Privilegien, die Literatur hat die ihren verloren. Soll jemand anderes die Warums und Weshalbs und die Logik enträtseln – ich habe keine Zeit dazu.

Aber diesmal sollten wir in Baden-Baden mit unserem Reiseführer zusammentreffen. Ich hatte es für richtig gehalten, einen einzustellen, da wir auch nach Italien kommen würden und nicht Italienisch sprachen. Er auch nicht. Wir fanden ihn im Hotel vor, bereit, sich unser anzunehmen. Ich fragte ihn, ob er »fix und fertig« sei. Er sagte ja. Das war sehr wahr. Er hatte einen großen Koffer, zwei kleine Reisetaschen und einen Regenschirm. Ich sollte ihm fünfundfünfzig Dollar im Monat und die Fahrtkosten zahlen. In Europa ist der Eisenbahntarif für einen Koffer ungefähr der gleiche wie für einen Menschen. Reiseführer brauchen für Kost und Logis nichts zu zahlen. Das scheint eine große Ersparnis für den Touristen zu sein – zunächst. Es fällt dem Touristen nicht ein, daß *jemand* für diesen Mann Kost und Logis bezahlt. Mit der Zeit jedoch fällt es ihm in einem lichten Moment ein.

Neckaraufwärts: Bad Wimpfen und Heilbronn

Die Sommertage in Heidelberg vergingen angenehm. Wir hatten einen erfahrenen Trainer, und unter seiner Anleitung brachten wir unsere Beine für die geplanten Wanderungen in Kondition. Wir waren mit den Fortschritten recht zufrieden, die wir in der deutschen Sprache erzielt, und mehr als zufrieden mit dem, was wir in der Kunst erreicht hatten. Wir hatten die besten Lehrer Deutschlands für das Malen und Zeichnen gehabt – Hämmerling, Vogel, Müller, Dietz und Schumann. Hämmerling lehrte uns die Landschaftsmalerei, Vogel gegenständliches Zeichnen, Müller Stilleben, und Dietz und Schumann gaben uns den letzten Schliff in zwei Spezialfächern – Schlachtenszenen und Schiffbrüche. Was ich auf dem Gebiete der Kunst bin, verdanke ich diesen Männern. Ich habe etwas von der Manier eines jeden von ihnen; aber sie sagten alle, daß ich auch eine eigene Manier besäße und daß sie deutlich zu erkennen wäre. Sie sagten, mein Stil besitze eine individuelle Eigenart, insofern ich, wenn ich auch den gewöhnlichsten Typus eines Hundes malte, ganz sicher in das Bild dieses Hundes ein gewisses Etwas hineinlegte, das es unmöglich machte, ihn für die Schöpfung irgendeines anderen Künstlers zu halten. Insgeheim hätte ich gern all diese freundlichen Redensarten geglaubt, aber das konnte ich nicht; ich befürchtete, die Vorliebe meiner Meister für und ihr Stolz auf mich beeinflußten ihre Urteilskraft. Deshalb beschloß ich, eine Probe durchzuführen. Heimlich und ohne daß es jemand wußte, malte ich mein großes Bild »Heidelberger Schloß, illuminiert« – mein erstes wirklich bedeutendes Werk in Öl – und ließ es ohne Namensnennung inmitten eines Dikkichts von Ölgemälden in der Kunstausstellung aufhängen. Zu meiner größten Befriedigung wurde es sofort als mein Werk erkannt. Die ganze Stadt strömte hin, um

Panorama des Neckars
von HEILBRONN bis
Heilbronn
Wartberg
Neckarsulm
Kochendorf
Friedrichshall
Saline
Jagstfeld
Clemenshall
Offenau
Horneck
Gundelsheim
Neckargartach
Unter Eisesheim
Wimpfen a. B.
Heinsheim
Ehrenberg
Guttenberg
Hassmersheim
Neckarelz
Dieteshelm
Neckargerach
Zwingenberg
Eberbach
Hirschhorn
Neckarsteinach
Obrigheim
Minneburg
Stolzeneck
Dillsberg
Neckargemünd
Ziegelhaussen
Stift Neuburg
Königstuhl
SCHLOSS
Heidelberg

es sich anzusehen, und selbst aus umliegenden Orten kamen seinethalben Leute. Es erregte mehr Aufsehen als jedes andere Werk der Ausstellung. Aber das Erfreulichste dabei war, daß zufällig durchreisende Fremde, die nichts von meinem Gemälde gehört hatten, nicht nur wie von einem Magneten zu ihm hingezogen wurden, sobald sie die Galerie betraten, sondern es stets für einen Turner hielten.

Etwa zur gleichen Zeit wie ich bestand Mr. Harris die Abschlußprüfung in der Malkunst, und wir mieteten gemeinsam ein Atelier. Eine Zeitlang warteten wir auf Aufträge; als dann die Zeit anfing, sich ein bißchen lang hinzuziehen, beschlossen wir, eine Wandertour zu unternehmen. Nach vielem Überlegen einigten wir uns auf einen Ausflug an den schönen Ufern des Neckars entlang bis nach Heilbronn hinauf. Offenbar hatte das zuvor noch niemand getan. Die ganze Strecke hin standen auf den überhängenden Klippen und Felsen zerstörte Burgen; man sagte, es gäbe Sagen um sie geradeso wie um die am Rhein, und was noch besser war, diese seien nie gedruckt erschienen. In den Büchern stand nichts über diese bezaubernde Gegend, sie war von den Touristen vernachlässigt worden, sie war jungfräulicher Boden für den literarischen Pionier.

Inzwischen waren die Rucksäcke, die derbe Wanderkleidung und die festen Wanderschuhe fertig, die wir bestellt hatten, und sie wurden uns überbracht. Ein Mr. X. und ein junger Mr. Z. hatten sich bereit gefunden, mitzukommen. Eines Abends gingen wir herum und verabschiedeten uns von unseren Freunden, und danach hielten wir im Hotel ein kleines Abschiedsessen ab. Wir gingen früh zu Bett, denn wir wollten zeitig aufbrechen, um die Kühle des Morgens auszunutzen.

Bei Tagesanbruch waren wir aus den Federn, fühlten uns frisch und kräftig und nahmen ein herzhaftes Frühstück ein, dann stürzten wir durch die Laubgewölbe des Schloßparks zur Stadt hinab. Was für ein herrlicher Sommermorgen, und wie die Blumen ihren Duft verströmten und die Vögel sangen! Es war gerade die richtige Zeit, um Wälder und Berge zu durchstreifen.

Wir trugen alle die gleiche Kleidung: breite Schlapphüte, um die Sonne abzuschirmen; graue Rucksäcke; blaue Militärblusen; blaue Drillichhosen; Ledergamaschen, vom Knie bis zum Knöchel hinab eng geknöpft; derbe hohe Schuhe, fest geschnürt. Jeder hatte ein Opernglas, eine Feldflasche und eine Tasche für den Reiseführer über die Schulter ge-

Alle Lokomotiven hatten ihre speziellen Namen. Nicht nur »Leoparden« und »Strauße« jagten den Neckar entlang, sogar »Delphine« gab es.

hängt und trug einen Bergstock in der einen Hand und einen Sonnenschirm in der anderen. Um unsere Hüte schlang sich in vielen Lagen dünner, weißer Musselin, dessen Enden uns den Rücken hinabhingen und -flatterten – ein aus dem Orient stammender Einfall, der von den Touristen in ganz Europa verwendet wird. Harris trug die kleine, einer Uhr ähnliche Maschine, die »Pedometer« heißt und deren Aufgabe es ist, eines Mannes Schritte zu zählen und anzugeben, wie weit er gewandert ist. Jedermann hielt an, um unsere Tracht zu bewundern und uns herzlich »Angenehme Reise« zuzurufen.

Als wir in die Stadt hinunterkamen, stellte ich fest, daß wir mit der Bahn bis fünf Meilen vor Heilbronn fahren könnten. Der Zug fuhr gerade ab, also sprangen wir auf und brausten in glänzender Laune davon. Alle waren wir uns einig, daß wir klug gehandelt hatten, denn es wäre genau so angenehm, den Neckar *abwärts* wie aufwärts zu wandern, und es war nicht notwendig, beide Strecken zu laufen. In unserem Abteil befanden sich einige nette

Heidelberg hatte zu jener Zeit zwei baulich miteinander verbundene Bahnhöfe: den Main-Neckar-Bahnhof und den Bahnhof der Gr. Badischen Staatsbahn. Dieser Doppelbahnhof stand dort, wo heute der Menglerbau, Heidelbergs Hochhaus, zu bewundern ist. Die Bahngleise bahnten den Weg für die heutige Kurfürstenanlage, bzw. die östliche Variante führte durch den Gaisbergtunnel durch die heutige Ebertanlage. Ein Bericht aus jener Zeit: »...der Tunnel, der unter dem Schlosse durchführt und zu seiner Bauzeit nicht bloß die Bewohner Heidelbergs, sondern die ganze reiselustige Welt in Bangigkeit und Schrecken versetzte. Denn als man im Eingeweide des Berges, darauf das Schloß steht, die Felsen sprengte, fingen an in den dicksten Schloßmauern sich bedenkliche Risse zu zeigen; doch glücklicher Weise war die Furcht eine leere.« (RN)

Deutsche. Bald fing ich an, ein paar ziemlich private Dinge zu erörtern, und Harris wurde nervös; deshalb gab er mir einen Rippenstoß und sagte:

»Sprich doch Deutsch – womöglich verstehen diese Leute Englisch.«

Ich tat es, und es war gut so; denn es stellte sich heraus, daß sich in dieser Gruppe kein Deutscher befand, der Englisch nicht ausgezeichnet verstanden hätte. Merkwürdig, wie weit verbreitet unsere Sprache in Deutschland ist.

Nach einer Weile stiegen einige dieser Leute aus, und ein deutscher Herr mit seinen zwei jungen Töchtern stieg ein. Ich sprach eine davon mehrmals auf deutsch an, aber ohne Erfolg. Schließlich sagte sie: »Ich verstehe nur Deutsch und Englisch«, oder etwas, was darauf hinauslief.

Und tatsächlich, nicht nur sie, sondern auch ihr Vater und ihre Schwester sprachen Englisch. Danach hatten wir also so viel Unterhaltung, wie wir uns nur wünschen konnten, und wir wünschten uns eine ganze Menge, denn es waren sehr nette Leute. Sie interessierten sich sehr für unsere Tracht; besonders für die Bergstöcke, denn sie hatten noch nie welche gesehen. Sie sagten, die Neckarstraße sei vollkommen flach, also müßten wir wohl in die Schweiz oder ein anderes gebirgiges Land fahren; und sie fragten uns, ob wir das Wandern bei so warmem Wetter nicht ziemlich anstrengend fänden. Aber wir sagten nein.

Nach etwa drei Stunden erreichten wir Wimpfen – ich glaube, es war Wimpfen – und stiegen aus, nicht im geringsten ermüdet; fanden ein gutes Hotel und bestellten Bier und Mittagessen; machten dann einen Bummel durch den ehrwürdigen, alten Ort. Er war sehr malerisch und verfallen, schmutzig und interessant. Es gab dort wunderliche, fünfhundert Jahre alte Häuser und einen hundertfünfzehn Fuß hohen Wehrturm, der schon mehr als tausend Jahre stand. Ich machte eine kleine Skizze davon. Eine Kopie behielt ich, aber das Original gab ich dem Bürgermeister. Ich glaube, das Original war besser als die Kopie, denn es waren mehr Fenster drauf, und das Gras stand aufrechter und sah frischer aus. Um den Turm herum stand aber keines; ich habe das Gras selbst komponiert, nach Studien, die ich zu Hämmerlings Zeit auf einem Feld bei Heidelberg angefertigt hatte. Der Mann obendrauf, der die Aussicht betrachtet, ist offensichtlich zu groß, aber es stellte sich heraus, daß ich ihn nicht gut kleiner machen konnte. Ich wollte ihn dort stehen haben, und ich wollte, daß er zu sehen wäre, also dachte ich mir eine Methode aus, das zu erreichen; ich komponierte das Bild von zwei Standpunk-

Übrigens führte die Linie Heidelberg-Mosbach, eröffnet am 23.10.1862, über Meckesheim, und zwar aus strategischen Gründen, da Neckarsteinach und Hirschhorn auf der später gebauten Strekke der Odenwaldbahn Neckargemünd-Eberbach hessisch waren. Die Strekke Neckargemünd-Eberbach-Neckarelz-Jagstfeld war erst am 24.5.1879 (ein Jahr nach Twains Fahrt) fertig.
Im Württembergischen brachen bei den Bauarbeiten der späteren Strecke Unruhen aus, als italienische Arbeiter auftauchten, die für weniger Lohn arbeiteten. Es gab blutige Schlägereien. Die Kraichgaubahn wurde nie zweigleisig ausgebaut, da die Neckartalbahn aufgrund ihrer verkehrsgünstigeren Linienführung zum Haupttransportmittel der Region wurde. Als dann im 2. Weltkrieg die Nekkarbrücke bei Neckarelz gesprengt wurde, war das Schicksal der alten Strecke besiegelt.

Wimpfen! Welcher geschichtliche Reichthum liegt in diesem Worte! Die Römer schon haben hier gehaust, vom Steinsberg bei Weiler zog eine Römerstraße, deren Reste noch nachweisbar sind, über hier und die Höhen des Odenwaldes nach Würzburg. Aber die Hunnen eroberten die alte Cornelia und an diese Eroberung und Zerstörung knüpft sich der Ursprung des jetzigen Namens: »Die Männer brachte man grausamer Weise um und den Weibsbildern schnitt man die Brüste herunter, demnach wurde die in guten Stand gesetzte Stadt Weibspein, daraus Wimpina, sonsten Wimpfen genannt«. (RN)

ten aus: Den Mann hat der Beschauer etwa von der Stelle aus zu sehen, wo die Fahne ist, und den Turm selbst muß er vom Boden aus sehen. Das bringt den scheinbaren Widerspruch in Einklang.

In der Nähe eines alten Domes standen unter einem Schutzdach drei Steinkreuze – schimmelige und beschädigte Dinger, an denen lebensgroße Steinfiguren hingen. Die zwei Schächer trugen die phantasievolle höfische Tracht der Mitte des sechzehnten Jahrhunderts, während der Heiland bis auf ein Lendentuch unbekleidet war.

Unter den grünen Bäumen eines Gartens, der zum Hotel gehörte und auf den Neckar hinausblickte, aßen wir zu Mittag; dann rauchten wir und gingen zu Bett. Wir hielten ein erfrischendes Schläfchen, standen dann gegen drei Uhr nachmittags auf und legten volle Rüstung an. Als wir

Auf der Suche nach einer Kopie der historischen Zeitung brauchte ich ein halbes Dutzend Telefonate bis mir bestätigt wurde, ja, von der Existenz der Zeichnung weiß man; nein, in Bad Wimpfen gibt es leider keine Kopie mehr, obwohl sich ältere Leute daran erinnern können/wollen. Ja, Herr Haberhammer hat deswegen schon Kontakte in die USA geknüpft, leider ohne Erfolg. Nun, der Herausgeber dieses Buches ist stolz darauf, Bad Wimpfen wieder eine Kopie dieses Kunstschatzes zugänglich zu machen. Ein Original Twain.

Twain: 1.000 Geräusche. Keine Straßenbeleuchtung und keine Nachfrage dafür. Von 22.15 Uhr bis 4.30 Uhr hörte ich alle viertel Stunde die Glocke und einen süßen Trompetenstoß... Grünfarbe-

fröhlich aus dem Stadttor hinauswanderten, überholten wir einen Bauernwagen, der mit allerlei Kohlköpfen und ähnlichem Grünzeug beladen war und von einer kleinen Kuh und einem noch kleineren Esel, die zusammengespannt waren, gezogen wurde. Es war eine ziemlich langsame Angelegenheit, aber sie brachte uns vor Einbruch der Dunkelheit nach Heilbronn – fünf Meilen, oder möglicherweise waren es auch sieben.

Wir stiegen in demselben Gasthof ab, in dem der berühmte alte Raubritter und grobe Streiter Götz von Berlichingen gewohnt hatte, nachdem er vor dreihundertfünfzig bis vierhundert Jahren aus der Gefangenschaft im Turm zu Heilbronn freigekommen war. Harris und ich bewohnten denselben Raum, den er bewohnt hatte, und dieselbe Tapete war noch nicht ganz von den Wänden abgeblättert. Die Einrichtung bestand aus wunderlichen, geschnitzten alten Möbeln, volle vierhundert Jahre alt, und manche rochen älter als tausend Jahre. An der Wand befand sich ein Haken, an den der schreckliche alte Götz, wie der Wirt sagte, seine eiserne Hand hängte, wenn er sie abnahm, um schlafen zu gehen. Dieser Raum war sehr groß – man könnte ihn unermeßlich nennen – und befand sich im ersten Stock; das bedeutet, daß er im zweiten Geschoß lag, denn in Europa sind die Häuser so hoch, daß man das erste Geschoß nicht mitzählt, sonst würde man des Kletterns müde werden, bevor man oben ankäme. Die Tapete war feuerrot, mit riesigen goldenen Mustern, vom Alter stark nachgedunkelt, und sie bedeckte alle Türen. Diese Türen schlossen so dicht ab und führten das Muster der Tapete so durchgehend weiter, daß man, wenn sie geschlossen waren, an der Wand entlangtasten und suchen mußte, um sie zu finden. In der Ecke stand ein Ofen – eines jener hohen, breiten, mächtigen, weißen Porzellandinger, die wie ein Denkmal aussehen und einen immerzu an den Tod denken lassen, während man eigentlich seine Reise genießen sollte. Die Fenster blickten auf ein kleines Gäßchen hinaus und gegenüber auf einen Pferdestall und auf einige Geflügel- und Schweinehöfe hinter Wohnhäusern. Im Zimmer standen die üblichen zwei Betten, eines an dem einen Ende, das andere an dem anderen, etwa einen altmodischen, messingbeschlagenen, einläufigen Pistolenschuß voneinander entfernt. Sie waren auch genau so schmal wie die üblichen deutschen Betten und besaßen die unausrottbare Gewohnheit deutscher Betten: immer, wenn man sich vergaß und einschlief, rutschte die Decke auf den Boden.

ne Birnen in Hühnereigröße. Besser als Orangen, darum spielt wohl auch die Birne, die für uns eine wertlose Frucht ist, auch solch eine Stellung in der deutschen Literatur. Die Kirschen sind schwarz und köstlich. Die andern Früchte sind nicht besser oder schlechter als die unsrigen. Früher mußten die Leute hier eine ganze Weile auf ein Boot warten. Wir können eins um 9 Uhr haben. *(NB)*

Die Schilderung der Stadt und besonders der »Krone« ist so realistisch, daß man sie als wahr annimmt, wenn man den Schalk Mark Twain nicht kennt. Bei näherer Betrachtung fällt, besonders dem Historiker, manches auf, das nicht stimmen kann. Die »Krone« (bzw. »Drei Könige«) wurde schon 1863 abgebrochen, um einem Neubau Platz zu machen. Wenn Twain überhaupt in Heilbronn war, so wird er im »Falken« am Markplatz oder in der »Sonne« in der Sülmerstraße übernachtet haben. Die Schilderung mit dem Flaschenetikett ist so dick aufgetragen, daß wir Heilbronner ihm nicht böse sein können, denn so schlecht sind wir doch nicht.– W. Steinhilber (Heilbronner Stimme v. 16.8.1963)

Mitten im Zimmer stand ein runder Tisch, so groß wie der des Königs Artus; während sich die Kellner anschickten, unser Essen darauf zu servieren, gingen wir alle hinaus, um die berühmte Uhr am Rathaus zu besichtigen.
Das Rathaus zeigt einen überaus wunderlichen und malerischen mittelalterlichen Baustil. An der Frontseite hat es eine massige Säulenhalle und Stufen, alles reichlich mit Balustraden versehen und mit lebensgroßen, verrosteten eisernen Rittern in voller Rüstung geschmückt. Das Zifferblatt an der Stirnwand des Bauwerks ist sehr groß und merkwürdig ausgestattet. Regelmäßig schlägt ein vergoldeter Engel mit dem Hammer auf einer großen Glocke die Stunde; sobald der Schlag verklingt, hebt eine lebensgroße Darstellung der Zeit ihr Stundenglas und dreht es um; zwei goldene Widder treten hervor und stoßen sich gegenseitig; ein vergoldeter Hahn breitet die Flügel aus; aber die Hauptgestalten sind zwei große Engel, die mit langen Trompeten am Munde zu beiden Seiten des Zifferblattes stehen; es hieß, daß sie auf diesen Trompeten allstündlich melodisch bliesen, aber für uns taten sie es nicht. Später sagte man uns, sie blasen nur nachts, wenn die Stadt still sei.

Es ist uns jedoch nicht möglich, Belege für Mark Twains eigene Angaben über seinen Aufenthalt in Heilbronn zu finden. Sein Besuch wird in der Stadtchronik nicht erwähnt. (Dr. Schmolz, Städt. Archivdir., Heilbronn)

Im Rathaus hing an Brettern entlang der Wand eine Anzahl Schädel gewaltiger Keiler; sie trugen Inschriften, die aussagten, wer sie erlegt hatte und vor wie vielen Jahrhunderten das geschehen war. Ein Zimmer in dem Gebäude war der Aufbewahrung alter Papiere vorbehalten. Dort zeigte man uns eine unendliche Menge alter Dokumente; einige waren von Päpsten signiert, einige von Tilly und anderen großen Heerführern, und einen dieser Briefe hatte Götz von Berlichingen 1519 in Heilbronn geschrieben und unterzeichnet, gerade nach seiner Entlassung aus dem Turn.

Dieser großartige alte Raubritter war ein inbrünstig und aufrichtig frommer Mann, gastfreundlich, den Armen gegenüber wohltätig, im Kampfe furchtlos, energisch, unternehmungslustig und von weitherziger und großzügiger Wesensart. Er besaß eine Eigenschaft, die in jenen rauhen Zeiten selten vorkam – die Eigenschaft, geringfügige Beleidigungen übersehen und tödliche vergeben und vergessen zu können, sobald er deren Urheber gründlich verdroschen hatte. Er war sofort bereit, den Streitfall jedes armen Teufels in die Hand zu nehmen und den Hals zu riskieren, um ihm sein Recht zu verschaffen. Das gewöhnliche Volk liebte ihn, und sein Andenken lebt noch immer in Liedern und Sagen fort. Gewöhnlich ging er auf die Landstraße und beraubte reiche Reisende; und manchmal stieß er von seiner hochgelegenen Burg in den Neckarbergen herab und erbeutete vorbeikommende Warenladungen. In seinen Lebenserinnerungen dankt er fromm dem ewigen Spender alles Guten dafür, daß er seiner Nöte gedacht und ihm verschiedene derartige Ladungen zu solchen Zeiten in die Hände gespielt habe, da ihm nur göttliche Vorsehung hatte helfen können. Er war ein tapferer Krieger und hatte seine helle Freude am Kampf. Mit kaum dreiundzwanzig Jahren wurde ihm beim Angriff auf eine Feste in Bayern die rechte Hand abgeschossen, aber er war so sehr mit dem Gefecht beschäftigt, daß er es eine Zeitlang gar nicht bemerkte. Er sagte, die eiserne Hand, die man daraufhin für ihn hergestellt hatte und die er mehr als ein halbes Jahrhundert lang trug, sei fast so geschickt, wie es die aus Fleisch und Bein gewesen war. Ich freute mich, daß ich ein Faksimile des Briefes erhielt, den dieser tapfere alte deutsche Robin Hood geschrieben hatte, obwohl ich ihn nicht lesen konnte. Er war mit dem Schwert ein größerer Meister als mit der Feder.

Wir gingen zum Fluß hinab und sahen uns den Turm an. Es war ein sehr ehrwürdiges Bauwerk, sehr stark und sehr einfach. In Bodennähe war keine Öffnung vorhanden. Zweifellos hat man eine Leiter benutzen müssen, um hineinzukommen.

Dann mieteten wir den Wagen und das Pferd, die Götz von Berlichingen zu benutzen pflegte, und fuhren mehrere Meilen weit in das Land hinein, um den Ort Weibertreu zu besuchen. Es war ein Feudalschloß aus dem Mittelalter. Als wir seine Umgebung erreichten, stellten wir fest, daß es wunderschön gelegen war, aber auf der Kuppe eines runden und ziemlich steilen Hügels, in etwa zweihundert Fuß Höhe. Die Sonne brannte heiß, deshalb stiegen wir nicht hinauf, sondern nahmen den Ort auf Treu und Glauben hin und besichtigten ihn aus der Entfernung, während das Pferd sich an einen Zaun lehnte und ausruhte. Der Ort hat nichts Fesselndes an sich, mit Ausnahme dessen, was ihm seine Sage verleiht, die sehr hübsch ist – nämlich:

Die Sage

Im Mittelalter ergriffen zwei junge Herzöge, sie waren Brüder, in einem der Kriege für die entgegengesetzten Seiten Partei, wobei der eine für den Kaiser kämpfte, der andere gegen ihn. Einem von ihnen gehörten Burg und

Dorf auf der Kuppe des Hügels, von dem ich gesprochen habe, und in seiner Abwesenheit kam sein Bruder mit Rittern und Söldnern und begann eine Belagerung. Es war eine langwierige und ermüdende Angelegenheit, denn die Leute verteidigten sich hartnäckig und treu. Aber schließlich gingen ihre Vorräte zu Ende, und die Hungersnot begann ihr Werk; durch den Hunger fielen mehr als durch die Geschosse des Feindes. Endlich ergaben sie sich und baten um milde Bedingungen. Aber der belagernde Fürst war wegen ihres langen Widerstandes so wütend auf sie, daß er sagte, er würde nur Frauen und Kinder verschonen – alle Männer ohne Ausnahme sollten dem Schwert verfallen, und all ihre Habe sollte vernichtet werden. Da kamen die Frauen und fielen auf die Knie und baten um das Leben ihrer Männer.

»Nein«, sagte der Fürst, »kein einziger Mann soll lebendig entkommen; ihr selbst sollt mit euren Kindern in obdachlose und freudlose Verbannung gehen; aber damit ihr nicht verhungert, gewähre ich euch die eine Gnade, daß jede Frau so viel von ihrem wertvollsten Eigentum mitnehmen darf, wie sie zu tragen vermag.«

Bald taten sich die Tore auf, und die Frauen kamen heraus und trugen auf dem Rücken ihre Männer. Über den Streich erbost, stürzten die Belagerer vor, um die Männer umzubringen, aber der Herzog trat dazwischen und sagte:

»Nein, steckt eure Schwerter ein – das Wort eines Fürsten ist unverletzlich.«

Als wir zum Hotel zurückkamen, stand König Artus' runde Tafel in weißem Gewand für uns bereit, und der Oberkellner und sein erster Gehilfe in Schwalbenschwänzen und weißen Krawatten brachten sogleich die Suppe und die heißen Teller herein.

Mr. X. hatte das Essen bestellt, und als der Wein kam, nahm er eine Flasche, sah sich das Etikett an, wandte sich dann an den ernsten, melancholischen Oberkellner und sagte, das sei nicht die Weinsorte, die er verlangt habe.

Der Oberkellner ergriff die Flasche, warf seinen Leichenbestatterblick darauf und sagte: »Das stimmt; ich bitte um Verzeihung.« Dann wandte er sich an seinen Untergebenen und sagte gelassen: »Hole ein anderes Etikett.«

Gleichzeitig zog er das derzeitige Etikett mit der Hand ab und legte es beiseite; es war frisch aufgeklebt worden, der Leim war noch feucht. Als das neue Etikett kam, klebte er dieses an; nachdem er nunmehr aus unserem französischen Wein wunschgemäß deutschen gemacht hatte, ging der Oberkellner mild seinen weiteren Pflichten nach, als wäre es für ihn eine alltägliche und leichte Sache, solcherlei Wunder zu vollbringen.

Mr. X. sagte, er habe bisher nicht gewußt, daß es Leute gebe, die ehrlich genug seien, dieses Wunder in der Öffentlichkeit zu vollbringen, er wüßte aber, daß jährlich viele Tausende von Etiketts von Europa nach Amerika eingeführt würden, um die Händler in die Lage zu versetzen, ihren Kunden auf unaufdringliche und billige Weise alle verschiedenen Sorten ausländischer Weine zu liefern, die sie verlangten.

An einer Stelle stand ein öffentliches Gebäude, von einer starken, rostigen Kette umgeben, die in flachen Bögen von Pfosten zu Pfosten durchhing. Das Pflaster bestand hier aus schweren Steinplatten. Im hellen Mondlicht schaukelte eine Gruppe barfüßiger Kinder auf diesen Ketten und vergnügte sich lärmend. Es waren nicht die ersten, die das taten; selbst ihre Urgroßeltern waren als Kinder nicht die ersten gewesen, die das getan hatten. Die Spuren der nackten Füße hatten zolltiefe Furchen in die Steinplatten gegraben; es waren viele Generationen schaukelnder Kinder notwendig gewesen, um das zu erreichen. Überall in der Stadt fanden sich Moder und Verfall, die mit dem Alter einhergehen und es bezeugen; aber ich wüßte nicht, daß uns etwas anderes ein so lebendiges Empfinden für das Alter Heilbronns vermittelt hätte wie diese von Füßen gegrabenen Furchen in den Pflastersteinen.

Eine lebhafte Nacht

Als wir in das Hotel zurückkamen, zog ich den Pedometer auf, stellte ihn und steckte ihn in die Tasche, denn ich sollte ihn am nächsten Tag tragen und die von uns zurückgelegten Meilen registrieren. Die Arbeit, die wir dem Instrument während des soeben abgelaufenen Tages zugemutet hatten, hatte es nicht merklich angestrengt.

Um zehn lagen wir im Bett, denn wir wollten bei Tagesanbruch aufgestanden und unterwegs auf dem Rückmarsch sein. Ich war noch unentschlossen, aber Harris schlief sofort ein. Ich hasse Menschen, die sofort einschlafen; es liegt darin etwas, das nicht gerade eine Beleidigung, aber doch eine Unverschämtheit ist, und zwar eine schwer erträgliche. Ich lag da, ärgerte mich über diese Kränkung und versuchte einzuschlafen; aber je angestrengter ich es versuchte, desto munterer wurde ich. Ich fühlte mich schließlich sehr einsam in der Dunkelheit, ohne jede Gesellschaft, abgesehen von einem unverdauten Abendbrot. Nach und nach kam mein Geist in Fahrt und fing an, den Anfang jedes Themas durchzudenken, an das man jemals gedacht hat, aber er kam über den Anfang nie hinaus; er hetzte sich ab; er eilte mit wahnsinniger Geschwindigkeit von Thema zu Thema. Nach einer Stunde brummte mir der Kopf, und ich war todmüde, erschöpft.

Die Ermattung war so groß, daß sie schließlich anfing, gegen die nervöse Erregung anzugehen; während ich mir einbildete, hellwach zu sein, glitt ich in Wirklichkeit immer wieder vorübergehend in den Schlaf hinüber und fuhr dann jedesmal mit einem körperlichen Ruck auf, der mir fast die Gelenke ausrenkte, wobei ich wähnte, rücklings einen Abgrund hinabzustürzen. Nachdem ich acht oder neun Abgründe hinabgestürzt war und dadurch gewahr wurde, daß eine Hälfte meines Geistes acht- oder neunmal geschlafen hatte, ohne daß es die hellwache, schwer arbeitende andere Hälfte geahnt hatte, begann die immer wiederkehrende Bewußtseinslücke, ihren Bann allmählich auf immer größere Teile meines geistigen Territoriums auszudehnen, und endlich verfiel ich in einen immer tieferen Schlummer, der zweifellos gerade zu einer festen, beglückenden, traumlosen Betäubung werden wollte, als – was war das?

Meine eingeschläferten Sinne rappelten sich teilweise wieder auf und hielten sich aufnahmebereit. Nun kam aus einer ungeheuren, grenzenlosen Ferne etwas, das wuchs und wuchs und näher kam und schließlich als Geräusch zu erkennen war – vorher hatte es eher einer Empfindung geglichen. Jetzt war dieses Geräusch eine Meile weit entfernt – vielleicht war es das Sausen eines Sturmes; und nun war es näher – keine Viertelmeile weit entfernt; war es das gedämpfte Schnarren und Schleifen ferner Maschinen? Nein, es kam noch näher; war es das gleichmäßige Stampfen einer marschierenden Truppe? Aber es kam immer näher und noch näher – und schließlich war es direkt im Zimmer: es war nur eine Maus, die am Holz knabberte. Ich hatte also wegen einer solchen Nichtigkeit die ganze Zeit hindurch den Atem angehalten.

Nun, das war nicht mehr zu ändern; ich würde sogleich wieder einschlafen und die verlorene Zeit nachholen. Das war ein unüberlegter Gedanke. Ohne es zu wollen – beinahe ohne es zu merken –, fing ich an, gespannt auf dieses Geräusch zu horchen und sogar unbewußt die Raspelgeräusche der Maus zu zählen. Bald bereitete mir diese Beschäftigung höllische Pein, aber vielleicht hätte ich sie ertragen, wenn die Maus ihre Tätigkeit regelmäßig ausgeführt hätte, doch das tat sie nicht; sie pausierte immer wieder einmal, und während ich darauf wartete und lauschte, daß sie wieder anfangen würde, litt ich mehr, als während sie knabberte. Zu Anfang setzte ich im Geiste ein Kopfgeld von fünf – sechs – sieben – zehn Dollar für diese Maus aus; aber schließlich bot ich Belohnungen, die meine Mittel gänzlich überstiegen. Ich reffte die Ohren – das heißt, ich bog die Ohrmuscheln um, rollte sie fünf- oder sechsfach zusammen und drückte sie gegen den Gehörgang –, aber es half nichts: mein Gehörsinn war durch nervöse Erregung so geschärft, daß er zum Mikrophon geworden war und trotz der Abdeckung mühelos hören konnte.

Mein Zorn steigerte sich zur Raserei. Ich tat schließlich, was alle Menschen vor mir bis zu Adam zurück getan haben – ich beschloß, etwas zu werfen. Ich griff nach unten und holte meine Wanderschuhe, setzte mich dann im Bett auf und lauschte, um das Geräusch genau zu lokalisieren. Aber ich konnte es nicht; es ließ sich ebensowenig lokalisieren wie das Zirpen einer Grille; und wo man es vermutet, gerade da ist es nicht. Also schleuderte ich einen Schuh aufs Geratewohl und mit bösartigem Nachdruck. Er traf die Wand über Harris' Kopf und fiel auf ihn herab; ich hatte nicht geahnt, daß ich so weit werfen könnte. Harris wachte davon auf, und ich freute mich darüber, bis ich merkte, daß er nicht wütend war; da tat es mir leid. Er schlief bald wieder ein, was mich freute; aber sogleich fing die Maus wieder an, was erneut meinen Zorn erregte. Ich wollte Harris nicht ein zweites Mal wecken, aber das Nagen ging weiter, bis es mich dazu trieb, den anderen Schuh zu werfen. Diesmal zerbrach ich einen Spiegel – es waren zwei im Zimmer, natürlich erwischte ich den größeren. Harris wachte wieder auf, beschwerte sich aber nicht, und es tat mir schrecklich leid. Ich beschloß, alle nur erdenklichen Martern zu ertragen, bevor ich ihn ein drittes Mal störte.

Schließlich zog sich die Maus zurück, und ich sank gerade langsam in Schlaf, als eine Uhr zu schlagen begann; ich zählte, bis sie fertig war, und war gerade wieder am Einschlummern, als eine andere Uhr anfing; ich zählte; dann fingen die beiden großen Engel der Rathausuhr an, ihren langen Trompeten sanfte, volle, melodische Töne zu entlocken. Ich hatte noch nie etwas so Liebliches, Sonderbares, Geheimnisvolles gehört – aber als sie auch noch die Viertelstunden bliesen, kam es mir doch so vor, als übertrieben sie die Sache etwas. Jedesmal, wenn ich einen Augenblick einnickte, weckte mich ein neues Geräusch. Jedesmal, wenn ich aufwachte, vermißte ich meine Bettdecke und mußte zum Boden hinablangen und sie wieder aufheben.

Schließlich verließ mich alle Schläfrigkeit. Ich fand mich damit ab, daß ich hoffnungslos und anhaltend hellwach war. Hellwach, fiebrig und durstig. Nachdem ich dagelegen und mich hin und her gewälzt hatte, solange ich es nur aushielt, fiel mir ein, es wäre ein guter Gedanke, wenn ich mich anzöge, auf den Platz hinausginge, mich an dem Brunnen erfrischte und dort rauchte und nachdächte, bis der Rest der Nacht verstrichen war.

Ich glaubte, mich im Dunkeln anziehen zu können, ohne Harris zu wecken. Meine Schuhe hatte ich nach der Maus ausgeschickt, aber meine Pantoffeln würden in einer Sommernacht genügen. Also erhob ich mich leise und zog allmählich alles an – bis auf eine Socke. Ich konnte dieser Socke nicht auf die Spur kommen, so sehr ich es auch versuchte. Aber ich mußte sie haben; so ließ ich mich mit einem Pantoffel am Fuß und dem anderen in der Hand auf Hände und Knie nieder und fing an, vorsichtig herumzutappen und den Fußboden abzugrasen, aber ohne Erfolg. Ich erweiterte den Kreis und tappte und graste weiter. Wie der Boden bei jedem Druck meines Knies knarrte! Und jedesmal, wenn ich zufällig an einen Gegenstand stieß, schien er fünf- oder sechsunddreißigmal mehr Lärm von sich zu geben, als er es tagsüber getan hätte. In solchen Fällen hielt ich immer die Luft an, bis ich mich überzeugt hatte, daß Harris nicht aufgewacht war – dann kroch ich weiter. Ich bewegte mich ständig vorwärts, aber die Socke konnte ich nicht finden; anscheinend konnte ich nur Möbel finden. Ich konnte mich nicht erinnern, daß in dem Zimmer viele Möbel gestanden hatten, als ich zu Bett gegangen war, aber jetzt wimmelte der Raum von ihnen, besonders von Stühlen – überall Stühle – waren etwa inzwischen ein paar Familien eingezogen? Und ich konnte anscheinend nie einen dieser Stühle streifen, sondern prallte immer voll und genau mit dem Kopf darauf. Langsam, aber sicher wuchs mein Zorn, und während ich immer weiter tappte, fing ich an, mit unterdrückter Stimme gefährliche Drohungen hervorzustoßen.

Schließlich sagte ich mir, in einem giftigen Ausbruch von Gereiztheit, ich würde ohne die Socke gehen; also erhob ich mich und ging geradenwegs auf die Tür zu – wie ich annahm – und stand plötzlich meinem schwachen, geisterhaften Bild in dem unzerbrochenen Spiegel gegenüber. Einen Augenblick lang verschlug es mir vor Schreck den Atem; auch zeigte es mir, daß ich mich verirrt hatte und überhaupt nicht ahnte, wo ich war. Als mir das klar wurde, war ich so wütend, daß ich mich auf den Boden setzen und etwas festhalten mußte, um nicht durch eine Meinungsäußerung das Dach in die Luft zu jagen. Wenn nur ein Spiegel dagewesen wäre, hätte er mir möglicherweise geholfen, mich zu orientieren; aber es waren zwei da, und zwei waren genauso schlimm wie tausend; außerdem standen sie an entgegengesetzten Seiten des Zimmers. Ich konnte matt und verschwommen die Fenster ausmachen, aber in meinem verdrehten Zustand befanden sie sich gerade dort, wo sie nicht hätten sein sollen, und deshalb verwirrten sie mich nur, statt mir zu helfen.

Ich wollte aufstehen und riß einen Regenschirm um; als er auf den harten, glatten, teppichlosen Boden schlug, machte er einen Lärm wie ein Pistolenschuß; ich knirschte mit den Zähnen und hielt die Luft an – Harris rührte sich nicht. Ich stellte den Schirm langsam und vorsichtig aufrecht gegen die Wand, aber sobald ich die Hand wegzog, rutschte er weg und fiel mit einem weiteren Knall wieder um. Ich schrak zusammen und horchte einen Augenblick in stiller Wut – es war nichts geschehen, alles war ruhig. Mit unendlicher Sorgfalt und Genauigkeit stellte ich den Schirm noch einmal auf, nahm die Hand weg, und sogleich fiel er wieder um.

Ich bin streng erzogen worden, aber wenn es dort in dem einsamen, riesigen Zimmer nicht so feierlich dunkel und unheimlich gewesen wäre, glaube ich doch, daß ich in diesem Augenblick etwas gesagt hätte, das man nicht in ein Sonntagsschulbuch aufnehmen könnte, ohne dessen Absatz zu schädigen. Hätten meine Leiden nicht schon meine Verstandeskräfte ausgedörrt, so hätte ich mich gehütet, zu versuchen, im Dunkeln einen Schirm aufrecht auf einen dieser glasglatten deutschen Fußböden zu stellen; schon bei Tage schafft man es nicht ohne vier Fehlschläge. Einen Trost hatte ich jedoch: Harris war immer noch still und ruhig, er hatte sich nicht gerührt.

Nach dem Schirm konnte ich mich nicht orientieren – es standen vier Stück im Zimmer herum, und alle waren sich gleich. Ich dachte, ich würde mich an der Wand entlangtasten und auf diese Weise die Tür finden. Ich stand auf und begann mit diesem Vorhaben, fegte aber ein Bild herunter. Es war nicht groß, aber es machte Lärm genug für ein ganzes Panorama. Harris gab keinen Laut von sich, aber ich spürte, daß ich ihn bestimmt wecken würde, wenn ich mich weiter an den Bildern versuchte. Lieber den Versuch, herauszukommen, aufgeben. Ja, ich wollte König Artus' runden Tisch noch einmal finden – ich hatte ihn bereits ein paarmal gefunden – und ihn als Ausgangspunkt einer Erkundungsreise nach meinem Bett benutzen; wenn ich mein Bett finden könnte, dann könnte ich meinen Wasserkrug finden; ich würde meinen verzehrenden Durst stillen und schlafen gehen. Also zog ich auf Händen und Knien los, weil ich auf diese Weise schneller und auch zuversichtlicher vorwärtskam und keine Sachen herunterstieß. – Nach einer Weile fand ich den Tisch – mit dem Kopfe –, rieb die Beule ein bißchen, stand dann auf und fing an, mich mit ausgestreckten Händen und gespreizten Fingern zurechtzutasten. Ich fand einen Stuhl; dann die Wand; dann wieder einen Stuhl; dann ein Sofa; dann einen Bergstock; dann noch ein Sofa; das verwirrte mich, denn ich hatte gedacht, es wäre nur ein Sofa da. Wieder stöberte ich den Tisch auf und fing von vorn an; fand noch ein paar Stühle.

Nun fiel mir ein, was schon früher hätte geschehen müssen, daß der Tisch als Ausgangspunkt keinen Wert hatte, weil er rund war; also ging ich wieder los und aufs Geratewohl in den Dschungel von Stühlen und Sofas hinein – wanderte hinaus in unbekannte Regionen und stieß plötzlich einen Leuchter von einem Kaminsims herunter, haschte nach dem Leuchter und stieß eine Lampe herunter, haschte nach der Lampe und riß mit Rasseln und Krachen einen Wasserkrug herab und dachte: ›Endlich habe ich dich gefunden – ich dachte mir schon, daß ich dir dicht auf den Fersen war.‹

Harris schrie: »Mörder« und »Diebe« und schloß mit: »Ich ertrinke!«

Der Krach hatte das ganze Haus geweckt. Mr. X. stolzierte in seinem langen Nachtgewand mit einer Kerze daher, der junge Z. hinter ihm mit noch einer Kerze; zu einer anderen Tür stürzte mit Kerzen und Leuchtern eine Prozession herein, der Wirt und zwei deutsche Gäste in Nachthemden und ein Zimmermädchen in dem ihren.

Ich sah mich um; ich stand bei Harris' Bett, eine Tagereise von meinem eigenen entfernt. Es war nur ein Sofa da, das stand an der Wand; es war nur ein einziger Stuhl da, wo ein Mensch ihn hätte erreichen können – ich hatte ihn wie ein Planet umkreist und war die halbe Nacht wie ein Planet mit ihm zusammengestoßen.

Ich erklärte, wie ich mich beschäftigt hatte und warum. Dann ging die Gruppe des Wirtes wieder, und wir übrigen machten uns an die Vorbereitungen für das Frühstück, denn der Tag wollte gerade anbrechen. Ich schaute heimlich auf meinen Pedometer und stellte fest, daß ich siebenundvierzig Meilen zurückgelegt hatte. Aber das machte mir nichts aus, denn ich hatte ja ohnehin eine Fußwanderung vorgehabt.

In seinem Notizbuch notierte Twain nur selten längere Abhandlungen. Eine dieser Ausnahmen von den sonst vorwiegend stichwortartigen Eintragungen war die Basis für nebenstehende Geschichte. In Wirklichkeit hatte sich der Vorfall mit der verschwundenen Socke in München zugetragen. So schrieb er am 26.1.1879 an seinen Freund Twichell am Morgen nach dem Sockenereignis eine Erklärung: ***Ich ging ins Wohnzimmer, zündete eine Lampe an, und allmählich ließ die Wut nach. Die lächerlichen Seiten des Vorgefallenen drängten sich in den Vordergrund. So lag ich mit Notizblock und Stift bewaffnet auf dem Sofa und transferierte dieses Abenteuer in das große Hotelzimmer in Heilbronn. Was ich dabei aufs Papier brachte, befriedigte mich in hohem Maße.*** *(NB)*

Die berühmte Floßfahrt

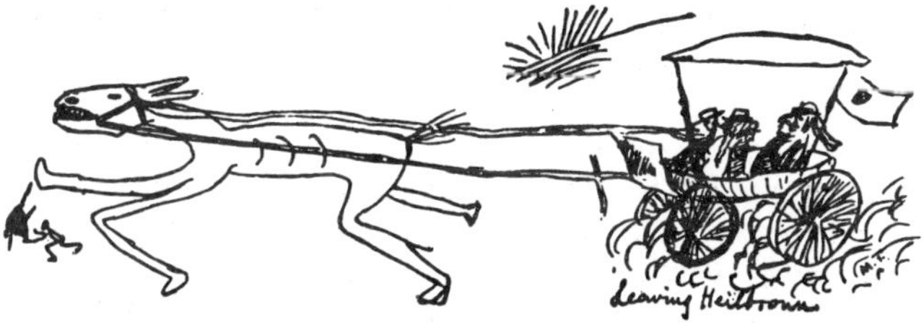

Ich möchte ein paar eigene schreckliche Bilder mit ins Buch aufnehmen und sie in der technischen Malersprache erklären und ihre Unzulänglichkeiten entsprechend würdigen. (HL)

Als der Wirt erfuhr, daß ich und mein Agent Künstler wären, stieg unsere Gesellschaft sichtlich in seiner Wertschätzung; wir stiegen noch höher, als er erfuhr, daß wir eine Fußwanderung durch Europa machten.

Er teilte uns alles über die Straße nach Heidelberg mit, und welche Orte man möglichst meiden und an welchen man möglichst verweilen sollte; er stellte mir die Sachen, die ich in der Nacht zerbrochen hatte, zum Einkaufspreis in Rechnung; er setzte uns ein feines Frühstück vor und fügte eine Menge wunderbarer, hellgrüner Pflaumen bei, in Deutschland die wohlschmeckendste Frucht. Er ehrte uns so sehr, daß er uns nicht gestatten wollte, zu Fuß aus Heilbronn hinauszuziehen, sondern Götz von Berlichingens Pferd und Wagen rief und uns fahren ließ.

Ich habe eine Skizze von der Ausfahrt angefertigt. Es ist kein Werk, es ist nur das, was Künstler eine »Studie« nennen – etwas, aus dem man ein vollendetes Bild herstellt. Diese Skizze weist Schönheitsfehler auf; zum Beispiel kommt der Wagen nicht so schnell vorwärts wie das Pferd. Das ist falsch. Weiter ist die Person, die sich aus dem Wege zu gehen bemüht, zu klein; sie fällt aus der Perspektive heraus, wie wir sagen. Die zwei oberen Linien stellen nicht den Rücken des Pferdes dar, es sind die Zügel; ein Rad scheint zu fehlen – das müßte in einem vollendeten Gemälde berichtigt werden. Das Ding, das hinten weht, ist keine Fahne, es ist ein Vorhang. Das andere Ding da oben ist die Sonne, aber ich habe die Entfernung nicht richtig hingekriegt. Ich weiß nicht mehr, was das Ding vor dem laufenden Mann ist, aber ich glaube, es ist ein Heuhaufen oder eine Frau. Diese Studie wurde in der Pariser Kunstausstellung von 1879 ausgestellt, bekam aber keine Medaille; für Studien werden keine Medaillen vergeben.

An der Brücke entließen wir den Wagen. Der Fluß war voller Stämme – langer, schlanker, rindenloser Fichtenstämme –, und wir stützten uns auf das Brückengeländer und sahen zu, wie die Leute sie zu Flößen zusammenfügten. Diese Flöße hatten eine Form und Bauart, die dem gewundenen Lauf und der außerordentlichen Schmalheit des Neckars angepaßt waren. Sie waren fünfzig bis hundert Yard lang und verjüngten sich allmählich von neun Stämmen Breite am Heck zu drei Stämmen Breite am Bug. Gesteuert wird hauptsächlich vom Bug aus mit einer Stange; die dortige Breite von drei Stämmen gibt nur dem Steuermann Platz, denn diese kleinen Stämme haben keinen größeren Umfang als die durchschnittliche Taille einer jungen Dame. Die Verbindungen zwischen den verschiedenen Abschnitten des Floßes sind schlaff und nachgiebig, so daß man das Floß leicht zu jeder Krümmung zurechtbiegen kann, welche die Gestalt des Flusses erfordert.

Die alte Zeit, die wir wohl mit Unrecht in dieser Hinsicht die »gute alte Zeit« nennen, ist vorüber, nur Trümmer auf und an den Bergen, die das Nekkarthal einengen, sind noch stumme Zeugen ihres einstigen Daseins. Befreit von den feudalen Lasten und nicht mehr unter dem oft zweideutigen Schutze der deutschen Könige und Kaiser des Mittelalters gewinnt das Leben in den Dörfern, Flecken und Städten einen immer gesegneteren Aufschwung in einem wahrhaft »goldenen Zeitalter«. (RN)

An vielen Stellen ist der Neckar so schmal, daß man einen Hund hinüberwerfen kann, wenn man einen hat; wenn er an solchen Stellen auch noch stark gekrümmt ist, muß der Flößer eine ziemlich saubere Steuermannsarbeit leisten, damit er um die Ecken kommt. Nicht immer darf sich der Fluß in seinem ganzen Bett ausdehnen – das bis zu dreißig und manchmal vierzig Yard breit ist –, sondern Steindämme teilen ihn in drei gleiche Wasserläufe und leiten die größte Wassermenge und -strömung in den mittleren Lauf. Bei Niedrigwasser ragen diese gutgehaltenen, schmalen Dämme vier oder fünf Zoll über den Wasserspiegel hinaus wie der First eines versunkenen Daches, aber bei Hochwasser sind sie überflutet. Eine Mütze voll Regen verursacht im Neckar Hochwasser, und ein Zuber voll führt eine Überschwemmung herbei.

Vor dem Schloßhotel verlaufen Dämme, und die Strömung ist an dieser Stelle sehr reißend. Oft saß ich stundenlang in meinem Glaskäfig, schaute zu, wie die langen, schmalen Flöße durch den mittleren Kanal glitten, wobei sie den rechten Damm streiften und sorgfältig auf den mittleren Bogen der Steinbrücke zuhielten; so beobachtete ich sie und opferte diese ganze Zeit in der Hoffnung, irgendwann einmal eines davon gegen den Brückenpfeiler prallen und kentern zu sehen, wurde aber immer enttäuscht. Eines Morgens zerschellte dort eines, aber ich war gerade einen Augenblick in mein Zimmer gegangen, um die Pfeife anzuzünden, und so verpaßte ich das.

Als ich an jenem Morgen in Heilbronn so auf die Flöße hinunterblickte, überkam mich plötzlich tollkühne Abenteuerlust, und ich sprach zu meinen Kameraden:

»*Ich* fahre per Floß. Traut ihr euch auch?«

Ihre Gesichter erbleichten etwas, aber sie stimmten so bereitwillig zu, wie sie nur konnten. Harris wollte seiner Mutter kabeln – hielt das für seine Pflicht, da er alles war, was sie auf der Welt noch besaß –, und während er das erledigte, ging ich zu dem längsten und schönsten Floß hinab und rief den Kapitän mit einem herzlichen »Ahoi, Schiffer!« an, was uns sofort auf freundschaftlichen Fuß stellte, und wir fingen an zu verhandeln. Ich sagte, wir wären auf einer Wanderung nach Heidelberg und würden uns gern bei ihm einschiffen. Ich sagte dies teils durch den jungen Z., der sehr gut Deutsch sprach, und teils durch Mr. X., der es eigenartig sprach. Ich *verstehe* Deutsch genausogut wie der Irre, der es erfunden hat, *spreche* es aber am besten durch einen Dolmetscher.

Der Kapitän rückte sich die Hosen hoch, dann schob er nachdenklich seinen Priem in die andere Backe. Schließlich sagte er genau das, was ich erwartete, nämlich daß er keine Erlaubnis habe, Passagiere zu befördern, und daher befürchtete, das Gesetz könnte ihn zur Verantwortung ziehen, wenn die Sache ruchbar würde oder ein Unfall geschähe. Also *charterte* ich Floß und Mannschaft und nahm die ganze Verantwortung auf mich.

Mit einem munteren Lied ging die Steuerbordwache an die Arbeit, holte den Anker ein, und unser Fahrzeug setzte sich mit Schwung in Bewegung und trudelte bald mit etwa zwei Knoten Stundengeschwindigkeit dahin.

Unsere Gesellschaft hatte sich mittschiffs gruppiert. Zuerst war das Gespräch ein bißchen düster und drehte sich hauptsächlich um die Kürze des Lebens, seine Unsicherheit, die Gefahren, die es bedrohten, und wie notwendig und weise es wäre, immer auf das Schlimmste gefaßt zu sein; das leitete zu leisen Anspielungen auf die Gefahren der Tiefe und ähnliche Dinge über; aber als der graue Osten sich allmählich rot färbte und die geheimnisvolle Feierlichkeit und Stille der Morgendämmerung den Freu-

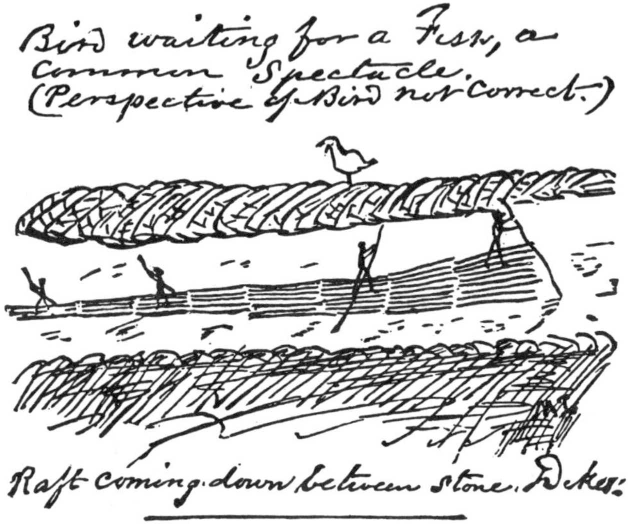

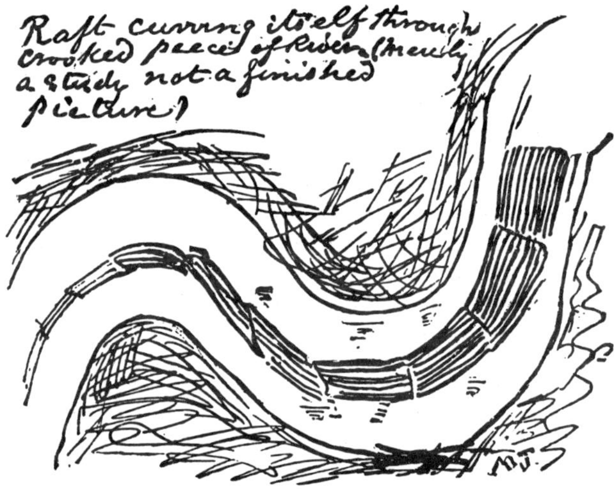

dengesängen der Vögel zu weichen begann, nahm die Unterhaltung einen fröhlicheren Ton an und regten sich unsere Lebensgeister wieder.

Deutschland ist im Sommer der Gipfel der Schönheit, aber niemand hat das höchste Ausmaß dieser sanften und friedvollen Schönheit begriffen, wirklich wahrgenommen und genossen, der nicht auf einem Floß den Neckar hinabgefahren ist. Die Bewegung eines Floßes ist gerade die richtige; sie ist träge, gleitend, sanft und geräuschlos; sie beruhigt alle fiebrige Betriebsamkeit, schläfert alle nervöse Hast und Ungeduld ein; unter ihrem beruhigenden Einfluß schwindet jeglicher Ärger, Verdruß und Kummer, der den Geist quält, und das Leben wird ein Traum, ein Zauber, eine tiefe und stille Verzückung. Welchen Gegensatz bildet es zu dem mühseligen Wandern und der staubigen, betäubenden Eisenbahnraserei und dem langweiligen Holpern über grellweiße Straßen hinter müden Pferden!

Wir glitten still zwischen den grünen, duftenden Ufern dahin, mit einem Gefühl der Freude und Zufriedenheit, das immerzu wuchs. Manchmal hingen über die Ufer dichte Weidenmassen herab, die das dahinterliegende Land völlig verdeckten; manchmal hatten wir auf der einen Seite prächtige Berge, bis zum Gipfel dicht mit Laub bekleidet, und auf der anderen Seite offene Ebenen, flammend von Mohn oder vom satten Blau der Kornblume bedeckt; manchmal trieben wir im Schatten der Wälder und manchmal am Rande langer Strecken samtigen Grases dahin, frischen, grünen und leuchtenden Grases, einem ewig jungen Zauber für das Auge. Und die Vögel! – sie waren überall; sie strichen ständig über den Fluß hin und her, und nie schwieg ihr jubelnder Gesang.

Es war eine tiefe und beglückende Freude, zu sehen, wie die Sonne den neuen Morgen schuf, und wie sie ihn allmählich, geduldig, liebevoll mit einer Herrlichkeit nach der anderen und einem Glorienschein nach dem anderen bekleidete, bis das Wunder vollkommen war. Wie anders ist es, dieses Wunder von einem Floß aus zu beobachten als durch die schmutzigen Fenster einer Bahnstation in irgendeinem elenden Dorf, wo man eine versteinerte Brotschnitte kaut und auf den Zug wartet.

Inzwischen waren auf den betauten Feldern Männer, Frauen und Vieh an der Arbeit. Oft betraten die Leute das Floß, wenn wir an den grasigen Ufern dahinglitten, und schwatzten etwa hundert Yard weit mit uns und mit der Mannschaft, dann traten sie, durch die Fahrt erfrischt, auf das Ufer zurück.

Das taten nur die Männer, die Frauen waren zu stark beschäftigt. Auf dem Kontinent führen die Frauen Arbeiten aller Art aus. Sie graben, sie hacken, sie ernten, sie säen, sie tragen ungeheure Lasten auf dem Rücken, sie schieben ebensolche über lange Strecken mit Schubkarren, sie ziehen den Wagen, wenn kein Hund oder keine dürre Kuh zum Ziehen da ist, und wenn ja, helfen sie dem Hund oder der Kuh. Das Alter spielt keine Rolle; offenbar ist die Frau stärker, je älter sie ist. Auf dem Lande sind die Pflichten einer Frau nicht abgegrenzt, sie tut von jedem ein bißchen; aber in den Städten ist es anders, da tut sie nur bestimmte Dinge, das übrige tun die Männer. Zum Beispiel hat das Zimmermädchen in einem Hotel weiter nichts zu tun, als in fünfzig oder sechzig Zimmern die Betten zu richten und Feuer zu machen, Handtücher und Kerzen zu bringen und mehrere Tonnen Wasser hinaufzuschleppen, jedesmal hundert Pfund in gewaltigen Metallkannen. Sie muß nicht länger als achtzehn oder zwanzig Stunden am Tag arbeiten und kann allemal hinknien und die Fußböden der Flure und Zimmer scheuern, wenn sie müde ist und ausruhen muß.

Als es später am Vormittag heiß wurde, legten wir die meiste Kleidung ab, setzten uns in einer Reihe auf den Rand des Floßes und genossen die Landschaft, die Sonnenschirme über dem Kopf und die Beine in Wasser. Ab und zu sprangen wir hinein und schwammen ein bißchen. Jede vorspringende, grasbewachsene Landzunge trug eine fröhliche Gruppe nackter Kinder, die Jungen für sich und die Mädchen für sich, wobei die letzteren gewöhnlich unter der Obhut einer mütterlichen Frau standen, die mit ihrem Strickzeug im Schatten eines Baumes saß. Manchmal schwammen die kleinen Jungen zu uns heraus, aber die kleinen Mädchen standen knietief im Wasser und unterbrachen ihr Plantschen und Toben, um mit ihren unschuldigen Augen das vorübertreibende Floß zu betrachten. Einmal bogen wir plötzlich um eine Ecke und überraschten ein schlankes Mädchen von zwölf Jahren oder mehr, wie es gerade ins Wasser schritt. Zum Fortlaufen hatte sie keine Zeit, aber sie tat etwas, das genau so zweckmäßig war: Rasch zog sie mit einer Hand einen biegsamen jungen Weidenzweig vor ihren weißen Leib und betrachtete uns dann mit schlichtem und unbekümmertem Interesse. So stand sie, während wir vorüberglitten. Es war ein hübsches Geschöpf, und sie und ihr Weidenzweig gaben ein sehr hübsches Bild ab, das nicht einmal das Schamgefühl des penibelsten Beschauers verletzt hätte. Ihrer weißen Haut diente eine niedrige Gruppe frischgrüner Weiden als Hintergrund und wirksamer Kontrast – denn sie stand vor ihnen –, und über und zwischen diesen ragten die lebhaften Gesichter und weißen Schultern zweier kleinerer Mädchen heraus.

Gegen Mittag hörten wir den begeisternden Ruf: »Schiff ahoi!«

»Wo?« rief der Kapitän.
»Drei Strich luvwärts voraus!«

Die Neckarschiffahrt: Vorher & Nachher

Seiten-Ansicht eines Schleppboots (No. 4) mit vertikalen Rollen.

Länge des Schiffs . . . . 25 m. Höhe des Schiffs . . . . 2,6 m. Preis des Schiffs 35,000 Frcs.
Breite " " . . . . 3,6 m. Tiefgang " . . . . 1 m.

Als ich als Zugereister vor Jahren erstmals diese Geschichte las, war ich mir sicher, daß die Kettenschiffe auf dem Neckar eine der Fakegeschichten (= Seemannsgarn) Mark Twains seien. Aber ich wurde eines Besseren belehrt: »1878 wurde die Kettenschleppschiffahrt eingeführt, wobei sich die Dampfschlepper an einer 126 km langen von Mannheim bis Heilbronn reichenden Kette emporzogen. Bei niedrigem Wasserstand war die Schlepperkette in dem klaren Flußwasser gut zu sehen. Die eiserne Schlepperkette, die in einem in der Mitte des Neckars ausgebaggerten ›Schleppergraben‹ lag, hatte 1909091 12 Zentimeter lange Glieder und wog 2016 to. Die Kette lief über Rollen der Schlepper. Dies waren flache Boote von nur 45 Zentimeter Tiefgang, 6 Meter Breite und 45 Meter Länge. Ihre 110 PS-Dampfmaschine zog 3-5 Schiffe mit je 100-150 to Last.« (MH)

Wir rannten nach vorn, um das Fahrzeug zu sehen. Es war ein Dampfer – denn im Mai hatte man begonnen, einen Dampfer neckaraufwärts verkehren zu lassen. Es war ein Schlepper, und zwar einer von sehr merkwürdigem Bau und Aussehen. Ich hatte ihn oft vom Hotel aus beobachtet und mich gefragt, wie er wohl angetrieben werde, denn offenbar besaß er keine Schraube oder Schaufeln. Jetzt kam er dahergeschäumt, machte eine Menge Lärm verschiedener Art und steigerte ihn ab und zu noch dadurch, daß er ein heiseres Pfeifen ertönen ließ. Er hatte hinten neun Kähne angehängt, die ihm in langer, schmaler Reihe folgten. Wir begegneten ihm an einer engen Stelle zwischen Dämmen, und in dem schmalen Durchgang war kaum Platz für uns beide. Während er schnaufend und stöhnend vorüberfuhr, entdeckten wir das Geheimnis seines Antriebs. Er fuhr nicht mit Radschaufeln oder Schraube flußaufwärts, er schob sich dadurch hinauf, daß er sich an

»Am 23. März begann man mit der Verlegung der Kette in Heilbronn, wo sie am Unterhaupt der Wilhelmskanal-Schleuse fest verankert wurde. Die einzelnen Kettenstränge waren zwischen 500 und 800 m lang. Sie wurden durch ein wieder leicht zu öffnendes Kettenschloß, ›Doppelschekel‹ genannt, miteinander verbunden. Am 17. Mai war nach einigen Schwierigkeiten die Verlegung in Mannheim beendet.« (KSN)

Schon am Tag nach der Eröffnungsfahrt, am 24. Mai 1878, fuhr der Kettendampfer Nr. 1 zu Tal nach Mannheim und kam von dort bereits nach 3 Tagen wieder zurück, mit 9 Schiffen im Angang, die mit 7200 Zentnern (360 t) beladen waren. Dies war die Jungfernfahrt der Kettenschleppschiffahrt! Im ganzen Neckartal säumten die Menschen das Flußufer, erstaunt, verwundert und auch verängstigt über dieses ungewöhnliche Schiff. Das laute Kettengerassel und die seltsam brüllende Dampfpfeife, welche an allen unübersichtlichen Flußstrecken entgegenkommenden Schiffe und Floße warnen, »wahrschauen« mußte, waren unheimliche Töne für die ungewohnten Ohren. So meinten die

einer großen Kette vorwärtszog. Diese Kette ist im Flußbett verlegt und nur an den zwei Enden befestigt. Sie ist siebzig Meilen lang. Sie tritt durch den Bug des Schiffes ein, dreht sich um eine Trommel und wird achtern wieder ausgesteckt. Der Dampfer zieht an dieser Kette und schleppt sich dadurch flußaufwärts oder -abwärts. Genaugenommen hat er weder Bug noch Heck, denn er hat an jedem Ende ein Steuerruder mit langem Blatt und wendet niemals. Er gebraucht dauernd beide Ruder, und sie sind so stark, daß er trotz des starken Widerstandes der Kette nach rechts oder links abbiegen und um Krümmungen herumsteuern kann. Ich hätte nicht geglaubt, daß man diese unmögliche Sache ausführen könnte; aber ich habe sie ausgeführt gesehen, und daher weiß ich, daß es ein unmögliches Ding gibt, das man vollbringen kann. An welchem Wunder wird sich der Mensch als nächstem versuchen?

Wir begegneten vielen großen Kähnen auf ihrem Weg flußaufwärts, die Segel, Maultierkraft und Flüche als Antrieb benutzten – eine langwierige und mühsame Angelegenheit. Von der Fockmarsstange führte ein Drahtseil zu der Reihe Maultiere, die etwa hundert Yard voraus auf

dem Treidelpfad lief, und durch vieles Knallen, Fluchen und Drängen schaffte es die Gruppe Treiber, gegen die starke Strömung aus den Maultieren eine Geschwindigkeit von zwei oder drei Meilen in der Stunde herauszuholen. Der Neckar ist schon immer als Schiffahrtsstraße benutzt worden und hat dadurch einer großen Anzahl von Menschen und Tieren Beschäftigung verschafft; aber jetzt, wo dieser Dampfer in der Lage ist, mit einer zahlenmäßig kleinen Besatzung und etwa einem Scheffel Kohle in einer Stunde neun Kähne weiter den Fluß hinaufzubringen, als dreißig Männer und dreißig Maultiere in zweien, glaubt man, daß das altmodische Treidlergewerbe auf dem Sterbebett liegt. Drei Monate, nachdem der erste Dampfer eingesetzt worden war, begann ein zweiter auf dem Neckar zu arbeiten.

Mittags gingen wir an Land, kauften ein paar Flaschen Bier und ließen uns ein paar Hühner kochen, während das Floß wartete; dann stachen wir sofort wieder in See und aßen, solange das Bier kalt und die Hühner heiß waren. Es gibt keinen angenehmeren Ort für eine solche Mahlzeit als ein Floß, das den gewundenen Neckar hinabgleitet, an grünen Wiesen und bewaldeten Hügeln, an schlummernden Dörfern und felsigen, mit verfallenden Türmen und Zinnen geschmückten Höhen vorüber.

An einer Stelle sahen wir einen gutgekleideten deutschen Herrn ohne jede Brille. Er war entkommen, bevor ich vor Anker gehen konnte. Das war sehr bedauerlich. Ich hätte so gern eine Skizze von ihm gemacht. Der Kapitän tröstete mich jedoch über meinen Verlust und sagte, der Mann sei ohne jeden Zweifel ein Betrüger, der eine Brille besäße, sie aber in der Tasche behalte, um aufzufallen.

Hinter Haßmersheim passierten wir Hornberg, Götz von Berlichingens alte Burg. Sie steht auf einer schroffen Erhebung zweihundert Fuß über dem Fluß; sie hat hohe, weinbewachsene Mauern, die Bäume einschließen, und einen etwa fünfundsiebzig Fuß hohen, spitzen Turm. Von der Burg bis hinunter an den Rand des Wassers ist der steile Berghang terrassiert und dicht mit Weinstöcken besetzt. Das sieht aus, als würde man ein Mansardendach bebauen. Diesen Teil des Flusses entlang sind alle Steilhänge, soweit sie die geeignete Lage aufweisen, der Weinrebe vorbehalten. Diese Gegend ist ein bedeutender Rheinweinproduzent. Die Deutschen mögen Rheinwein außerordentlich gern; man füllt ihn in hohe, schlanke Flaschen und hält ihn für ein angenehmes Getränk. Vom Essig unterscheidet man ihn durch das Etikett.

Der Hornberg soll einen Tunnel erhalten, und die neue Eisenbahnlinie wird unter der Burg hindurchführen.

Eine oder zwei Meilen vor Eberbach sahen wir eine eigenartige Ruine über das Laub hinausragen, das den Gipfel eines hohen und sehr steilen Berges krönte. Diese Ruine bestand nur aus einigen zerbröckelnden Massen von Mauerwerk, die eine grobe Ähnlichkeit mit menschlichen Gesichtern aufwiesen; sie neigten sich vor und berührten sich an den Stirnen und sahen aus, als wären sie ins Gespräch vertieft. Die Ruine hatte nichts sehr Eindrucksvolles oder Malerisches an sich, und es war nicht viel von ihr vorhanden, doch hieß sie die »Brillante Ruine«.

Bewohner des Dorfes Handschuhsheim bei Heidelberg – als sie das fürchterliche Heulen hörten – in Angst und Schrecken versetzt, es wäre das Gebrüll eines Löwen, der aus der Mannheimer Menagerie entsprungen sei. Beherzte Männer machten sich mit Waffen aller Art, mit Prügeln, Dreschflegeln und Sensen auf, um das Untier zu erledigen. Doch nirgends fand man eine Spur. Da sahen und hörten sie das Vieh, mit langem Schwanz dampfend und brüllend auf dem Neckar schwimmen, und die mutigen Männer erkannten betroffen, daß es der Kettendampfer war, der mit anhängenden Lastkähnen seine erste Neckarfahrt machte. »Wer hätt' im Traum auch dran gedacht, / Daß heut' die ersten Fahrten macht, / Der Dampfer da, der Schlackel / Mit seinem Mordsspektakel.« Blamiert zogen die Helden ins Dorf zurück. Doch die Geschichte vom »Hendeser Löb« (Hendese = Handschuhsheim), in vielen Versen besungen, mußten die Handschuhsheimer noch lange mit viel Spott ertragen. Aber nicht als Löwe, sondern als »Nekkaresel« ist der Kettendampfer in die Geschichte eingegangen. Am ganzen Neckar so genannt, weil er wie ein Esel schwere Lasten schleppen mußte und dabei wie dieser brüllte. (KSN)

1930 wurde die Kettenschleppschiffahrt eingestellt.

Twain schrieb die Posse »Legende von der Brillanten Ruine«, um die allgemeine Vorliebe für Brillen in Deutschland zu erklären. Im »Bummel durch Europa« schildert er etliche Legenden, teils erfunden, teils von F.J. Kiefer's »The Legends of the Rhine from Basle to Rotterdam« übernommen. (NB)

Sage von der »Brillanten Ruine«

Der Kapitän des Floßes, der so voller Geschichten steckte, wie er nur fassen konnte, sagte, im Mittelalter hätte in jener Gegend ein ganz ungeheurer, feuerspeiender Drache gehaust und mehr Ärger gemacht als ein Steuereinnehmer. Er war so lang wie ein Eisenbahnzug und völlig von den üblichen undurchdringlichen, grünen Schuppen bedeckt. Sein Atem zeugte Pestilenz und Brand, und sein Appetit zeugte Hungersnot. Er fraß Menschen und Vieh gleichermaßen und war außerordentlich unbeliebt. Der damalige deutsche Kaiser machte das übliche Anerbieten; er würde dem, der den Drachen vernichtete, jeden beliebigen Wunsch erfüllen; denn er hatte einen Überschuß an Töchtern, und es war der Brauch, daß Drachentöter als Bezahlung eine Tochter nahmen.

So kamen die berühmtesten Ritter aus allen Himmelsrichtungen und zogen sich nacheinander in den Schlund des Drachens zurück. Eine Panik entstand und breitete sich aus. Die Helden wurden vorsichtig. Die Prozession riß ab. Der Drache wütete verheerender denn je. Die Leute verloren jede Hoffnung auf Rettung und flohen schutzsuchend in die Berge.

Schließlich langte aus einem fernen Land Herr von Wissenschaft an, ein armer und unbekannter Ritter, um mit dem Ungeheuer zu kämpfen. Einen erbärmlichen Anblick bot er, mit der in Fetzen an ihm herunterhängenden Rüstung und seinem eigenartig geformten, auf den Rücken geschnallten Rucksack. Alle rümpften über ihn die Nase, und manche verhöhnten ihn offen. Aber er blieb gelassen. Er fragte bloß, ob das Angebot des Kaisers noch in Kraft wäre. Der Kaiser sagte ja – riet ihm aber mitleidig, lieber Hasen jagen zu gehen und nicht ein so kostbares Leben wie das seine in einem Unternehmen zu gefährden, das so viele der berühmtesten Helden der Welt dem Tode geweiht hatte.

Aber dieser Stromer fragte nur: »Waren unter diesen Helden Männer der Wissenschaft?« Das löste natürlich eine Lachsalve aus, denn in jenen Tagen verachtete man die Wissenschaft. Aber der Stromer verlor keineswegs die Ruhe. Er sagte, möglicherweise sei er seinem Zeitalter ein wenig voraus, aber das mache nichts – irgendwann einmal würde man schließlich der Wissenschaft noch Ehre erweisen. Er sagte, er würde am Morgen gegen den Drachen vorgehen. Darauf bot man ihm aus Mitleid einen anständigen Speer an, aber er lehnte ab und sagte, Speere seien für Männer der Wissenschaft nutzlos. Man ließ ihn im Dienstbotensaal Abendbrot essen und gab ihm ein Lager in den Ställen.

Als er am Morgen loszog, waren Tausende versammelt, um zuzuschauen. Der Kaiser sagte: »Seid nicht unvorsichtig; nehmt einen Speer und laßt Euren Rucksack zurück.«

Aber der Stromer sagte: »Es ist kein Rucksack«, und ging stracks weiter.

Der Drache wartete schon und war bereit. Er schnaubte ungeheure Mengen schwefligen Rauches und fahle Flammenzungen hervor. Der zerlumpte Ritter schlich sich behutsam in eine günstige Position, dann löste er seinen zylinderförmigen Rucksack – der einfach der gewöhnliche Feuerlöscher war, den die heutige Zeit kennt –, drehte bei der ersten Gelegenheit den Schlauch auf und schoß dem Drachen genau mitten hinein in seinen höhlenartigen Rachen. Im Nu verlöschte das Feuer, der Drachen krümmte sich und starb.

Dieser Mann hatte das Gehirn zu Hilfe genommen. Er hatte in seinem Laboratorium Drachen aus dem Ei großgezogen; er hatte wie eine Mutter über ihnen gewacht und sie geduldig studiert und mit ihnen experimentiert, während sie heranwuchsen. Auf diese Weise hatte er herausgefunden, daß Feuer das Lebenselement des Drachens darstellte; löschte man das Feuer des Drachens, konnte er keinen Dampf mehr machen und mußte sterben. Mit einem Speer konnte er das Feuer nicht bekämpfen, deshalb erfand er den Feuerlöscher.

Als der Drachen tot war, fiel der Kaiser dem Helden um den Hals und sagte: »Retter, nennt Euren Wunsch«, und winkte gleichzeitig mit dem Fuß nach hinten, daß ein Trupp seiner Töchter sich aufstelle und vortrete.

Aber der Stromer schenkte ihnen keine Beachtung. Er sagte einfach: »Mein Wunsch ist, daß man mir das Monopol für die Herstellung und den Verkauf von Brillen in Deutschland erteile.«

Der Kaiser sprang zur Seite und rief: »Das übersteigt jede Frechheit, von der ich je gehört habe! Eine bescheidene Forderung, bei allem, was mir heilig ist! Warum verlangt Ihr nicht gleich nach den kaiserlichen Einkünften, und Schluß?«

Aber der Herrscher hatte sein Wort gegeben, und er hielt es. Zu jedermanns Überraschung senkte der selbstlose Monopolist sogleich den Brillenpreis in solchem Maße, daß dem Volke eine große und drückende Last genommen

Ich besäße gern zwei Monopole: für Regenschirme in England und hier für Brillen. Ich wäre lieber ein Brillenmacher in Deutschland als irgendetwas anderes. Diese Leute hier könnten eher ohne Kleidung, ohne die Bibel oder gar ohne Bier auskommen, Brillen jedoch brauchen sie unbedingt. Wenn 12 oder 13 Deutsche versammelt sind, muß jemand ohne Brille in Kauf nehmen, im Verdacht zu stehen, Ausländer zu sein. (NB)

wurde. Zum Gedenken an diese großherzige Tat und um zu beweisen, wie hoch er sie schätzte, verfügte der Kaiser, daß jedermann diesem Wohltäter eine Brille abkaufen und sie tragen solle, ob er sie benötige oder nicht.

So entstand in Deutschland der weitverbreitete Brauch, Brillen zu tragen; und da in diesen alten Ländern eine einmal eingeführte Sitte unsterblich ist, bleibt sie bis auf den heutigen Tag im ganzen Reich im Schwange. So lautet die Sage von des Monopolisten einst stolzer und prächtiger Burg, die jetzt »Brillante Ruine« heißt.

Zwei oder drei Meilen unterhalb der Brillanten Ruine am rechten Ufer kamen wir an einem stattlichen Komplex burgähnlicher Gebäude vorbei, die vom Gipfel eines hohen Berges aus das Wasser überschauten. Ein zweihundert Yard langes Stück der hohen Frontmauer war dicht mit Efeu behangen, und aus der dahinterliegenden Gebäudemasse erhoben sich drei malerische alte Türme. Der Bau war in gutem Zustand und wurde von einer Familie fürstlichen Ranges bewohnt. Auch dieses Schloß hatte seine Sage, aber ich fühle mich nicht berechtigt, sie wiederzugeben, da ich die Wahrheit einiger kleinerer Einzelheiten bezweifele.

Entlang dieser ganzen Strecke war eine Menge italienischer Arbeiter gerade dabei, die Vorderfronten der Berge wegzusprengen, um für die neue Eisenbahn Platz zu schaffen. Sie befanden sich fünfzig oder hundert Fuß über dem Fluß. Als wir um eine scharfe Ecke bogen, machten sie uns plötzlich Zeichen mit der Hand und riefen warnend, daß wir uns vor den Explosionen vorsehen sollten. Es war ja ganz schön und gut, uns zu warnen, aber was konnten *wir* tun? Man konnte das Floß nicht stromaufwärts zurückhalten, man konnte seine Fahrt stromabwärts nicht beschleunigen, man konnte nicht nach der einen Seite ausrücken, weil kein nennenswerter Raum da war, man konnte sich nicht zu den senkrechten Klippen am anderen Ufer wenden, wenn anscheinend auch dort gesprengt wurde. Die Ausweichmöglichkeiten waren beschränkt. Es blieb einfach nichts weiter übrig, als abzuwarten und zu beten.

Seit ein paar Stunden hatten wir dreieinhalb oder vier Meilen in der Stunde gemacht, und die machten wir noch immer. Wir waren geradezu dahingetanzt, bis diese Männer zu rufen angefangen hatten; dann schien es mir für die nächsten zehn Minuten, als hätte ich noch nie ein Floß so langsam treiben sehen. Als die erste Sprengung losging, spannten wir unsere Sonnenschirme auf und harrten der Folgen. Nichts passierte; keiner der Steine fiel ins Wasser. Eine weitere Sprengung folgte und noch eine und noch eine. Etwas von dem Schutt fiel direkt hinter uns ins Wasser.

Wir fuhren die ganze Batterie von neun Sprengungen hintereinander ab, und ganz bestimmt war es eine der aufregendsten und unbehaglichsten Wochen, die ich je erlebt habe, sei es auf See oder an Land. Natürlich standen wir häufig an den Stangen und stakten eine Sekunde lang oder so eifrig drauflos, aber jedesmal, wenn eine dieser Eruptionen von Staub und Schutt emporschoß, ließ jeder seine Stange fallen und blickte empor, um seinen Anteil davon anzupeilen. Sehr heiß ging es dort eine Weile her. Daß wir umkommen müßten, schien gewiß, aber selbst das war nicht die bitterste Vorstellung; nein, die so abscheulich unheroische Todesart, die war der Stachel – sie und der bizarre Wortlaut des sich daraus ergebenden Nachrufes: »Von einem Stein auf einem Floß erschlagen.« Darüber würde man keine Verse schreiben. Man *könnte* keine darüber schreiben. Beispiel:

Nicht durch Krieges Furcht und Plagen,
nein, von Stein auf Floß erschlagen.

Kein Dichter, der etwas auf seinen Ruf hält, würde ein solches Thema auch nur anrühren. Ich würde als der einzige »hervorragende Tote« gelten, der im Jahre 1878 unbedichtet in das Grab hinabsänke.

Aber wir entkamen, und ich habe das nie bedauert. Die

letzte Explosion war besonders heftig, und nachdem der kleinere Schutt damit fertig war, um uns herum niederzuprasseln, und wir uns gerade ob unserer Errettung die Hände schütteln wollten, kam ein verspäteter größerer Stein mitten in unserer kleinen Gruppe von Fußgängern herunter und demolierte einen Schirm. Er richtete weiter keinen Schaden an, aber trotzdem gingen wir ins Wasser.

Anscheinend wird die schwere Arbeit in den Steinbrüchen und an den neuen Eisenbahnstrecken hauptsächlich von Italienern geleistet. Das war eine Entdeckung. In unserem Land hegen wir die Vorstellung, daß die Italiener überhaupt niemals schwere Arbeit verrichten, sondern sich auf leichtere Künste beschränken wie Leierkastendrehen, Operngesang und Mord. Wir haben uns schwer geirrt, das steht fest.

Den ganzen Fluß entlang sahen wir bei jedem Dorf kleine Stationsgebäude für die künftige Eisenbahn. Sie standen fertig da und warteten auf die Geleise und auf Arbeit. Sie sahen so schmuck, gemütlich und hübsch aus, wie man es sich nur denken kann. Sie waren stets aus Ziegeln oder Stein gebaut; sie hatten eine hübsche Form; Ranken und Blumen umgaben sie schon, und das Gras um sie herum war hell und grün und bewies, daß man es sorgfältig pflegte. Sie bildeten eine Zierde der schönen Landschaft, keine Beleidigung. Wo man einen Haufen Kies oder einen Haufen Schotter sah, war er stets so sauber und sorgfältig aufgehäuft wie ein neues Grab oder ein Stapel Kanonenkugeln; nichts an diesen Stationen oder entlang der Bahnstrecke oder der Landstraße durfte schäbig oder häßlich aussehen. Ein Land in so schöner Ordnung zu halten, wie sie Deutschland aufweist, hat auch eine gescheite und praktische Seite, denn das beschäftigt und ernährt Tausende von Menschen, die sonst untätig wären und nur auf dumme Gedanken kämen.

Als die Nacht hereinbrach, wollte der Kapitän festmachen, aber ich dachte, wir könnten vielleicht Hirschhorn erreichen, also fuhren wir weiter. Bald bezog sich der Himmel, und der Kapitän sah besorgt aus, als er nach hinten kam. Er wandte den Blick aufwärts, schüttelte dann den Kopf und sagte, es käme noch ein Sturm. Meine Gesellschaft wollte sogleich landen, deshalb wollte ich weiterfahren. Der Kapitän sagte, wir sollten jedenfalls zur Vorsicht die Segel reffen. Also erhielt die Backbordwache Befehl, ihre Stange einzuziehen. Es wurde jetzt sehr dunkel, und der Wind erhob sich. Er heulte durch die schwankenden Äste der Bäume und fegte in launischen Stößen über unsere Decks. Die Sache fing an, häßlich auszusehen. Der Kapitän schrie dem Steuermann auf dem Vorderbalken zu:

»Welchen Kurs hält es?«

Von weit voraus kam schwach und heiser die Antwort: »Nordost zu Nord – Ost zu Ost, halb Ost, Käpt'n.«

»Einen Strich abfallen!«

»Jawohl, Käpt'n!«

»Was hast du für Wasser?«

»Flach, Käpt'n. Reichlich zwei Fuß an Steuerbord, knapp zweieinhalb an Backbord!«

»Noch einen Strich abfallen!«

»Jawohl, Käpt'n!«

»Alle Mann vorwärts! Jetzt mal 'n bißchen flott! Klarstehen, damit wir die Luvbiegung kriegen!«

»Jawohl, Käpt'n!«

Dann folgte ein wildes Laufen, Trampeln und heiseres Schreien, aber die Gestalten der Männer verloren sich in der Dunkelheit, und das Brausen des Windes in dem Schindelhaufen verzerrte und verwirrte die Töne. Mittlerweile ging die See zollhoch und drohte jeden Augenblick, das zerbrechliche Fahrzeug zu verschlingen. Nun kam der Maat nach achtern gejagt und sagte dicht am Ohr des Kapitäns mit leiser, erregter Stimme:

»Bereiten Sie sich auf das Schlimmste vor, Käpt'n – wir sind leck!«

»Himmel! Wo?«

»Gleich hinter der zweiten Stammreihe.«

»Nur noch ein Wunder kann uns retten. Daß nur die Leute es nicht erfahren, sonst gibt es Panik und Meuterei! Dreh auf das Land zu und mach dich klar, mit der Heckleine abzuspringen, sobald es anstößt. Meine Herren, ich muß mich an Sie wenden, daß Sie in dieser Stunde der Gefahr meine Bemühungen unterstützen. Sie haben Hüte – gehen Sie nach vorn und schöpfen Sie ums liebe Leben!«

Wieder fegte ein mächtiger Windstoß herab, in Gischt und dichte Finsternis gehüllt. In einem solchen Augenblick kam von weit vorn der furchtbarste Ruf, der auf See zu hören ist:

»Mann über Bord!«

Der Kapitän schrie: »Hart backbord! Kümmert euch nicht um den Mann! Soll er doch an Bord klettern oder an Land waten!«

Ein weiterer Ruf kam mit dem Winde hergeweht: »Brandung voraus!«

»Wo?«

»Keine Stammlänge vom Backbord-Vorderbalken!«

Wir hatten uns den schlüpfrigen Weg nach vorn entlanggetastet und schöpften nun mit der Hast der Verzweiflung, als wir von weit achtern den entsetzten Schrei des Maats hörten:

»Hört mit dem verdammten Schöpfen auf, sonst laufen wir noch auf!«

Mit von der Partie war inzwischen Edward Smith, US Konsul in Mannheim. Sie fuhren zusammen im Boot nach Hirschhorn, von dort mit der Kutsche nach Neckargemünd und dann mit dem Zug nach Heidelberg.
Eine Anmerkung für »Realisten«.

Aber unmittelbar darauf folgte der frohe Ruf: »Land auf dem Steuerbord-Heckbalken!«

»Gerettet!« rief der Kapitän. »Springt an Land und geht um einen Baum herum und reicht das Ende des Taues an Bord!«

Im nächsten Augenblick waren wir alle an Land und weinten und umarmten uns vor Glück, während der Regen in Strömen herabrauschte. Der Kapitän sagte, seit vierzig Jahren befahre er den Neckar und habe in dieser Zeit Stürme erlebt, die die Wangen erbleichen und den Puls stocken lassen konnten, aber noch nie, niemals habe er einen Sturm erlebt, der an diesen auch nur entfernt heranreichte. Wie vertraut das klang! Denn ich bin ziemlich viel zur See gefahren und habe diese Bemerkung entsprechend oft von Kapitänen gehört.

Wir formulierten im Geiste die übliche Huldigungs- und Dankresolution, brachten sie bei erster Gelegenheit zur Abstimmung, legten sie schriftlich nieder und überreichten sie dem Kapitän mit der üblichen Rede.

Der Hirschhorner Naturalist

Mark Twain, Twichell »Harris«, E.M. Smith und der junge Z. (im Original »Smith«) verbrachten die Nacht vom 9. August im Naturalisten.

Volle drei Meilen wanderten wir durch die Dunkelheit und den strömenden Sommerregen und erreichten gerade eine Stunde vor Mitternacht den Gasthof ›Zum Naturforscher‹ im Dorfe Hirschhorn, fast erschöpft von Mühsal, Strapazen und Entsetzen. Diese Nacht werde ich nie vergessen.

Der Wirt war wohlhabend und konnte es sich deshalb leisten, mürrisch und unhöflich zu sein; er mochte es gar nicht, aus seinem warmen Bett geholt zu werden, um uns sein Haus zu öffnen. Aber egal, sein Personal stand auf und kochte schnell ein Abendessen für uns, und wir selbst brauten uns einen heißen Punsch, um der Schwindsucht vorzubeugen. Nach dem Abendbrot und dem Punsch rauchten wir zur Beruhigung noch eine Stunde lang, wobei wir die Seeschlacht noch einmal durchfochten und über die Entschließungen abstimmten; dann zogen wir uns nach oben

Twain: Die Zimmer und Betten sind wunderbar, aber der alte Mann reich und eigenartig. Er versucht seinen Neffen aus Amerika zum Erben des Gasthofs zu machen, aber der will nicht. Er ist der Junge im grünen Jagdmantel, der »I'm an American!« sagte, uns die Hände schüttelte und sich ohne weitere Vorstellung zu uns setzte. Netter Junge.
Im Garten Obstbäume, die der Junge für uns aberntete. Überall steht Krimskrams herum, altertümliche Steinreliefs; völlig vergammelt. Dann noch ein sanfter Fluß mit wahrhaftigen Forellen, die man allerdings nicht angeln darf, da sie Heidelberg gehören und für 200 Dollar im Jahr kann man sie pachten. So kostet eine Forelle etwa 1 Dollar. Der arme Rabe, völlig von Läusen zerbissen und so demütig und wegen seines zerrupften Zustandes arg verschämt. Pathetisch.

in höchst saubere und hübsche Zimmer zurück, wo saubere, bequeme Betten standen mit altererbten Bezügen in sehr sorgfältig gearbeiteter und geschmackvoller Handstickerei.

Solche Zimmer, Betten und bestickte Wäsche sind in deutschen Dorfgasthäusern ebenso häufig, wie sie in den unseren selten sind. Unsere Dörfer sind den deutschen in mehr Vorzügen, Vollkommenheiten, Bequemlichkeiten und Vortrefflichkeiten voraus, als ich aufzählen kann, aber die Hotels gehören nicht dazu.

Gasthof Zum Naturforscher war kein bedeutungsloser Name, denn alle Flure und alle Zimmer waren mit großen Glaskästen vollgehängt, in denen sich alle Arten von Vögeln und Tieren mit Glasaugen befanden, die geschickt ausgestopft und in außerordentlich natürlichen, ausdrucksvollen und dramatischen Haltungen aufgestellt waren. Sobald wir im Bett lagen, hörte der Regen auf, und der Mond kam heraus. Ich dämmerte in den Schlaf hinüber, während ich eine große, weiße Eule betrachtete, die von einem hohen Sitz aus stur auf mich herabblickte, mit der Miene eines Menschen, der glaubt, mich schon einmal gesehen zu haben, sich dessen aber nicht ganz sicher ist.

Aber der junge Z. kam nicht so leicht davon. Er sagte, als er wohlig in Schlaf sinken wollte, hätte der Mond die Schatten fortgewischt und auf einem Wandbrett eine riesige Katze enthüllt, tot und ausgestopft, aber mit gespannten Muskeln zum Sprung geduckt, wobei ihre glitzernden Augen genau auf ihn gerichtet waren. Z. fühlte sich infolgedessen unbehaglich. Er versuchte, die eigenen Augen zu schließen, aber das half nichts, denn ein natürlicher Instinkt veranlaßte ihn immer wieder, sie zu öffnen, um nachzusehen, ob die Katze noch immer im Begriff wäre, ihn anzuspringen, was auch jedesmal der Fall war. Er versuchte, ihr den Rücken zuzudrehen, aber das schlug fehl; er wußte, daß die unheimlichen Augen immer noch auf ihm lagen. So mußte er schließlich nach ein oder zwei Stunden der Unruhe und vergeblicher Versuche aufstehen und die Katze auf den Flur hinaussetzen. Diesmal gewann er.

In Venedig wurde uns ein Genuß zuteil, der uns auf dem Kontinent sehr selten beschert wurde – ein Essen im häuslichen Kreis einer Familie. Wenn man auf Reisen immer bei Familien absteigen könnte, besäße Europa einen Reiz, der ihm jetzt abgeht. So aber muß man natürlich in Hotels wohnen, und das ist eine traurige Sache. Ein Mann, der amerikanisches Essen und amerikanische Hausmannskost gewöhnt ist, würde in Europa wohl nicht plötzlich verhungern, aber ich glaube, er würde allmählich dahinschwinden und schließlich sterben. Er müßte ohne seine gewohnte Morgenmahlzeit auskommen. Das ist ein allzu schrecklicher Wechsel, er würde unbedingt darunter leiden. Er könnte zwar einen Schatten, ein Trugbild, eine nichtswürdige Nachahmung dieser Mahlzeit erhalten; aber das würde ihm nicht helfen, und das Original wäre für Geld nicht zu haben.

Um auf Einzelheiten einzugehen: die einfachste und gewöhnlichste Form des Frühstücks für den Durchschnittsamerikaner besteht aus Kaffee und Beefsteak; na, und in Europa ist Kaffee ein unbekanntes Getränk. Man kann etwas bekommen, das der europäische Hotelier für Kaffee hält, aber das ähnelt dem echten so wie Heuchelei der Frömmigkeit. Es ist ein schwaches, charakterloses, fades Zeug und beinahe so ungenießbar, als stamme es aus einem amerikanischen Hotel. Die Milch, die dazu verwendet wird, ist das, was die Franzosen »christliche« Milch nennen – Milch, die getauft ist.

Nachdem man den europäischen »Kaffee« einige Monate kennengelernt hat, wird der Geist schwach und der Glaube mit ihm, und man beginnt sich zu fragen, ob das kräftige Getränk der Heimat mit seiner festen Schicht gelber Sahne oben drauf nicht etwa ein bloßer Traum sei, etwas, das es nie gegeben hat.

Dann das europäische Brot – ganz anständig, ganz gut in gewisser Weise, aber kalt; kalt, zäh und unbarmherzig; und keine Änderung, keine Abwechslung – immer die gleiche langweilige Sache.

Ob Briefmarken, Postkarten, Teedosen oder Gemälde – Sammler entwickeln für sie eine wahre Leidenschaft. In einem allerdings haben sie ein Prinzip: sie sind Spezialisten. Selten findet man jemanden, der gleichzeitig Schmetterlinge, Hosenknöpfe und Uhren sammelt. Oder? Nicht so in Hirschhorn. Dort lebte vor über 100 Jahren Carl Langbein. Er war Gastwirt und hatte nur ein Hobby – er sammelte. Und zwar sammelte er alles, was ihm in die Finger kam: Gemälde, Bücher, Kirchenfenster, Möbel, Gebrauchsgegenstände und ausgestopfte Tiere. Diese Objekte seiner Sammelleidenschaft bilden das Inventar des neugeschaffenen Hirschhorner Heimatmuseums, das heute eröffnet wird.
Carl Langbein wurde am 6. September 1816 in Hirschhorn geboren. Carl, der älteste von acht Geschwistern, entschloß sich, Kaufmann zu werden. Nachdem Langbein

seine Reiselust weitgehend gestillt und ein ansehnliches Vermögen verdient hatte, ließ er sich um 1840 als Gastwirt in Hirschhorn nieder. Hier starb er am 16. Oktober 1881.
Seine umfangreiche Sammlung vermittelt ein gutes Bild ihres Besitzers und seiner Zeit. Den Grundstock bildet die »Naturaliensammlung« aus selbstpräparierten Tieren: fast 300 Vögel und Kleinsäugetiere hat Langbein zusammengetragen, Sammelkästen mit Schmetterlingen und Käfern findet man hier neben Steinen, Muscheln und Schneckenhäusern. Das alles trug Langbein jedoch nicht aus zoologischem Interesse zusammen, sondern ihn faszinierten die Farben und Formen der auch heute noch lebendig und anschaulich wirkenden Tiere. (Odenwälder Zeitung, 23.9.85)

***Twain: Deutsche Sahne – die Kühe scheinen sie nicht zu spenden. Ein Teil des Frühstücks ist immer heiß: der Henkel der Kaffeekanne.** (NB)*

Dann die Butter – die falsche und geschmacklose Butter; kein Salz darin und hergestellt aus Gott weiß was.

Dann ist da das Beefsteak. Sie kennen es in Europa, aber sie wissen nicht, wie man es zubereitet. Sie schneiden es auch nicht richtig. Es kommt in einem kleinen, runden Zinnteller auf den Tisch. Es liegt in der Mitte dieses Tellers in einem Bett aus fettgetränkten Kartoffeln; es hat die Größe, Form und Stärke einer Männerhand, deren Daumen und Finger abgeschnitten sind. Es ist ein bißchen zu sehr »durch«, es ist ziemlich trocken, es schmeckt ziemlich fad, es erweckt keine Begeisterung.

Man stelle sich einen armen Verbannten vor, der dieses leblose Ding betrachtet; und man stelle sich vor, daß plötzlich ein Engel aus einem besseren Land herabgerauscht käme und ein mächtiges, auserlesenes, anderthalb Zoll dickes Lendensteak vor ihn hinsetzte, heiß und frisch vom Rost brutzelnd; mit aromatischem Pfeffer überstäubt; mit kleinen schmelzenden Butterstückchen von absoluter Frische und Reinheit garniert; der kostbare Fleischsaft ränne heraus in die Soße, in der Inselgruppen von Pilzen schwimmen; ein oder zwei Städtchen zarten, gelblichen Fettes schmückten einen Randbezirk dieser weitläufigen Beefsteaklandschaft; der lange weiße Knochen, der das Lendenstück vom Filet trennt, wäre noch an seinem Platz; und man stelle sich vor, daß der Engel auch eine große Tasse mit amerikanischem hausgebrauten Kaffee dazustellte, auf dem oben die Sahne schäumt, etwas echte Butter, fest, gelb und frisch, ein paar dampfend heiße Biskuits, einen Teller heißer Buchweizenfladen mit klarem Sirup – könnten Worte die Dankbarkeit dieses Verbannten beschreiben?

Das europäische Mittagessen ist besser als das europäische Frühstück, aber es hat seine Fehler und Mängel, es sättigt nicht. Der Verbannte kommt gierig und hungrig an den Tisch, er schluckt die Suppe hinunter – irgend etwas Unbestimmtes fehlt ihr; er denkt, der Fisch werde das sein, was er braucht – er ißt ihn und ist sich dessen nicht sicher; er denkt, der nächste Gang werde vielleicht derjenige sein, der die hungrige Stelle trifft – versucht ihn und merkt, daß auch daran irgend etwas fehlt. Und so macht er weiter, von Gang zu Gang, wie bei einem Jungen, der hinter einem Schmetterling her ist, welchen er jedesmal, wenn er sich niederläßt, beinahe erwischt, aber schließlich irgendwie überhaupt nicht bekommt; und zum Schluß ist es dem Verbannten und dem Jungen ungefähr gleich ergangen: der eine ist voll, aber nicht satt, der andere hat viel Bewegung, viel Spannung und eine schöne Menge Hoffnung gehabt, aber er besitzt keinen Schmetterling. Hier und da sagt ein Amerikaner, er könne sich erinnern, von einer europäischen Table d'hôte vollkommen satt aufgestanden zu sein; aber wir dürfen nicht übersehen, daß auch hier und da mal ein Amerikaner vorkommt, der lügt.

Die Anzahl der Gänge reicht aus; aber es ist eben eine so monotone Vielfalt *unbeeindruckender* Gänge. Es ist eine leblose Eintönigkeit von *»gut bis mittelmäßig«*. Es gibt keine Akzente. Wenn vielleicht der Hammel- oder Rindsbraten – ein großer, ordentlicher – auf den Tisch käme und in voller Sicht des Gastes aufgeschnitten würde, könnte das der Sache den richtigen Anstrich von Gediegenheit und Greifbarkeit geben; aber das machen sie nicht, sie reichen das in Scheiben geschnittene Fleisch auf einer Platte herum, und so bleibt man vollkommen unbewegt, es regt einen überhaupt nicht auf. Aber ein riesiger gebratener Truthahn, breit auf den Rücken gelegt, die Füße in der Luft, und der kräftige Saft rinnt ihm aus den fetten Seiten... aber ich kann ebensogut hier abbrechen, denn sie wüßten ja nicht, wie sie ihn zubereiten sollten. Nicht einmal ein Huhn können sie anständig kochen; und was das Tranchieren angeht, so besorgen sie das mit dem Beil.

Das ist ungefähr die übliche Speisekarte im Sommer:

Suppe (nicht näher bezeichnet).
Fisch: Seezunge, Lachs oder Weißfisch – meistens einigermaßen gut.
Braten: Hammel oder Rind – geschmacklos – mit Kartoffeln vom vergangenen Jahr.
Eine Pastete oder eine andere Zubereitung – meistens gut, je nachdem.
Ein Gemüse, als Galastück ganz für sich aufgetragen – meistens fade Linsen oder Fadenbohnen oder mittelmäßiger Spargel.
Brathuhn – so geschmacklos wie Papier.
Grüner Salat – einigermaßen gut.
Verdorbene Erdbeeren oder Kirschen.

Manchmal sind die Aprikosen und Feigen frisch, aber das ist kein großer Vorteil, da diese Früchte ohnehin keine Rolle spielen.

Die Weintrauben sind meistens gut, und manchmal gibt es aus Versehen einen ziemlich guten Pfirsich.

Die angeführte Karte wird nur unbedeutend abgewandelt. Nach vierzehn Tagen entdeckt man, daß die Abwandlungen nur scheinbar, nicht echt sind; in der dritten Woche bekommt man, was man in der ersten hatte, und in der vierten Woche dasselbe wie in der zweiten. Drei oder vier Monate dieser langweiligen Gleichfömigkeit bringen den robustesten Appetit um.

Jetzt, da ich dieses schreibe, ist es schon viele Monate her, seit ich eine nahrhafte Mahlzeit zu mir nahm, aber bald werde ich wieder eine haben – eine bescheidene, private Angelegenheit ganz für mich allein. Ich habe ein paar Gerichte ausgewählt und eine kleine Speisekarte aufgestellt, die einen Dampfer früher als ich nach Hause fahren wird, damit alles heiß ist, wenn ich komme

Ausländer werden an unserem Essen wahrscheinlich nicht mehr finden als wir an ihrem. Das ist nicht verwunderlich, denn ein Geschmack wird anerzogen, nicht angeboren. Ich könnte meine Speisekarte anpreisen, bis ich müde wäre; aber schließlich würde der Schotte den Kopf schütteln und sagen: »Wo ist euer Schafsfleischpudding?«, und der Fidschiinsulaner würde seufzen und sagen: »Wo ist euer Missionar?«

Ich besitze ein hübsches Talent für alles, was die Ernährung anbetrifft. Es hat fachmännische Anerkennung gefunden. Ich habe oft Rezepte für Kochbücher geliefert. Hier sind einige Entwürfe für Pasteten und anderes, die ich kürzlich für das geplante Kochbuch eines Freundes vorbereitet hatte, aber da ich vergaß, Diagramme und perspektivische Zeichnungen einzureichen, mußten sie natürlich fortgelassen werden:

Rezept für deutschen Kaffee

Man nehme ein Faß voll Wasser und bringe es zum Kochen; reibe ein Stück Zichorie an einer Kaffeebohne und befördere dann ersteres in das Wasser. Man setze das Kochen und Verdampfen fort, bis die Stärke des Geschmacks und Aromas von Kaffee und Zichorie auf das richtige Maß verringert worden sind; dann stelle man es zum Abkühlen ab. Nun schirre man die Überreste einer ehemaligen Kuh vom Pflug ab, stecke sie in eine hydraulische Presse, und wenn man einen Teelöffel voll jenes blaßblauen Saftes gewonnen hat, den ein deutscher Aberglauben als Milch betrachtet, mildere man die schändliche Wirkung, die ihm dessen hohe Konzentration verleiht, durch einen Eimer voll kalten Wassers und läute zum Frühstück. Man mische das Getränk in einer kalten Tasse, nehme es mit Mäßigung zu sich und lege einen feuchten Lappen um den Kopf, um sich vor Übererregtheit zu schützen.

Geflügel auf deutsche Art zu tranchieren

Man benutze eine Keule und meide die Gelenke.

Am Morgen frühstückten wir nach der angenehmen deutschen Sommersitte im Garten unter den Bäumen. Die Luft war erfüllt vom Duft der Blumen und wilder Tiere; rings um uns her befand sich der lebendige Teil des Gasthofes Zum Naturforscher. Da waren große Käfige, bevölkert mit flatternden und plappernden fremden Vögeln, und andere große Käfige und noch größere Drahtgehege, bevölkert mit Vierbeinern, einheimischen und fremden. Es gab auch einige frei umherlaufende Geschöpfe, und zwar recht gesellige. Weiße Kaninchen hoppelten daher, kamen gelegentlich heran und beschnüffelten unsere Schuhe und Schienbeine; ein Rehkitz mit einem roten Band um den Hals kam furchtlos heran und beäugte uns; Hühner und Tauben seltener Rassen bettelten um Krumen, und ein armer, alter, schwanzloser Rabe hüpfte mit demütiger, beschämter Miene herum, die besagte: »Bitte nehmen Sie meine Blöße nicht zur Kenntnis – stellen Sie sich vor, wie Sie sich in meiner Lage vorkämen, und seien Sie barmherzig.« Wenn man ihn allzusehr beachtete, zog er sich hinter irgend etwas zurück und blieb dort, bis er annahm, das Interesse der Gesellschaft hätte sich einem anderen Gegenstand zugewandt. Ich habe nie eine stumme Kreatur gesehen, die so krankhaft empfindlich gewesen wäre. Bayard Taylor, der die unklaren Denkvorgänge der Tiere deuten konnte und ihre Gemütsart besser als die meisten Menschen verstand, hätte einen Weg gefunden, diesen armen Burschen seinen Gram eine Zeitlang vergessen zu lassen, aber wir besaßen diese liebenswürdige Gabe nicht und mußten deshalb den Raben seinen Kümmernissen überlassen.

Nach dem Frühstück bestiegen wir den Berg und besuchten die alte Burg Hirschhorn und die verfallene Kirche daneben. An den Innenwänden der Kirche lehnten ein paar merkwürdige, alte Basreliefs – in Stein gemeißelte Edle von Hirschhorn in voller Rüstung und Edelfrauen von Hirschhorn in der malerischen Hoftracht des Mittelalters. Diese Dinge nehmen allmählich Schaden und verfallen, denn der letzte Hirschhorn ist seit zweihundert Jahren tot, und es gibt niemanden mehr, der Wert darauf legte, das Andenken der Familie zu erhalten. Im hohen Chor stand eine gewundene Steinsäule, und der Kapitän erzählte uns natürlich eine Sage darüber, denn was Sagen anbetraf,

Twain: Kirche in Hirschhorn – Loch unter der Ecke des Steinaltars – Legende erfinden. Verberge den Helden hier und lasse ihn schlafen und essen. Könnte des Nachts herauskommen und als Geist erscheinen. Keine Hunde erlaubt, sie würden ihn sonst entdekken.
(Die Kirche) Zu pompös. Zu viel Pomp für ihren Zweck. Übertrieben. Als würde man Muscheln mit der Harpune jagen. Opfer zu klein für die Waffe. (NB)

schien er sich nicht beherrschen zu können; aber ich gebe seine Erzählung nicht wieder, denn es war nichts Glaubhaftes daran, außer daß der Held diese Säule mit den Händen in ihre jetzige Schraubenform gezwungen habe – und zwar auf einen Ruck. Der ganze Rest der Sage war zweifelhaft.

Aber Hirschhorn sieht von weit flußabwärts her am besten aus. Die zusammengedrängten braunen Türme, die auf der grünen Kuppe thronen, und die alte zinnengekrönte Steinmauer, die zum grasbewachsenen Gipfel hinauf- und über ihn hinwegzieht, um in dem dahinterliegenden Laubmeer zu verschwinden, bieten dann einen Anblick, dessen Anmut und Schönheit das Auge ganz und gar befriedigen.

Von der Kirche aus stiegen wir steile, steinerne Stufen hinab, die sich hierhin und dahin durch enge Gäßchen zwischen den dichtstehenden und schmutzigen Häusern des Dorfes wanden. Es war ein Viertel, das mit verwachsenen, schielenden, verwahrlosten und ungekämmten Idioten wohl versehen war, die Hände oder Mützen ausstreckten und kläglich bettelten. Die Leute aus dem Viertel waren natürlich nicht alle Idioten, aber alle, die bettelten, schienen es zu sein und waren es auch, wie es hieß.

Ich dachte daran, mit einem Boot zur nächsten Stadt, Neckarsteinach, zu fahren, deshalb lief ich der Gesellschaft voraus an das Flußufer und fragte dort einen Mann, ob er ein Boot zu vermieten habe. Ich nehme an, daß ich Hochdeutsch, höfisches Deutsch, gesprochen habe – jedenfalls hatte ich diese Absicht –, deshalb verstand er mich nicht. Ich drehte und wendete meine Frage hin und her und versuchte, das Niveau dieses Mannes zu treffen, aber ohne Erfolg. Er konnte nicht herauskriegen, was ich wollte.

Nun kam Mr X., trat vor eben diesen Mann hin, blickte ihm ins Auge und packte folgenden Satz in außerordentlich zungenfertiger und zuversichtlicher Weise vor ihm aus: »Can man boat get here?«

Der Schiffer verstand und antwortete sofort. Ich kann begreifen, warum er imstande war, gerade diesen Satz zu verstehen, denn durch einen bloßen Zufall haben alle darin enthaltenen Wörter außer »get« im Deutschen denselben Klang und dieselbe Bedeutung wie im Englischen; aber wie er es fertigbrachte, Mr. X.s nächste Bemerkung zu verstehen, das war mir ein Rätsel. Ich werde sie gleich anführen. X. wandte sich einen Augenblick ab, und ich fragte den Schiffer, ob er nicht ein Brett auftreiben und dadurch einen zusätzlichen Sitz schaffen könnte. Ich sprach reinstes Deutsch; aber ich hätte ebensogut reinstes Choctaw sprechen können, soviel Zweck hatte es. Der Mann versuchte krampfhaft, mich zu verstehen; er versuchte und versuchte es immer wieder, immer eifriger, bis ich einsah, daß es wirklich keinen Zweck hatte, und sagte:

»Na, strengen Sie sich nicht so an; es hat keinen Sinn.« Dann wandte sich Mr. X. zu ihm und sagte: »Machen Sie a flat board.«

Möge mein Nachruf die Wahrheit über mich aussagen, wenn der Mann nicht sofort reagierte und sagte, er wolle ein Brett borgen gehen, sobald er die Pfeife angezündet habe, die er gerade füllte.

Wir änderten unsere Absicht, ein Boot zu nehmen, also brauchte er nicht zu gehen. Ich habe Mr. X.s zwei Bemerkungen genau so wiedergegeben, wie er sie gemacht hat. In der ersten waren vier der fünf Wörter englisch, und daß sie auch deutsch waren, war reiner Zufall, keine Absicht; in der zweiten Bemerkung waren drei der fünf Wörter englisch, und nur englisch, und die beiden deutschen bedeuteten in diesem Zusammenhang nichts Wesentliches.

X. sprach mit Deutschen immer Englisch, aber seine Methode war, den Satz von hinten nach vorn und von oben nach unten entsprechend dem deutschen Satzbau umzudrehen und hier und da ein deutsches Wort ohne wesentliche Bedeutung als Würze hineinzustreuen. Und dennoch machte er sich immer verständlich. Manchmal konnte er diese dialektsprechenden Flößer dazu bringen, ihn zu verstehen, wenn sogar der junge Z. bei ihnen versagt hatte; und der junge Z. sprach ziemlich gut Deutsch. Vor allem sprach X. immer mit solchem Selbstvertrauen – vielleicht half das. Und möglicherweise war der Dialekt der Flößer das sogenannte Plattdeutsch, und deshalb sein Englisch ihren Ohren vertrauter als das Deutsch eines anderen. Ganz mittelmäßige Kenner des Deutschen können Fritz Reuters bezaubernde plattdeutsche Erzählungen ziemlich leicht lesen, weil viele der Worte englisch sind. Ich nehme an, das ist die Sprache, die unsere sächsischen Vorfahren nach England mitgebracht haben. Gelegentlich werde ich mal einen Philologen befragen.

Inzwischen war jedoch durchgesickert, die Männer, die das Floß kalfatern sollten, hätten festgestellt, das Leck sei überhaupt kein Leck, sondern nur eine Spalte zwischen den Balken – eine Spalte, die dort hingehöre und nicht gefährlich sei, die nur die zerrüttete Phantasie des Maats zu einem Leck vergrößert hatte. Deshalb stiegen wir ziemlich zuversichtlich wieder an Bord und stachen alsbald ohne

Zwischenfall in See. Während wir sanft zwischen den reizvollen Ufern dahinglitten, gingen wir daran, unsere Eindrücke über Sitten und Gebräuche in Deutschland und anderswo auszutauschen.

Jetzt, viele Monate später, beim Schreiben, stelle ich fest, daß es jedem von uns gelungen war, durch fleißige tägliche Beobachtung, durch ebensolches Fragen und Zurkenntnisnehmen ein überaus mannigfaltiges und reichhaltiges Lager falscher Informationen anzulegen. Aber das ist nichts Erstaunliches; in jedem Lande ist es schwer, zutreffendes Tatsachenmaterial zusammenzutragen.

Wenn man einem Deutschen eine höfliche Frage stellt, kann man ganz sicher sein, eine höfliche Antwort zu bekommen. Wenn man auf der Straße einen Deutschen anhält und ihn bittet, einem den Weg zu einem bestimmten Ort zu erklären, zeigt er sich nicht beleidigt. Wenn der Ort schwierig zu finden sein sollte, wette ich zehn zu eins, daß der Mann seine eigenen Angelegenheiten im Stich läßt, mitgeht und einen führt. Auch in London sind oft Leute mehrere Straßenblocks weit mitgegangen, um mir den Weg zu zeigen. An dieser Art Höflichkeit ist etwas sehr Angenehmes. Sehr oft haben mir in Deutschland Ladenbesitzer, die den gewünschten Artikel nicht hatten, einen ihrer Angestellten mitgegeben, um mir ein Geschäft zu zeigen, wo ich ihn bekommen konnte.

Ausflug auf den Dilsberg und eine tragische Legende

Aber ich komme vom Floß ab. Wir erreichten pünktlich den Hafen Neckarsteinach, gingen zum Hotel und bestellten eine Forellenmahlzeit, die bereitstehen sollte, wenn wir von einer zweistündigen Wanderung zu Dorf und Burg Dilsberg zurückkämen, welche eine Meile entfernt am anderen Ufer des Flusses liegen. Ich meine damit nicht, daß wir für zwei Meilen zwei Stunden brauchen wollten – nein, die meiste Zeit wollten wir dazu verwenden, Dilsberg zu besichtigen.

Denn Dilsberg ist ein wunderlicher Ort. Er ist auch höchst wunderlich und malerisch gelegen. Man stelle sich vor, der schöne Fluß liege vor einem; dann ein paar Dutzend Yard leuchtendgrünen Rasens auf dem gegenüberliegenden Ufer; dann ein schroffer Berg – keine vorbereitenden, sanft ansteigenden Hänge, sondern sozusagen ein sich unvermittelt erhebender Berg – ein Berg, der zweihundertfünfzig oder dreihundert Fuß hoch ist, rund wie eine Schüssel, mit derselben Verjüngung nach oben wie eine umgestülpte Schüssel, mit etwa demselben Verhältnis der Höhe zum Durchmesser, wie es eine richtig tiefe Schüssel aufweist – ein Berg, der dicht mit grünem Gebüsch bedeckt ist, ein hübscher, wohlgestalteter Berg, der jäh aus der Eintönigkeit der umgebenden grünen Ebenen emporragt, aus großer Entfernung von den Windungen des Flusses her sichtbar ist und oben auf dem Scheitel gerade genug Platz hat für sein mit Türmen, Spitzen und dichtgedrängten Dächern geschmücktes Käppchen aus Gebäuden, die zusammengedrängt und zusammengepreßt innerhalb des vollkommen runden Reifens der alten Stadtmauer liegen.

Auf dem ganzen Berg gibt es außerhalb der Mauer kein Haus und auch nicht die Spur eines ehemaligen Hauses; alle Häuser stehen innerhalb der Mauer, aber für eines mehr ist kein Platz. Es besteht kein Zwischenraum zwischen der Mauer und dem ersten Häuserring; nein, die Stadtmauer selbst ist die Rückwand des ersten Häuserringes, und die Dächer ragen ein Stückchen über die Mauer hinaus und versehen diese dadurch mit Traufen. Die einheitliche Höhe der dichtgedrängten Dächer wird von den herausragenden Türmen der zerstörten Burg und den hohen Glockentürmen mehrerer Kirchen anmutig unterbrochen und aufgelockert; daher bietet Dilsberg aus der Ferne eher den Anblick einer Königskrone als den einer Kappe. Diese hohe, grüne Erhebung und ihre wunderliche Krone geben im Schein der Abendsonne ein sehr eindrucksvolles Bild ab, das kann man glauben.

Wir setzten in einem Boot über und begannen den Aufstieg auf einem engen, steilen Pfad, der uns sogleich in den laubreichen Tiefen des Buschwerks untertauchen ließ. Aber es waren keineswegs kühle Tiefen, denn die Sonne brannte heiß, und es ging wenig oder gar kein Wind, um die Hitze zu mildern. Während wir die steile Steigung hinaufkeuchten, begegneten wir gelegentlich braunen, bloßköpfigen und barfüßigen Jungen und Mädchen und manchmal Männern; sie prallten unvermittelt auf uns, grüßten, verschwanden in den Büschen und waren so plötzlich und geheimnisvoll weg, wie sie gekommen waren. Sie gingen zur Arbeit auf das andere Ufer des Flusses. Viele Generationen dieser Leute haben den Pfad beschritten. Stets sind sie in das Tal hinuntergezogen, um ihr Brot zu verdienen, aber stets haben sie wieder ihren Berg bestiegen, um es zu essen und um in ihrer gemütlichen Stadt zu schlafen.

Es heißt, daß nicht viele Dilsberger auswandern; sie finden, dort oben über der Welt, in ihrem friedlichen Nest zu wohnen, sei angenehmer als unten in der unruhigen Welt. Die siebenhundert Einwohner sind auch alle miteinander blutsverwandt; sie sind seit fünfzehnhundert Jahren immer miteinander blutsverwandt gewesen; sie sind einfach eine große Familie, und sie mögen Einheimische lieber als Fremde; deswegen bleiben sie beharrlich zu Hause. Man hat behauptet, daß Dilsberg seit vielen Menschenaltern nur noch eine blühende, betriebsame Idiotenfabrik sei. Ich habe dort keine Idioten gesehen, aber der Kapitän sagte: »Weil in den letzten Jahren die Regierung dazu übergegangen ist, sie in Heilanstalten und anderswohin zu verschleppen; und die Regierung will auch die Fabrik lahmlegen und versucht, diese Dilsberger dazu zu bewegen, daß sie außerhalb der Familie heiraten, aber das mögen sie nicht.«

Wahrscheinlich hat sich der Kapitän das alles ausgedacht, denn die moderne Wissenschaft bestreitet, daß Verwandtenehen ein Geschlecht verdürben.

Innerhalb der Stadtmauer angelangt, fanden wir die üblichen Dorfbilder und das übliche Dorfleben vor. Wir gingen eine enge, krumme Gasse entlang, die im Mittelalter gepflastert worden war. Ein stämmiges, rotbackiges Mädchen klopfte gerade in einem kleinen, schuhschachtelgroßen Schuppen Flachs oder irgend so ein Zeug, und sie schwang mit Begeisterung ihren Dreschflegel – wenn es ein Dreschflegel war; ich bin nicht Landmann genug, um zu wissen, was sie vorhatte. Ein schlampiges, barfüßiges Mädchen hütete mit einem Stock ein halbes Dutzend Gänse – trieb sie die Gasse entlang und hielt sie aus den Wohnungen heraus. Ein Böttcher arbeitete in einer Werkstatt, in der er nichts so Großes wie ein Weinfaß herstellte, das weiß ich, denn es war kein Platz dafür. Mädchen und Frauen kochten oder spannen in den Vorderzimmern der Wohnungen, und Enten und Hühner watschelten über die Schwelle hinein oder heraus, wobei sie zufällig daliegende Krumen aufpickten und sich angenehm unterhielten. Ein sehr alter, runzliger Mann saß vor seiner Tür und schlief, das Kinn auf der Brust und die erloschene Pfeife auf dem Schoß. Überall die Gasse entlang spielten schmutzige Kinder im Dreck und ließen sich nicht von der Sonne stören.

Mit Ausnahme des schlafenden alten Mannes waren alle an der Arbeit, aber dennoch war der Ort still und friedlich; so still, daß das ferne Gackern der erfolgreichen Henne an unser Ohr drang, ohne durch dazwischentönende Laute erheblich gedämpft zu werden. Das verbreitetste aller Dorfbilder fehlte hier: die öffentliche Pumpe mit ihrem großen Steinbecken oder -trog voll klaren Wassers und die dazugehörige Gruppe tratschender Wasserträger mit ihren Krügen; denn auf diesem hohen Berge gibt es keinen Brunnen, keine Quelle; man benutzt Zisternen mit Regenwasser.

Unsere Bergstöcke und Musselinschwänze erregten Aufmerksamkeit, und während wir durch den Ort schritten, sammelten wir eine beträchtliche Prozession kleiner Jungen und Mädchen auf, so daß wir mit ziemlichem Pomp zur Burg zogen. Sie erwies sich als umfangreicher Komplex zerbröckelnder Mauern, Gewölbe und Türme, massig, zu malerischer Wirkung gruppiert, voller Unkraut, grasbewachsen und durchaus zufriedenstellend. Die Kinder dienten uns als Fremdenführer; sie führten uns auf der Krone der höchsten Mauern entlang, nahmen uns dann mit in einen hohen Turm und zeigten uns eine weite, schöne Landschaft, die auf der einen Seite wogende Weiten bewaldeter Berge und eine nähere Aussicht auf wellige Striche grünen Tieflands, auf der anderen Seite mit Burgen geschmückte Felsen und Bergketten umfaßte, während der Neckar in leuchtenden Schleifen dazwischen hinfloß. Aber das wichtigste Schaustück, der größte Stolz der Kinder, war der alte und leere Brunnen im grasbewachsenen Schloßhof. Seine massive, steinerne Einfassung erhebt sich drei oder vier Fuß über den Boden und ist heil und unbe-

Mark Twain ist in seinem Reisebericht, was das Kapitel über den Dilsberg betrifft, erstaunlich in die Details gegangen, was den Schluß nahelegt, daß er selber auf dem Dilsberg war. Diese Details betreffen:
a) die Schilderung der Landschaft um den Dilsberg
b) die Behauptung von der Inzucht über die Dilsberger Familien (historisch völlig unsinnig, da Dilsberg wie kein anderer Ort bei Heidelberg aufgrund seiner militärischen Nutzung der Bevölkerungsfluktuation ausgesetzt war!)
c) die Schilderung des Dilsberger Burgbrunnens und seines damals nur sagenhaft existierenden Brunnenstollens.
Ich kann mir eigentlich nicht vorstellen, daß Mark Twain von all diesen Details nur gehört und dann daraus seinen anschaulichen Reisebericht geschrieben haben könnte. Bei aller Fabulierkunst von Mark Twain scheint mir demnach sicher zu sein, daß Mark Twain wirklich auf dem Dilsberg weilte. (Ortsvorsteher Stefan Wiltschko, Dilsberg)

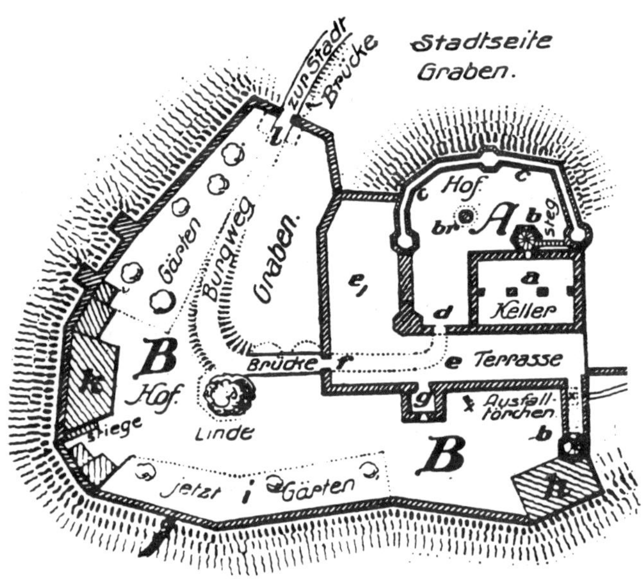

schädigt. Die Kinder sagten, im Mittelalter sei dieser Brunnen vierhundert Fuß tief gewesen und habe in Krieg und Frieden das ganze Städtchen reichlich mit Wasser versorgt. Sie sagten, in jener alten Zeit habe sein Grund unter dem Neckarspiegel gelegen, daher sei die Wasserzufuhr unerschöpflich gewesen.

Aber einige meinten, er sei überhaupt gar kein Brunnen und niemals tiefer als jetzt gewesen, nämlich achtzig Fuß; in dieser Tiefe zweige ein unterirdischer Gang ab und führe allmählich abwärts zu einer entfernten Stelle im Tal, wo er in einen Keller oder einen anderen verborgenen Winkel münde, und das Geheimnis dieses Ortes sei jetzt verlorengegangen. Diejenigen, die zu dieser Annahme neigen, sagen, das würde erklären, warum Dilsberg, das Tilly und mancher andere Feldherr vor ihm belagert habe, niemals eingenommen worden ist: nach den längsten und härtesten Belagerungen bemerkten die Belagerer immer erstaunt, daß die Belagerten so fett und heiter wie nur je waren und auch gut mit Munition versehen – also müsse es so gewesen sein, daß die Dilsberger die ganze Zeit hindurch diese Dinge durch den unterirdischen Gang herangeschafft hätten.

Die Kinder sagten, es gäbe da unten tatsächlich einen unterirdischen Ausgang, und sie wollten es beweisen. Sie setzten also ein großes Strohbündel in Brand und warfen es in den Brunnen hinein, während wir uns über die Einfassung beugten und beobachteten, wie die glühende Masse hinabsank. Sie fiel auf den Grund und brannte allmählich aus. Es kam kein Rauch herauf. Die Kinder klatschten in die Hände und sagten: »Sehen Sie wohl! Nichts raucht so sehr wie brennendes Stroh – also wohin ist der Rauch gezogen, wenn kein unterirdischer Ausgang da wäre?«

Es war also ganz augenscheinlich, daß es den unterirdischen Gang wirklich gab. Aber das Schönste im Bereich der Ruine war eine prachtvolle Linde, von der die Kinder sagten, sie wäre vierhundert Jahre alt, und so alt war sie zweifellos. Sie hatte einen mächtigen Stamm, und Äste und Laub besaßen eine beträchtliche Spannweite. Die Äste in der Nähe des Bodens waren beinahe faßdick.

Dieser Baum hatte die Angriffe gepanzerter Männer miterlebt – wie fern scheint eine solche Zeit zu liegen, und wie unbegreiflich ist die Tatsache, daß wirkliche Menschen jemals in wirklichen Rüstungen gekämpft haben! –, und er hatte die Zeit erlebt, als diese zerstörten Gewölbe und zerbröckelnden Zinnen eine schmucke, starke und stattliche

Der große Humorist konnte nicht ahnen, daß 70 Jahre später seine amerikanischen Landsleute mit dem Jeep oder dem Chevrolet die Straße zum Dilsberg hinaufbrausen... (Rhein Neckar Zeitung, 3.1.49)

Es war einmal in Amerika. Der Knabe Fritz v. Briesen las bei Mark Twain von der alten Feste Dilsberg und dem sagenumwobenen tiefen Burgbrunnen. Nun, viele Jahre später machte Mr. Briesen eine Reise in die Heimat seines Großvaters, Deutschland. Voller Erwartung stand er eines Tages im Hof der Burg. Er spähte in die Tiefe, aber der schwarze Schlund gab kein Geheimnis preis, trotz des wiederholt durch einen brennenden Strohwisch erhellten Bodens. Kurzerhand entschloß sich der Unternehmungslustige, in den Brunnen einzusteigen. Welch ein gefährliches Wagnis! Schloßmaurermeister Roth ließ sich bewegen, ihn mittels eines Seiles, an dessen Ende ein Brett befestigt war, in den Schacht abzulassen...! Er fand nichts. Erst nach Jahrzehnten sollte der Jugendtraum in Erfüllung gehen. Auf einer zweiten Deutschlandfahrt kam v. Briesen abermals auf den Dilsberg. Er sprach mit dem

Sohn des inzwischen verstorbenen Maurermeisters, griff in die Tasche und stellte eine namhafte Summe zur Verfügung. Mit Eifer ging's ans Werk, und bald verkündete eine Tafel: »Dieser Stollen wurde 1926 mit den von Fritz von Briesen in New York gestifteten Mitteln freigelegt.« Auf dem alten Brunnenplan im Kurpfälzischen Museum zu Heidelberg sind seltsamerweise noch weitere, bisher unbekannte Gänge eingezeichnet. (J. Bernhard, Die Bergfeste Dilsberg)

Was die Sage von Mark Twain angeht (über Katharina usw.), so habe ich diese alten Dilsberger Bürgern mit profundem Dorfwissen vorgelegt, sie ist im Ort Dilsberg unbekannt. (Stefan Wiltschko)

Festung bildeten, die ihre bunten Banner in der Sonne wehen ließ und mit tätigen Menschen bevölkert war – wie unglaublich lange scheint das her zu sein! –, und hier steht er noch und wird möglicherweise immer noch hier stehen, sich sonnen und seine Träume aus geschichtlicher Vergangenheit träumen, wenn sich das Heute den Tagen hinzugesellt haben wird, die man »die alte Zeit« nennt.

Na schön, wir setzten uns zum Rauchen unter den Baum, und der Kapitän entledigte sich seiner Sage.

Die Sage der Burg Dilsberg

Das war so. In alter Zeit war im Schloß einmal eine große Gesellschaft versammelt, und die Festfreude schlug hohe Wellen. Natürlich gab es ein Spukzimmer im Schloß, und eines Tages war davon die Rede. Es hieß, daß jeder, der darin schliefe, erst fünfzig Jahre später wieder erwachte. Als das aber ein junger Ritter namens Konrad von Geisberg hörte, sagte er, wenn das Schloß ihm gehörte, würde er jenes Zimmer zerstören, damit kein Tor die Möglichkeit hätte, ein so furchtbares Unglück über sich zu bringen und diejenigen, die ihn liebten, durch die Erinnerung daran zu quälen. Prompt steckte die Gesellschaft heimlich die Köpfe zusammen, um einen Weg auszuhecken, wie man diesen abergläubischen jungen Mann dazu bekäme, in jener Kammer zu schlafen. Und es gelang ihnen – wie folgt. Sie überredeten seine Braut, ein liebliches, mutwilliges junges Geschöpf, Nichte des Schloßherrn, ihnen bei ihrem Komplott zu helfen. Sie nahm ihn sogleich beiseite und sprach mit ihm. Sie wandte alle Überredungskünste an, konnte ihn aber nicht erschüttern; er sagte, er glaube fest daran, daß er fünfzig Jahre lang nicht mehr erwachen würde, wenn er dort schliefe, und es schauderte ihn, daran zu denken. Katharina fing an zu weinen. Das war ein besseres Argument; Konrad konnte ihm nicht standhalten. Er gab nach und sagte, sie solle ihren Willen haben, wenn sie nur wieder lächeln und froh sein wolle. Sie schlang die Arme um seinen Hals, und die Küsse, die sie ihm gab, bewiesen, daß ihre Dankbarkeit und ihre Freude sehr echt waren. Dann eilte sie, der Gesellschaft von ihrem Erfolg zu berichten, und der Beifall, den sie erhielt, machte sie froh und stolz, ihren Auftrag übernommen zu haben, denn sie hatte ganz allein geschafft, was der Menge mißlungen war.

An jenem Abend wurde Konrad nach dem üblichen Festmahl um Mitternacht zum Spukzimmer gebracht, und dort ließ man ihn. Er schlief allmählich ein.

Als er wieder erwachte und um sich blickte, stockte ihm vor Entsetzen das Herz! Die Kammer sah ganz anders aus. Die Wände waren moderig und hingen voll alter Spinnweben; die Vorhänge und das Bettzeug waren verkommen; die Einrichtung war wackelig und drohte auseinanderzufallen. Er sprang aus dem Bett, aber die zitternden Knie gaben unter ihm nach, und er fiel zu Boden.

»Das ist die Altersschwäche«, sagte er.

Er stand auf und suchte seine Kleidung. Es war keine Kleidung mehr. Die Farben waren dahin, die Gewänder rissen an vielen Stellen ein, während er sie anzog. Schaudernd floh er auf den Gang hinaus und ihn entlang bis zum großen Saal. Hier begegnete er einem Fremden mittleren Alters mit freundlichem Gesicht, der stehenblieb und ihn überrascht anblickte. Konrad sagte: »Guter Herr, möchtet Ihr Herrn Ulrich herschicken?«

Der Fremde schaute einen Augenblick lang verwirrt drein, dann sagte er: »Herrn Ulrich?«

»Ja – wenn Ihr so gut sein wollt.«

Der Fremde rief: »Wilhelm!«

Ein junger Diener kam, und der Fremde sagte zu ihm: »Befindet sich unter den Gästen ein Herr Ulrich?«

»Ich kenne niemanden dieses Namens, so es Euer Gnaden gefällt.«

Konrad sagte zögernd: »Ich meinte keinen Gast, sondern den Schloßherrn.«

Der Fremde und der Diener wechselten verwunderte Blicke. Dann sagte ersterer: »Ich bin der Schloßherr.«

»Seit wann?«

»Seit dem Tode meines Vaters, des guten Herrn Ulrich, vor mehr als vierzig Jahren.«

Konrad sank auf eine Bank nieder und bedeckte das Gesicht mit den Händen, wiegte sich hin und her und stöhnte. Der Fremde sagte mit leiser Stimme zum Diener: »Ich fürchte, dieser arme Mensch ist verrückt. Rufe jemanden.«

Sogleich kamen mehrere Leute und stellten sich flüsternd ringsherum auf. Konrad blickte auf und prüfte eindringlich die Gesichter um sich her. Dann schüttelte er den Kopf und sagte mit kummervoller Stimme:

»Nein, es ist keiner unter euch, den ich kenne. Ich bin alt und allein auf der Welt. Alle, die mich gern hatten, sind tot und seit vielen Jahren dahin. Aber sicher können einige dieser Alten, die ich um mich herum sehe, mir etwas über sie sagen.«

Mehrere gebeugte und zitternde Männer und Frauen kamen heran und beantworteten seine Fragen über jeden früheren Freund, sowie er die Namen nannte. Dieser, so sagten sie, sei schon zehn Jahre tot, jener schon zwanzig, ein anderer schon dreißig. Jeder neue Schlag traf schwerer und schwerer.

Schließlich sagte der Gequälte: »Da ist noch jemand, aber ich habe nicht den Mut zu – oh, meine verlorene Katharina!«

Eine der alten Frauen sagte: »Ach, ich kenne sie gut, arme Seele! Ihren Liebsten traf ein Unglück, und aus Kummer starb sie vor fast fünfzig Jahren. Sie liegt unter der Linde draußen im Hof.«

Konrad senkte den Kopf und sagte: »Ach, warum bin ich nur aufgewacht! Sie starb also aus Kummer um mich, das arme Kind! So jung, so süß, so gut. Sie hat im ganzen kurzen Sommer ihres Lebens nie wissentlich etwas Böses getan. Ihre Liebesschuld soll beglichen werden – denn ich will vor Kummer um sie sterben.«

Sein Kopf sank ihm auf die Brust. Plötzlich gab es einen tollen Ausbruch lustigen Gelächters, ein paar runde, junge Arme flogen Konrad um den Hals, und eine süße Stimme rief: »Hier, mein Konrad, deine lieben Worte bringen mich um – die Posse soll nicht weitergehen! Kopf hoch und lache mit – es war alles nur ein Scherz!«

Er schaute auf und starrte sie betäubt vor Verwunderung an – denn die Verkleidungen fielen, und die alten Männer und Frauen waren wieder frisch, jung und lustig.

Katharinas fröhliches Mundwerk lief weiter: »Es war ein fabelhafter Spaß, und großartig gemacht. Sie haben dir ein starkes Schlafmittel gegeben, bevor du zu Bett gingst, und in der Nacht haben sie dich in eine verfallene Kammer gebracht, wo alles vom Alter verwittert ist, und diese Kleiderfetzen neben dich gelegt. Und als du ausgeschlafen hattest und herauskamst, waren hier zwei Fremde, die ihre Rollen gut beherrschten, um dich zu empfangen; und wir alle, deine Freunde, standen verkleidet in der Nähe, um zuzusehen und zuzuhören, darauf kannst du dich verlassen. Oh, das war ein großartiger Spaß! Nun komm, bereite dich auf die Freuden des Tages vor. Wie echt war dein Jammer in dem Augenblick, armer Kerl! Kopf hoch und lache!«

Er blickte auf, forschte geistesabwesend in den fröhlichen Gesichtern, seufzte dann und sagte: »Ich bin müde, gute Freunde; ich bitte euch, führt mich zu ihrem Grab.«

Jedes Lächeln schwand, alle Wangen erbleichten, Katharina sank ohnmächtig zu Boden.

Den ganzen Tag über gingen die Leute mit bekümmerten Mienen im Schloß umher und verständigten sich halblaut miteinander. Ein quälendes Schweigen herrschte an dem Ort, der vor kurzem so voll fröhlichen Lebens gewesen war. Alle versuchten nacheinander, Konrad seinem Wahne zu entreißen und ihn zu sich zu bringen; aber die einzige Antwort, die jeder erhielt, waren ein demütiger, verwirrter Blick und die Worte: »Guter Fremder, ich habe keine Freunde, alle sind vor vielen Jahren zur Ruhe gegangen. Ihr sprecht freundlich zu mir, Ihr meint es gut mit mir, aber ich kenne Euch nicht; ich bin allein und verlassen auf der Welt – bitte, führt mich zu ihrem Grab.«

30. Jan. 1879, München. Ich habe eine kleine nette Legende für Schloß Dilsberg erfunden; möglicherweise die einzige, die ich für dieses Buch selber schreiben sollte; weiß noch nicht. (HL)

Zwei Jahre lang verbrachte Konrad seine Tage vom frühen Morgen bis in die Nacht hinein unter der Linde und trauerte über dem imaginären Grab seiner Katharina. Katharina war die einzige Gesellschafterin des harmlosen Irren. Er war sehr freundlich zu ihr, denn er sagte, in mancher Hinsicht erinnere sie ihn an seine Katharina, die er »vor fünfzig Jahren« verloren hätte. Oft sagte er: »Sie war so fröhlich, so übermütig – aber Ihr lächelt niemals; und immer, wenn Ihr denkt, ich sehe es nicht, weint Ihr.«

Als Konrad starb, begrub man ihn nach seiner Weisung unter der Linde, damit er »bei seiner armen Katharina« ruhen könne. Dann saß Katharina allein unter der Linde, jeden Tag von Morgen bis Abend, viele Jahre lang, sprach mit niemandem und lächelte nie; und schließlich wurde ihre lange Reue mit dem Tode belohnt, und sie wurde an Konrads Seite beerdigt.

Ehemalige Dilsberger Burglinde. 1923 von einem Luftwirbel gefällt.

Der Zusammenstoß und andere Scherben

Harris machte dem Kapitän eine Freude, indem er sagte, es sei eine gute Geschichte; und er machte ihm noch mehr Freude, als er zufügte: »Nachdem ich jetzt diesen mächtigen Baum gesehen habe, der mit seinen vierhundert Jahren so viel Lebenskraft besitzt, fühle ich den Wunsch, um *seinetwillen* die Sage zu glauben; ich werde also dem Wunsche nachgeben und glauben, daß der Baum tatsächlich über diesen armen Herzen wacht und eine Art menschliche Zärtlichkeit für sie empfindet.«

Wir kehrten nach Neckarsteinach zurück, tauchten die heißen Köpfe in den Trog an der Stadtpumpe, gingen dann ins Hotel und aßen im Garten in aller Behaglichkeit und Muße unsere Forellen; dabei floß der schöne Neckar zu unseren Füßen dahin, der seltsame Dilsberg ragte gegenüber auf, und die anmutigen Türme und Zinnen zweier mittelalterlicher Burgen (»Schwalbennest« und »Die Brüder«) betonten das zerklüftete Landschaftsbild einer Flußbiegung zu unserer Rechten. Wir stachen rechtzeitig in See, um vor Einbruch der Dunkelheit die acht Meilen lange Strecke bis Heidelberg zurückzulegen. In der milden Glut des Sonnenuntergangs fuhren wir am Hotel vorüber und schossen mit der reißenden Strömung in die enge Durchfahrt zwischen den Dämmen hinein. Ich glaubte, selbst unter der Brücke hindurchsteuern zu können, und so ging ich zu den drei Stämmen an der Spitze und nahm dem Steuermann die Stange und die Verantwortung ab.

Wir rasten in ungeheuer aufregendem Stil dahin, und ich erfüllte die heiklen Pflichten meines Amtes für einen ersten Versuch wirklich sehr gut, aber da ich plötzlich bemerkte, daß ich tatsächlich dabei war, die Brücke selbst anzusteuern statt des Gewölbes unter ihr, trat ich verständig genug an Land. Im nächsten Augenblick war mein lang gehegter Wunsch erfüllt: ich sah ein Floß zerschellen. Es traf den Pfeiler genau in der Mitte und zersplitterte und zerfetzte wie eine vom Blitz getroffene Schachtel Streichhölzer.

Ich war der einzige aus unserer Gesellschaft, der diesen großartigen Anblick erlebte; die anderen posierten gerade vor einer langen Reihe junger Damen, die am Ufer promenierten, und versäumten ihn deshalb. Aber ich half dabei, sie unterhalb der Brücke aus dem Fluß zu fischen, und beschrieb es ihnen dann, so gut ich konnte. Sie waren jedoch nicht daran interessiert. Sie sagten, sie wären naß, kämen sich lächerlich vor und machten sich überhaupt nichts aus Szenenbeschreibungen. Die jungen Damen und andere Leute drängten sich um uns und zeigten sehr viel Mitgefühl, aber das half nichts, denn meine Freunde sagten, sie wünschten kein Mitgefühl, sie wünschten sich nur ein Seitengäßchen und Abgeschiedenheit.

Selbiger Brückenpfosten diente dem Corps Frankonia für einen jährlichen Schabernack. Der Neckar war noch nicht gestaut, so blieb genügend Platz für viele Studenten und ein Riesenfaß Bier, oder auch mehr. Man ließ sich übersetzen, soff das Bier und warf sich gegenseitig in den Neckar, um zurück ans rettende Ufer zu schwimmen. Es gilt jedoch als unwahrscheinlich, daß dies absichtliche Rammen des Pfeilers durch Mr. Clemens ein Protest gegen den Alkohol gewesen ist.

Der nächste Morgen brachte gute Nachrichten – endlich war unser großes Gepäck aus Hamburg eingetroffen. Der Leser sei hiermit gewarnt. Die Deutschen sind sehr gewissenhaft, und dieser Charakterzug macht sie sehr eigen. Deshalb nimmt ein Deutscher, wenn man ihm sagt, man wolle etwas sofort getan haben, einen beim Wort; er denkt, man meine auch, was man sagt; also tut er die Sache sofort – entsprechend seiner Vorstellung von sofort –, was etwa eine Woche bedeutet; das soll heißen, es bedeutet eine Woche, wenn es sich auf die Anfertigung eines Kleidungsstückes bezieht, oder es bedeutet anderthalb Stunden, wenn es sich auf das Zubereiten einer Forelle bezieht. Nun gut, wenn man einem Deutschen sagt, er solle einem den Reisekoffer »nicht als Eilgut« zuschicken, nimmt er einen beim Wort; er schickt ihn »nicht als Eilgut«, und Sie können sich nicht vorstellen, wie lange Sie in immer größere Bewunderung vor der Kraft dieses Ausdrucks in der deutschen

Das Erlebnis des Neckartals reichte aus, um Mark Twains Phantasie gehörig anzustacheln; so wurde eine Floßfahrt heraufbeschworen. Twains Biograph Justin Kaplan glaubt, daß diese fiktive Floßfahrt eine entscheidende Angelegenheit war; er sieht sie als Parodie auf Huckleberry Finns und Jims Reise den Mississippi hinunter; ein Versuch die Blockade seiner Kreativität zu durchbrechen, an der Twains Arbeit am

»Huckleberry Finn« litt. Falls das wahr ist, können wir Heidelberg für einen der größten Romane der amerikanischen Literatur danken. (MTH)

Sprache geraten, bis sie den Koffer bekommen. Als ich meinen Überseekoffer in Hamburg zum Versand fertig machte, war das Fell auf ihm weich und dicht und ganz brauchbar; er war kahl, als er in Heidelberg eintraf. Er war jedoch noch ganz, das war ein Trost, er war überhaupt nicht verbeult; die Gepäckleute in Deutschland schienen mit dem Gepäck, das ihren Händen anvertraut war, peinlich vorsichtig umzugehen. Nun stand unserer Abreise nichts mehr im Wege, und so gingen wir an unsere Vorbereitungen.

Natürlich galt meine Hauptsorge meiner Sammlung von Keramiken. Natürlich konnte ich sie nicht mitnehmen; das wäre unzweckmäßig und außerdem gefährlich gewesen.

In der Tat besaß Twain einen solchen etruskischen Tränenkrug. Er hatte ihn 1867 von seinem »Quaker City« Trip mit nach Haus gebracht. Eine Liste seiner damaligen Souvenirs

bezeugt: »Tränenkrug aus einer etruskischen Stadt nahe Cicita Vecchia, vergraben bevor Herculaneum (oder Ercolano, wurde 79 n.Chr. durch einen Vesuvausbruch verschüttet) erbaut wurde. Dieser Krug ist 4000 Jahre alt.« (NB)

Ich holte Rat ein, aber die besten Nippeskenner waren geteilter Meinung, welches der klügste Weg wäre. Einige sagten, ich solle die Sammlung zusammenpacken und auf einem Speicher lagern; andere sagten, ich solle versuchen, ob sie das Großherzogliche Museum in Mannheim zur sicheren Aufbewahrung nehme. Also teilte ich die Sammlung und folgte dem Rat beider Parteien. Dem Museum behielt ich diejenigen Stücke vor, die am zerbrechlichsten und kostbarsten waren.

Unter diesen befand sich mein etruskischer Tränenkrug. Ich habe hier eine kleine Skizze davon angefertigt. Das Ding, das an der Seite hochkriecht, ist keine Wanze, es ist ein Loch. Diesen Krug habe ich bei einem Antiquitätenhändler für vierhundertfünfzig Dollar gekauft. Er ist etwas sehr Seltenes. Der Mann sagte, die Etrusker hätten gewöhnlich Tränen oder so etwas in diesen Dingern aufbewahrt, und es sei jetzt schwer, auch nur einen zerbrochenen zu erwischen. Ich zweigte auch meinen Teller im Stil Heinrich II. ab. Siehe die Skizze aus meiner Hand; im ganzen stimmt sie, obwohl ich glaube, daß ich vielleicht die eine Seite ein bißchen zu stark verkürzt habe. Er ist sehr hübsch und selten; die Form ist äußerst elegant und ungewöhnlich. Er trägt ein wundervolles Dekor, aber ich kann es nicht wiedergeben. Er hat noch mehr als der Tränenkrug gekostet, denn der Händler sagte, es gäbe auf der ganzen Welt keinen Teller, der ihm genau gliche. Er sagte, es sei viel gefälschtes Heinrich II. in Umlauf, aber die Echtheit dieses Stückes sei nicht zu bezweifeln. Er zeigte mir seinen Stammbaum oder seinen Lebenslauf, wenn man so will; das war ein Dokument, das die Stationen dieses Tellers von seiner Geburt an verfolgte – aufzeigte, wer ihn gekauft hatte, von wem, und was er dafür bezahlt hatte –, vom ersten Käufer an bis herunter zu mir, wobei ich feststellte, daß er ständig im Preis gestiegen war, von fünfunddreißig Cent bis auf siebenhundert Dollar. Er sagte, die ganze Keramikwelt würde erfahren, daß er nun in meinem Besitz sei, und würde sich das notieren, einschließlich des Kaufpreises.

Ich zweigte auch mein erlesenes Stück von altem blauen Chinaporzellan ab. Man hält es für das schönste noch vorhandene Stück chinesischer Kunst. Ich spreche nicht von der verfälschten chinesischen Kunst der heutigen Zeit, sondern von jener edlen, reinen und echten Kunst, die unter der fördernden und verständnisvollen Obhut der Tschung-a-Lung-Fung-Dynastie in Blüte stand.

Ich habe versucht, eine Spur dieser Twain-Hinterlassenschaft ausfindig zu machen. Jedoch trotz vieler Telefonate ohne Erfolg. Das Großherzogliche Museum wurde nach dem 1. Weltkrieg aufgelöst und der Bestand ging in verschiedene andere Museen über. Die angeführten Teile sind heute nicht mehr auffindbar. Es gibt allerdings ein Gerücht, daß bei einem Brand vor dem Kriege (im Krieg war das Museumsgut ausgelagert und überstand so die Bombenelimінierung der Stadt 1945) eine blaue Katze geschmolzen (!) sei.

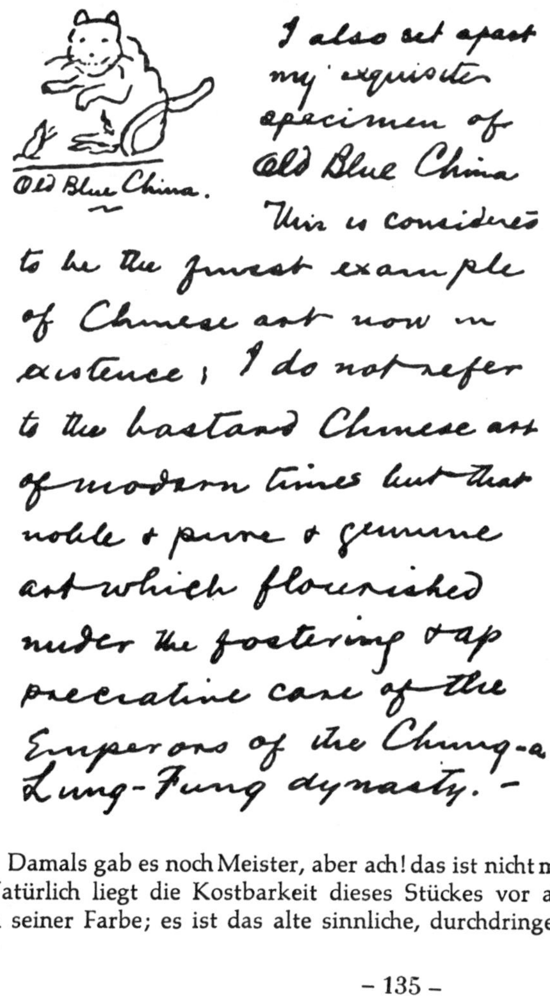

I also set apart my exquisite specimen of Old Blue China This is considered to be the finest example of Chinese art now in existence; I do not refer to the bastard Chinese art of modern times but that noble & pure & genuine art which flourished under the fostering & appreciative care of the Emperors of the Chung-a-Lung-Fung dynasty. –

Damals gab es noch Meister, aber ach! das ist nicht mehr. Natürlich liegt die Kostbarkeit dieses Stückes vor allem in seiner Farbe; es ist das alte sinnliche, durchdringende, sich verzweigende, interpolierende, transboreale Blau, das die moderne Kunst zur Verzweiflung bringt. Die kleine Skizze, die ich von diesem Juwel angefertigt habe, kann ihm nicht gerecht werden und tut es auch nicht, da ich die Farbe weglassen mußte. Aber den Ausdruck habe ich doch eingefangen.

Ich darf aber die Zeit des Lesers nicht mit diesen Einzelheiten verplempern. Anfangs wollte ich überhaupt nicht ins einzelne gehen, aber diese Schwäche hat jeder echte Keramiker oder echte Anhänger irgendeines Zweiges der Nippeserei, daß er, sobald seine Zunge oder seine Feder einmal das Lieblingsthema aufgreift, nicht wieder aufhören kann, bis er vor Erschöpfung umfällt. Er spürt das Dahinschwinden der Zeit nicht mehr als jeder andere Liebende, der von seinem Schatz erzählt. Schon die bloßen »Zeichen« auf dem Boden eines seltenen Geschirrstückes bringen es fertig, mich in plappernde Ekstase zu versetzen; und ich könnte einen ertrinkenden Verwandten im Stich lassen, um mitzudiskutieren, ob der Stöpsel eines verlorengegangenen Buen-Retiro-Riechfläschchens echt oder gefälscht ist.

Viele Leute sagen, die Jagd auf Nippes stelle für eine männliche Person eine ebenso robuste Beschäftigung dar, wie etwa Puppenkleider zu nähen oder Japantöpfe mit Abziehbildern von Schmetterlingen zu dekorieren, und diese Leute bewerfen den Geschmack besitzenden Engländer Byng mit Schmutz, der ein Buch »Der Nippesjäger« geschrieben hat, und machen sich über ihn lustig, weil er nach »seinen jämmerlichen Kinkerlitzchen«, wie sie es ausdrücken, umherjagt und weil er für diese Kinkerlitzchen »schwärmt« und sein »höchstes, kindisches Entzücken« an dem zur Schau stellt, was sie eine »billige Sammlung armseligen Schundes« nennen, und weil er sein Buch mit einem Bilde von sich selbst einleitet, wie er in »alberner, selbstzufriedener Haltung inmitten seines armen, kleinen, lächerlichen Nippes-Trödlerladens« sitzt.

Es ist leicht, so etwas zu sagen; es ist leicht, uns zu schmähen, leicht, uns zu verachten; mögen also diese Leute weiterschimpfen; sie können nicht so empfinden, wie Byng und ich empfinden – das ist ihr Schaden, nicht der unsere. Ich für mein Teil bin froh, Nippesist und Keramiker zu sein – ja mehr, ich bin stolz, so zu heißen. Ich bin stolz zu wissen, daß ich in Gegenwart eines seltenen Kruges, der ein berühmtes Zeichen auf der Rückseite trägt, so unmittelbar den Verstand verliere, als hätte ich diesen Krug gerade geleert. Schön; ich packte einen Teil meiner Sammlung ein und brachte ihn auf ein Lager, und den Rest durfte ich der Obhut des Großherzoglichen Museums in Mannheim anvertrauen. Meine Katze aus altem blauen Chinaporzellan ist noch dort. Ich habe sie dieser hervorragenden Institution zum Geschenk gemacht.

Nur ein einziges Mißgeschick hatte ich mit meinen Sachen. Beim Packen zerbrach ein Ei, das ich am selben Morgen vom Frühstück zurückbehalten hatte. Das war sehr schade. Ich hatte es den besten Kennern in Heidelberg gezeigt, und sie sagten alle, es wäre ein antikes Stück. Einen oder zwei Tage verbrachten wir mit Abschiedsbesuchen und brachen dann nach Baden-Baden auf. Es war eine angenehme Reise, denn das Rheintal ist immer reizend. Nur schade, daß sie so kurz war. Wenn ich mich recht erinnere, dauerte sie nur ein paar Stunden; ich schließe daraus, daß die Entfernung wenig mehr als fünfzig Meilen, wenn überhaupt so viel, betrug. In Oos verließen wir den Zug und wanderten das ganze restliche Stück bis Baden-Baden, mit Ausnahme einer Strecke von weniger als einer Stunde, die wir auf einem vorüberkommenden Wagen mitfahren durften, da es ermüdend heiß war. In die Stadt gelangten wir zu Fuß.

Baden in Baden-Baden

Die ganze Familie nebst Anhang begab sich am 23. Juli nach Baden-Baden. Am nächsten Morgen brachen sie mit der Kutsche zu einem Dreitagetrip in den Schwarzwald auf und kamen am 26. mit dem Zug zurück. Am 1. August stieß Twains guter Freund Twichell zu der Gruppe. Die beiden wanderten die Route über Allerheiligen und Forbach, Schönmünzach und Ottenhöfen, die im Baedecker Reiseführer von 1873 empfohlen wurde. Am 5. fuhren die zwei mit dem Zug nach Heidelberg, von dort ging es nach Heilbronn und dann, großteils per Schiff, den Neckar hinunter, rechtzeitig zurück zur Schloßbeleuchtung in Heidelberg.

BADEBLATT

für die Grossherzogliche Stadt Baden.

Amtliche Fremdenliste

LISTE OFFICIELLE DES ÉTRANGERS.

Eisenbahn-Abgang nach — 64. Jahrgang. — Eisenbahn-Ankunft von

Haupt-Fremdenliste vom 27. Juli 1878.

...ckway, Miss, und
...ckway, W. H., Wisconsin (Amerika).

Französischer Hof. *Hôtel de France.*

Clemens, S., mit Fam. u. Bed., 6 Pers., Amerika

Hotel Friedrichsbad. *Hôtel Friedrichsbad.*

Walter mit Tochter,
Briestle, Frl., und
Gentz, C., Secretär, mit Tochter, Carlsruhe.

Germania. *A la Germania.*

...ler, Th., mit Gattin, St. Georgen, ...
Hauser, Frau, Kuppenheim

Grüner Baum. *Hôtel de l'Arbre vert.*

... R., Werden.

Baden, 26. Juli. Nachstehendes Allerhöchstes Handschreiben Ihrer Majestät der Kaiserin beehre ich mich hiermit zur Kenntniß der hiesigen Einwohnerschaft zu bringen:

„Ich bitte Sie, Allen die Mir „einen so freundlichen Empfang bereitet haben, Meinen herzlichen „Dank dafür auszusprechen. Der „Kaiser wird Sich über diese Nachricht freuen, da er stets Baden die „altbewährte Anhänglichkeit widmet."

Baden, den 26. Juli 1878.

Augusta.

An den Großherzoglichen Stadtdirektor Frhrn. von Göler.

Baden-Baden liegt im Schoße der Berge, und die natürlichen und die künstlich geschaffenen Schönheiten der Umgebung bilden eine wirkungsvolle und bezaubernde Einheit. In dem ebenen Grund, der sich durch die Stadt hindurch und über die Stadt hinaus erstreckt, hat man schöne Parks angelegt, die von prächtigen Bäumen beschattet und in Abständen mit hohen, glitzernden Springbrunnen geschmückt sind. Dreimal am Tag spielt auf der Promenade vor dem Kurhaus eine gute Musikkapelle, und nachmittags und abends wimmelt dieser Ort von elegant gekleideten Leuten beiderlei Geschlechts, die an dem großen Musikpodium vorbei auf und ab wandeln und sehr gelangweilt aussehen, obwohl sie so tun, als wären sie es nicht. Das sieht nach einem ziemlich ziellosen und stumpfsinnigen Dasein aus. Jedoch ist ein großer Teil dieser Leute aus einem triftigen Grunde da: sie werden von Rheumatismus geplagt und sind hier, um ihn in den heißen Bädern auszuschwitzen. Diese Invaliden sahen recht melancholisch aus, wie sie auf ihren Stöcken und Krücken umherhinkten und offenbar über traurige Dinge aller Art grübelten. Es heißt, Deutschland mit seinen feuchten Steinhäusern sei die Heimat des Rheumatismus. Wenn das so ist, muß die Vorsehung das vorausgesehen und deswegen das Land mit diesen Heilbädern ausgestattet haben. Wohl kein anderes Land ist mit Heilquellen so reich gesegnet wie Deutschland. Einige dieser Bäder sind für das eine Leiden gut, andere für ein anderes; besondere Leiden wiederum werden bezwungen, indem man die individuellen Eigenschaften verschiedener Bäder miteinander kombiniert. Zum Beispiel trinkt der Patient gegen einige Krankheiten das einheimische heiße Wasser von Baden-Baden, in dem ein Löffel Salz aus den Karlsbader Quellen aufgelöst ist. Das ist eine Dosis, die man nicht gleich vergißt.

Twain: Sonntagabend, am 11. Heute abend ist eine große Menge unterwegs um die Band am Fremersberg zu hören. Ich nehme an, es handelt sich hierbei um sehr »niedrige« Musik. Ich weiß, es muß sich dabei um minderwertige Musik handeln, denn sie erfreute mich ungemein; sie wärmte mein Inneres, sie bewegte mich, ließ mich abheben. Sie nahm mich so gefangen, daß ich manchesmal hätte weinen können und zu anderer Zeit provozierte sie mich fast, aus voller Kehle loszuschreien. Die große Menschenansammlung war ein weiterer Beweis dafür, daß es sich um niedere Musik handeln muß. Nur wenige sind gebildet genug um bei hochklassischer Musik Freude zu empfinden. Ich habe niemals genügend klassische Musik gehört um mich daran erfreuen zu können. Die einfache Wahrheit ist: ich verabscheue sie. Nicht nur oberflächlich, nein, mit ganzem Herzen. (NB)

Dieses heiße Wasser wird nicht *verkauft*; nein, man geht in die große Trinkhalle und steht herum, erst auf einem Bein und dann auf dem anderen, während zwei oder drei junge Mädchen in der Nähe sitzen, an einer damenhaften Handarbeit pusseln und einen anscheinend nicht wahrnehmen – höflich wie die Hilfsschreiber auf einer Behörde.

Schließlich steht eine von ihnen mühselig auf und »streckt sich« – dehnt Fäuste und Leib gen Himmel, bis sich die Fersen vom Boden lösen, und erfrischt sich gleichzeitig durch ein so umfassendes Gähnen, daß der größte Teil ihres Gesichts hinter der Oberlippe verschwindet und man sehen kann, wie sie inwendig gebaut ist – dann schließt sie langsam ihre Höhle, senkt Fäuste und Fersen, kommt träge nach vorn, betrachtet einen verächtlich, zapft einem ein Glas heißes Wasser ab und stellt es da hin, wo man es erreichen kann, wenn man sich danach ausstreckt.

Man nimmt es und sagt: »Kostet?« – und sie gibt mit vollendeter Gleichgültigkeit die Antwort eines Bettlers zurück: »Nach Belieben.«

Daß sie den üblichen Trick und die übliche Formel der

Bettler anwendet, einen der eigenen Freigebigkeit zu überlassen, wenn man einen einfachen, ehrlichen, geschäftlichen Vorgang erwartet hat, erhöht noch ein wenig das wachsende Gefühl der Verärgerung.

Man ignoriert ihre Antwort und fragt wieder: »Kostet?«

Und sie antwortet gelassen, gleichgültig: »Nach Belieben.«

Allmählich wird man wütend, versucht aber, es nicht zu zeigen; man beschließt, so lange weiterzufragen, bis sie ihre Antwort oder wenigstens ihre aufreizend gleichgültige Art ändert. Wenn der Fall so liegt wie meiner, stehen also die beiden Narren da, blicken einander ohne merkliche Erregung irgendwelcher Art oder Betonung irgendeiner Silbe sanft in die Augen und führen die folgende idiotische Unterhaltung:

Twain: Im Frühjahr hörte ich im Wald einen Kuckuck, den ersten den ich jemals außerhalb einer Uhr gehört habe. War überrascht, wie genau er die Uhr imitierte, obwohl er ja keinesfalls zuvor eine Uhr gehört hat. Wenn es etwas zu hassen gibt in dieser Welt, dann ist es eine Kuckucksuhr.

»Kostet?«
»Nach Belieben.«
»Kostet?«
»Nach Belieben.«
»Kostet?«
»Nach Belieben.«
»Kostet?«
»Nach Belieben.«
»Kostet?«
»Nach Belieben.«
»Kostet?«
»Nach Belieben.«

Ich weiß nicht, was jemand anders getan hätte, aber an dieser Stelle gab ich es auf: dieser gußeisernen Gleichgültigkeit, dieser gelassenen Verachtung war ich nicht gewachsen, und ich strich die Flagge. Nun wußte ich zwar, daß sie von tapferen Leuten, die sich nicht um die Meinung von Küchenmädchen kümmern, gewöhnlich etwa einen Penny erhielt und etwa zwei Pennies von moralischen Feiglingen; ich aber legte ein silbernes Fünfundzwanzigcentstück in ihre Reichweite und versuchte, sie durch folgende sarkastische Ansprache kleinzukriegen:

»Wenn es nicht reichen sollte, würden Sie sich bitte so weit von Ihrem Thron herablassen, mir das zu sagen?«

Sie wurde nicht klein. Ohne mich überhaupt eines Blickes zu würdigen, ergriff sie träge die Münze und biß hinein! – um zu sehen, ob sie echt wäre. Dann wandte sie mir den Rücken zu, watschelte geruhsam zu ihrem früheren Platz zurück und warf im Vorbeigehen das Geld in eine offene Kasse. Wie man sieht, blieb sie bis zuletzt Siegerin.

Ich habe mich über das Verhalten dieses Mädchens ausführlich ausgelassen, weil es typisch ist; ihr Benehmen ist das Benehmen eines großen Teils der Baden-Badener Geschäftsleute. Der dortige Geschäftsmann betrügt einen, wenn er kann, und beleidigt einen, ob es ihm nun gelingt, einen zu betrügen, oder nicht. Die Pächter der Bäder geben sich ebenfalls große und beharrliche Mühe, einen zu beleidigen. Die schlampige Frau, die am Pult im Vorraum des großen Friedrichsbades saß und Badekarten verkaufte, beleidigte mich nicht nur zweimal täglich in unwandelbarer Treue ihrem wichtigen Amt gegenüber, sondern sie gab sich auch eines Tages so viel Mühe, mich um einen Schilling zu betrügen, daß sie von Rechts wegen zehn hätte bekommen müssen. Die glänzenden Spieler von Baden-Baden sind dahin, nur seine mikroskopisch kleinen Schurken sind geblieben.

Ein englischer Herr, der seit mehreren Jahren dort wohnte, sagte: »Wenn Sie Ihre Nationalität verbergen könnten, würden Sie hier keinerlei Unverschämtheiten zu spüren bekommen. Diese Geschäftsleute verabscheuen die Engländer und verachten die Amerikaner; sie sind zu beiden grob, besonders aber gegenüber Damen Ihrer und meiner Nationalität. Wenn Damen ohne Begleitung eines Herrn oder eines männlichen Bediensteten einkaufen gehen, sind sie ziemlich sicher kleinen Unverschämtheiten ausgesetzt – Unverschämtheiten, die eher im Betragen und im Ton liegen als in den Worten, obwohl es nicht immer an schwer erträglichen Worten fehlt. Ich kenne einen Fall, wo ein Geschäftsmann einer amerikanischen Dame mit der bissig vorgebrachten Bemerkung eine Münze zurückwarf: ›Wir nehmen hier kein französisches Geld.‹ – Und ich kenne einen Fall, wo eine englische Dame einem dieser Geschäftsleute sagte: ›Glauben Sie nicht, daß Sie für diese Ware zuviel verlangen?‹ und dieser mit der Frage antwortete: ›Glauben Sie, daß Sie gezwungen sind, sie zu kaufen?‹ Jedoch sind diese Leute Russen oder Deutschen gegenüber nicht unhöflich. Und was Rang und Würden anbetrifft, so beten sie diese an, denn sie sind an Generäle und Adlige seit langem gewöhnt. Wenn Sie sehen wollen, in welche Abgründe die Unterwürfigkeit herabsinken kann, dann stellen Sie mal einen Baden-Badener Geschäftsmann einem russischen Fürsten vor.«

Es ist ein fades Städtchen, überall trifft man auf leeren Schein, kleinlichen Betrug und Aufgeblasenheit, aber die Bäder sind gut. Ich habe mit vielen Leuten gesprochen, und sie waren sich alle darin einig. Drei Jahre lang hatte ich dauernd rheumatische Schmerzanfälle, aber der letzte ver-

*Twain: **Schrecklich heißer Tag heute. Nahm im Friedrich ein Bad. Abends zeitig zu Bett. Neue Magazine von daheim. Ich habe sie mir den ganzen Tag aufgespart und noch keine Seite aufgeschnitten.** (Es handelte sich hierbei um die Juliausgaben von »Harper's New Monthly Magazin« und dem »Atlantic Monthly«.) **Twichell der Arsch schreibt und geht zum Konzert. Ich liege und rauche und bin weise.** (NB)*

schwand, nachdem ich vierzehn Tage dort gebadet hatte, und ich habe seither nie wieder welche durchgemacht. Ich glaube fest daran, daß ich meinen Rheumatismus in Baden-Baden gelassen habe. Er steht Baden-Baden gern zur Verfügung. Es war wenig, aber mehr hatte ich nicht zu geben. Ich hätte gern etwas Ansteckendes zurückgelassen, aber das lag nicht in meiner Macht.

Aber überall in Europa, ausgenommen in den Bergen, ist das Wasser so schal und fad, daß Worte es gar nicht beschreiben können. Es wird lauwarm serviert; aber gleichviel, Eis könnte ihm nicht helfen; es ist hoffnungslos schal, hoffnungslos fad. Es taugt nur zum Waschen; ich wundere mich, daß es dem Durchschnittsbewohner nicht einfällt, es versuchsweise dafür zu verwenden. In Europa sagen die Leute verachtungsvoll: »Hier trinkt niemand Wasser.« Sie haben wahrhaftig einen guten und ausreichenden Grund dafür. An vielen Orten haben sie sogar einen Grund, den man Vorbeugung nennen könnte. In Paris und München zum Beispiel sagt man: »Trinken Sie das Wasser nicht, es ist einfach Gift.«

Mit der Ankunft Twichells steigt die Anzahl der Eintragungen in Mark Twains Notizbuch erheblich. Die Ergebnisse der angeregten Konversationen, Persönliches und Anekdoten, Erinnerungen an gemeinsame Abenteuer beflügeln Twain. Es ist ganz klar, daß Twichell als »Harris« bei der Entstehung dieses Buches eine entscheidende Rolle gespielt hat. Er war der Katalysator Twain'scher Erfindungen. Twain schrieb seinem Gefolgsmann später ein Dankschreiben: »... ***Ich war entmutigt, da ich mit dem Buch nicht weiterkam. Was für ein Fehler... die Stimmung macht alles aus, nicht das Material.«*** *(NB)*

Entweder ist Amerika gesünder als Europa, trotz seiner »tödlichen« Schwelgerei in Eiswasser, oder es führt über seine Sterblichkeitsziffer nicht so genau Buch wie Europa. Ich glaube, wir führen die Sterbestatistik genau; und wenn es so ist, sind unsere Städte gesünder als die Städte Europas. Allmonatlich stellt die deutsche Regierung eine Tabelle über die Sterblichkeitsziffern der Welt auf und veröffentlicht sie. Ich habe mir diese Ziffern mehrere Monate hindurch notiert, und es war ganz merkwürdig, wie regelmäßig und hartnäckig jede Stadt die gleiche Sterblichkeitsquote Monat für Monat wiederholte. Die Tabellen hätten ebensogut wiederbenutzt werden können, so wenig änderten sie sich. Sie basieren auf wöchentlichen Meldungen, welche die durchschnittliche Zahl der Sterbefälle je Tausend der Bevölkerung in einem Jahr angeben. München war stets mit seinen 33 Todesfällen je Tausend seiner Bevölkerung (Jahresdurchschnitt) vertreten, Chicago ebenso konstant mit seinen 15 oder 17, Dublin mit seinen 48 und so weiter. Nur wenige amerikanische Städte erscheinen in diesen Tabellen, aber sie sind so weit über das Land verteilt, daß sie einen guten allgemeinen Durchschnitt des Gesundheitszustandes in den *Großstädten* der Vereinigten Staaten wiedergeben; und ich glaube, man wird zugeben, daß unsere Kleinstädte und Dörfer gesünder sind als unsere Großstädte.

Hier folgt der Durchschnitt der amerikanischen Städte, die in den deutschen Tabellen erscheinen:

Chicago, 16 Todesfälle jährlich auf tausend Einwohner; Philadelphia 18; St. Louis 18; San Francisco 19; New York (das Dublin Amerikas) 23.

Sehen Sie nun, wie die Zahlen hinaufschnellen, sobald man die transatlantische Liste erreicht:

Paris 27; Glasgow 27; London 28; Wien 28; Augsburg 28; Braunschweig 28; Königsberg 29; Köln 29; Dresden 29; Hamburg 29; Berlin 30; Bombay 30; Warschau 31; Breslau 31; Odessa 32; München 33; Straßburg 33; Pest 35; Kassel 35; Lissabon 36; Liverpool 36; Prag 37; Madras 37; Bukarest 39; St. Petersburg 40; Triest 40; Alexandria (Ägypten) 43; Dublin 48; Kalkutta 55.

Edinburgh ist genau so gesund wie New York – 23; aber in der ganzen Liste ist keine *Großstadt* enthalten, die gesünder wäre, ausgenommen Frankfurt am Main – 20. Aber Frankfurt ist nicht so gesund wie Chicago, San Francisco, St. Louis oder Philadelphia.

Vielleicht würde eine genaue Ermittlung des Weltdurchschnitts ergeben, daß auf einen Sterbefall von Tausend der amerikanischen Bevölkerung zwei von Tausend der anderen Völker kommen.

Ich möchte nichts unterstellen, aber ich glaube, die oben angeführten Statistiken deuten dunkel an, daß die Leute hier drüben »heimlich« dieses abscheuliche Wasser trinken.

Wir hatten in Baden-Baden ein schlichtes, einfaches, bescheidenes, gutes Hotel, das Hôtel de France, und neben meinem Zimmer wohnte eine kichernde, gackernde, schnatternde Familie, die immer genau zwei Stunden nach mir zu Bett ging und immer genau zwei Stunden vor mir aufstand. Aber das ist in deutschen Hotels üblich; die Leute gehen allgemein lange nach elf zu Bett und stehen lange vor acht auf. Die Trennwände leiten den Schall wie ein Trommelfell weiter, und jedermann weiß das; aber dennoch macht eine deutsche Familie, die bei Tage ganz Freundlichkeit und Rücksichtnahme ist, nachts offenbar keinen Versuch, dir zuliebe ihre Geräusche zu dämpfen. Sie singen, lachen und sprechen laut und bumsen in ganz herzloser Weise die Möbel herum. Wenn man flehend an die Wand klopft, werden sie einen Augenblick ruhiger und besprechen den Fall leise untereinander – dann fangen sie wie die Mäuse wieder an, einen zu drangsalieren, und zwar so energisch wie vorher. Dafür, daß es so geräuschvolle Leute sind, sind sie grausam spät und früh auf den Beinen.

Wenn man anfängt, die Gewohnheiten von Ausländern zu bemäkeln, wird man natürlich, bevor man noch weit

***Twain:* Der Schwarzwald ist zu nahe an Baden-Baden, als daß man ihn ertragen könnte. Immerhin, wenn man hinwandert, verläßt man Baden-Baden.**

Die Amerikaner und Engländer werden hier besonders abgelehnt.

Sieh Neapel und stirb. Aber versuch zu sterben, bevor du Baden-Baden siehst.

Falls sie Brot aus dem Schwarzwald hatten, war die Speisung der 5000 kein Wunder.

damit gekommen ist, gemahnt werden, vor der eigenen Tür zu kehren. Ich schlage mein Notizbuch auf, um nachzusehen, ob ich noch weitere verwendbare Informationen über Baden-Baden finden kann, und als erstes fällt mein Blick auf folgendes:

»*Baden-Baden* (ohne Datum). Heute morgen beim Frühstück eine Menge lärmender Amerikaner. Redeten zu *jedermann,* während sie vorgaben, miteinander zu reden. Offensichtlich auf ihrer ersten Reise. Gaben an. Die üblichen Merkmale – leichte, lässige Hinweise auf weite Entfernungen und ausländische Orte. ›Na, mach's gut, alter Knabe, und wenn ich dich in Italien nicht treffe, stöberst du mich in London auf, bevor du abfährst.‹«

Twain: Nur 18 M. für großes Zimmer und zwei große Schlafzimmer im 1. Stock des Hotel de France. (NB)

In Baden-Baden gibt es einen interessanten alten Friedhof, und wir verbrachten mehrere angenehme Stunden damit, ihn zu durchwandern und die Inschriften auf den alten Grabsteinen zu entziffern. Wenn jemand ein oder zwei Jahrhunderte lang dort gelegen hat und eine ganze Anzahl Leute über ihm bestattet worden sind, denkt man offenbar, daß er seinen Grabstein nicht mehr brauche. Ich schließe das aus der Tatsache, daß man Hunderte von alten Grabsteinen von den Gräbern entfernt und gegen die Innenmauern des Friedhofs gelehnt hat. Was gab es in den alten Zeiten doch für Künstler! Sie meißelten Engel, Cherubim, Teufel und Gerippe höchst verschwenderisch und großzügig auf die Grabsteine – was die Menge betrifft –, aber eigentümlich grotesk und fremdartig, was die Form angeht. Es ist nicht immer leicht zu sagen, welche Figuren zu den Seligen gehören und welche zur Gegenpartei. Aber auf einem dieser alten Steine stand eine französische Inschrift, wunderlich und hübsch, die offensichtlich nur das Werk eines Dichters sein konnte. Sie lautete etwa:

HIER
RUHT IN GOTT
CAROLINE DE CLERY
EINE NONNE VON ST. DENIS
83 JAHRE ALT – UND BLIND
DAS LICHT WURDE IHR WIEDERGEGEBEN
IN BADEN 1839 AM 5. JANUAR

Ici
repose en Dieu
Caroline de Clery,
ancienne religieuse
à St. Denis,
agèe de 83 ans
& aveugle.
Elle fut rendue à la lumière
à Baden le 5 Janiver 1839.

Wir machten verschiedene Wanderungen nach benachbarten Dörfern, über gewundene und schöne Straßen und durch eine bezaubernde Waldlandschaft. Die Wälder und Straßen ähnelten denen bei Heidelberg, waren aber nicht so berückend. Ich nehme an, daß es selten auf der Welt Straßen und Wälder gibt, die denen um Heidelberg ebenbürtig sind.

Als Twain und Twichell aus Heidelberg zurückkehren, ist die restliche Reisegesellschaft schon in die Schweiz vorausgefahren. Twain hatte Georg Burk angeheuert. Dieser sollte der Familie zur Verfügung stehen, wenn Twain und Twichell zu zweit unterwegs waren. Livy schrieb ihrer Mutter am 5. August: »Wir haben einen sehr guten Reisebegleiter (er war der Portier des Schloß-Hotels in Heidelberg, während wir da wohnten).« (NB)

Wanderungen durch den Schwarzwald

Von Baden-Baden aus machten wir den üblichen Abstecher in den Schwarzwald. Die meiste Zeit über waren wir auf den Beinen. Man kann diese edlen Wälder ebensowenig beschreiben wie die Empfindung, die sie hervorrufen. Ein Zug dieser Empfindung ist jedoch ein Gefühl tiefer Zufriedenheit; ein anderer Zug ist eine heitere, jungenhafte Fröhlichkeit; und ein dritter und deutlich spürbarer Zug ist das Gefühl, daß die Alltagswelt weit entfernt und daß man von ihr und ihren Angelegenheiten vollkommen befreit sei.

Diese Wälder erstrecken sich ohne Unterbrechung über ein riesiges Gebiet; und überall sind sie sehr dicht, sehr still, sehr harzig und duftend. Die Baumstämme sind stark und geradegewachsen, und an vielen Stellen ist der Boden meilenweit unter einem dichten Moospolster von leuchtendgrüner Farbe verborgen, dessen Oberfläche keine welken oder rissigen Stellen aufweist und dessen makellose Sauberkeit kein herabgefallenes Ästchen oder Blatt befleckt. Das satte Dämmerlicht einer Kathedrale durchdringt die Säulengänge; die vereinzelten Sonnenflecke, die hier auf einen Stamm und dort auf einen Ast treffen, treten deshalb stark hervor, und wenn sie auf das Moos treffen, so scheint das beinahe zu brennen. Aber die sonderbarste und zauberhafteste Wirkung bringt das zerstreute Licht der tiefstehenden Nachmittagssonne hervor; da vermag kein einzelner Strahl in die Tiefe zu dringen, doch das diffuse Licht nimmt die Farbe von Moos und Laubwerk an und durchflutet den Wald wie ein schwacher, grüngetönter Dunst, das Bühnenfeuer des Feenreiches. Der Hauch des Geheimnisvollen und des Übernatürlichen, der zu allen Zeiten im Walde spukt, wird durch dieses unirdische Glühen noch verstärkt.

Wir fanden die Bauernhäuser und Dörfer im Schwarzwald genau so, wie die Schwarzwaldgeschichten sie schildern. Das erste echte Exemplar, auf das wir stießen, war der Wohnsitz eines reichen Bauern und Gemeinderatsmitglieds. Er stellte in der Gegend eine wichtige Persönlichkeit dar, und seine Frau natürlich auch. Seine Tochter war die »gute Partie« der ganzen Umgebung, und ich könnte mir denken, daß sie inzwischen bereits als Heldin eines der Romane von Auerbach der Unsterblichkeit entgegengeht. Wir werden es ja sehen, denn wenn er sie darin aufnimmt, erkenne ich sie an der Schwarzwaldtracht und an ihrer Sonnenbräune, an der rundlichen Gestalt, den fetten Händen, dem stumpfen Gesichtsausdruck, dem freundlichen Wesen, den großen Füßen, dem haubenlosen Kopf und den geflochtenen Zöpfen aus flachsblondem Haar, die ihr den Rücken hinabhängen, wieder.

Das Haus war groß genug für ein Hotel; es war hundert Fuß lang, fünfzig breit und vom Boden bis zur Dachrinne zehn Fuß hoch; aber von der Dachrinne bis zum First waren es mindestens vierzig Fuß, vielleicht sogar mehr. Dieses Dach bestand aus einer alten, lehmfarbigen, ein Fuß dicken Strohschicht und war, ausgenommen ein paar unbedeutende Stellen, über und über mit üppig wucherndem grünem Pflanzenwuchs, hauptsächlich Moos, bedeckt. Die moosfreien Flecken waren Stellen, wo man durch Einfügen neuer, heller Lagen von gelbem Stroh das Dach ausgebessert hatte. Die Traufen reichten weit herab wie schutzbietende, einladende Fittiche. Quer über die Giebelwand, die auf die Straße blickte, zog sich etwa zehn Fuß hoch über dem Boden ein schmaler Balkon mit hölzernem Geländer hin; eine Reihe kleiner Fenster mit sehr kleinen Scheiben sah auf den Balkon hinaus. Darüber befanden sich zwei oder drei weitere kleine Fenster, eines ganz oben unter dem spitzen Dachfirst. Vor der Tür im Erdgeschoß lag ein gewaltiger Misthaufen. Die Tür eines Zimmers im ersten Stock an der Längsseite des Hauses stand offen und wurde vom Hinterteil einer Kuh eingenommen. War das etwa das Gesellschaftszimmer?

Die ganze vordere Hälfte des Hauses schien von unten bis oben mit Menschen, Kühen und Hühnern angefüllt zu sein, und die ganze hintere Hälfte mit Zugvieh und Heu. Aber das charakteristische Merkmal dieses ganzen Hauses bildeten die großen Misthaufen, die draußen herumlagen.

Im Schwarzwald wurden wir mit diesem Düngemittel sehr vertraut. Unbewußt gewöhnten wir uns an, die gesellschaftliche Stellung eines Mannes nach diesem ins Auge fallenden, aufschlußreichen Kennzeichen zu beurteilen. Manchmal sagten wir: »Das ist offensichtlich ein armer Teufel.« Wenn wir eine stattliche Anhäufung sahen, sagten wir: »Das ist ein Bankier.« Wenn wir zu einem Landsitz kamen, der von einer alpenähnlichen Dungpracht umgeben war, sagten wir: »Zweifellos wohnt hier ein Herzog«.

Die Bedeutung dieses Kennzeichens hat man in den Schwarzwaldgeschichten nicht genügend hervorgehoben. Der Mist ist offensichtlich der größte Reichtum des Schwarzwälders – seine Währung, sein Schatz, sein Stolz, sein »alter Meister«, seine Keramiksammlung, sein Nippes, seine Herzenssache, sein Anspruch auf allgemeine Wertschätzung, Neid, Verehrung, und seine erste Sorge, wenn er sich anschickt, sein Testament zu machen.

»Warum sollte es Ihnen nicht auch da gefallen, wo sich Mark Twain wohlfühlte?« So beginnt der Werbeprospekt des Hotel Pflug in Ottenhöfen 1985. Auf der aktuellen Speisekarte wird für 19,50 DM die Forelle »Mark Twain« angeboten.

Eines Tages aßen wir in einem sehr hübschen Dorf (Ottenhöfen) im Gasthof Zum Pflug gebackene Forelle zu Mittag und gingen dann in die Gaststube, um uns auszuruhen und zu rauchen. Dort fanden wir neun oder zehn Schwarzwaldhonoratioren um einen Tisch versammelt vor. Es war der Gemeinderat. Sie hatten sich an diesem Morgen um acht Uhr versammelt, um ein neues Mitglied zu wählen, und nun tranken sie schon seit vier Stunden auf Kosten des neuen Mitglieds Bier. Es waren Männer im Alter von fünfzig, sechzig Jahren mit ernsten, gutmütigen Gesichtern, alle in der Tracht gekleidet, die uns durch die Schwarzwaldgeschichten vertraut geworden ist: breiter, schwarzer Filzhut mit rundem Kopf und ringsum hochgeschlagenem Rand; lange rote Weste mit großen Metallknöpfen, schwarzer Alpakarock mit Gürtelknöpfen zwischen den Schultern. Es wurden keine Reden gehalten, es wurde nur wenig gesprochen, es wurde nicht leichtfertig geschwatzt; der Gemeinderat ließ sich langsam, aber sicher mit Bier vollaufen und benahm sich mit gesetzter Würde, wie es sich für Männer von Stand, Männer mit Einfluß, Männer mit Mist gehörte.

Am Nachmittag wanderten wir in der Hitze am grasbewachsenen Ufer eines rauschenden, klaren Wasserlaufes talaufwärts, an Bauernhäusern, Wassermühlen und unendlich vielen am Wege aufgestellten Kruzifixen, Heiligen- und Marienbildern vorbei. Diese Kruzifixe und so weiter haben Überlebende zur Erinnerung an verstorbene Freunde hingestellt, und sie sind fast so häufig wie in anderen Ländern Telegraphenmasten.

Wir folgten der Landstraße und hatten unser übliches Pech; wir wanderten unter der sengenden Sonne dahin und sahen immer den Schatten von den schattigen Stellen zurückweichen, bevor wir dort ankamen. Bei all unseren Wanderungen gelang es uns selten, ein Stück Landstraße um die Zeit zu erwischen, wenn es im Schatten lag. An diesem Nachmittag war uns ganz besonders heiß, und uns blieb nur der Trost, den wir aus der Tatsache ziehen konnten, daß die arbeitenden Bauern weit oben an den steilen Berghängen über unseren Köpfen noch schlechter dran waren als wir. Schließlich wurde es unmöglich, das unerträglich grelle Licht und die Hitze länger auszuhalten; also durchquerten wir die Schlucht und traten in das tiefe, kühle Dämmer des Waldes ein, um das zu suchen, was das Reisehandbuch die »alte Straße« nannte.

Wir fanden eine alte Straße, und es stellte sich schließlich heraus, daß es die richtige war, obwohl wir ihr zunächst in der Überzeugung folgten, daß es die falsche wäre. Wenn es die falsche gewesen wäre, dann hätte es keinen Zweck gehabt, sich zu beeilen, also beeilten wir uns nicht, sondern setzten uns oft in das weiche Moos und genossen die friedliche Stille und den Schatten der Waldeinsamkeit. Auf der Landstraße hatte es Zerstreuungen gegeben – Schulkinder, Landleute, Wagen, Gruppen wandernder Studenten aus ganz Deutschland – aber die alte Straße hatten wir ganz für uns.

Den ganzen Nachmittag waren wir bergauf gelaufen. Gegen fünf oder halb sechs erreichten wir den Gipfel, und plötzlich teilte sich der dichte Vorhang des Waldes, und wir blickten hinunter in eine tiefe, schöne Schlucht und hinaus auf ein weites Panorama bewaldeter Berge mit sonnenbeschienenen Kuppen und purpurn überschatteten, von Lichtungen durchfurchten Hängen. Die Schlucht zu unseren Füßen – Allerheiligen – bot am oberen Ende ihrer grasbewachsenen Ebene Raum für eine behagliche, entzükkende menschliche Bleibe, abgeschlossen von der Welt und ihren Mißlichkeiten, und folglich hatten die Mönche in alter Zeit nicht verfehlt, sie auszukundschaften; hier standen die dunklen und reizvollen Ruinen ihrer Kirche und ihres Klosters, um zu beweisen, daß die Priester vor siebenhundert Jahren einen ebenso feinen Sinn dafür besaßen, in einem Lande die schönsten Winkel und Ecken aufzustöbern, wie noch heute.

Ein großes Hotel steht jetzt ein bißchen sehr dicht neben den Ruinen und betreibt ein blühendes Geschäft mit Sommergästen. Wir stiegen in die Schlucht hinunter und aßen ein Abendbrot, das sehr befriedigend gewesen wäre, wenn man die Forelle nicht gekocht hätte. Wenn man die Deutschen ihren eigenen Neigungen überläßt, werden sie eine Forelle oder sonst etwas mit ziemlicher Gewißheit kochen. Das ist ein recht wertvoller Beweis zur Untermauerung der Theorie, wonach sie die ersten Ansiedler auf den rauhen Inseln vor der schottischen Küste gewesen sind. Vor einigen Jahren strandete an einer dieser Inseln ein mit Apfelsinen beladener Schoner, und die zahmen Wilden leisteten dem Kapitän so bereitwillig Hilfe, daß er ihnen so viele Apfelsinen schenkte, wie sie wollten. Am nächsten Tag fragte er sie, wie sie ihnen geschmeckt hätten. Sie schüttelten die Köpfe und sagten: »Gebacken waren sie zäh; und sogar gekocht waren sie nicht so, daß ein Hungriger scharf drauf gewesen wäre.«

Nach dem Abendessen gingen wir die Bergschlucht hinab. Sie ist wunderschön – eine Mischung von Waldlieblichkeit und rauher Wildnis. Ein klarer Wasserlauf kommt die Schlucht herabgerauscht, windet sich an ihrem Ende durch einen engen Spalt zwischen hohen Wänden und stürzt über mehrere Stufen nacheinander hinab. Wenn man die letzte hinter sich gelassen hat, gewinnt man zurückschauend einen erfreulichen Blick auf die Wasserfälle – sie erheben sich als siebenstufige Treppe von schaumigen und glitzernden Kaskaden und geben ein Bild ab, das ebenso bezaubernd wie ungewöhnlich ist.

Wir waren davon überzeugt, jetzt, da wir Übung besaßen, in einem Tage nach Oppenau wandern zu können, und so brachen wir am nächsten Morgen nach dem Frühstück mit diesem Vorsatz auf. Die ganze Strecke ging es bergab, und wir hatten zum Wandern das schönste Sommerwetter. Also stellten wir den Pedometer ein und zogen dann in bequemem, gleichmäßigem Tempo durch den lichten Wald dahin, sogen in tiefen, erquickenden Zügen den duftenden Hauch des Morgens ein und wünschten uns, niemals etwas anderes tun zu brauchen, als nach Oppenau zu wandern, immerzu und immer wieder.

Nun liegt aber der wahre Zauber des Wanderns nicht im Laufen oder in der Landschaft, sondern im Reden. Das Laufen ist dazu da, für die Bewegungen der Zunge den Takt anzugeben, das Blut in Wallung und den Geist rege zu erhalten; die Landschaft und die Waldesdüfte sind dazu da, auf den Menschen einen unbewußten, unaufdringlichen Zauber auszuüben und ihren Balsam in Auge, Seele und Sinn zu träufeln; aber der größte Genuß kommt aus dem Gespräch. Es ist egal, ob man Weisheiten oder Unsinn daherredet, die Sache bleibt sich gleich; der Hauptgenuß liegt darin, den munteren Unterkiefer tanzen zu lassen und das teilnehmende Ohr zu spitzen.

Und welche bunte Liste von Themen ein paar Leute im Laufe einer Tageswanderung ganz beiläufig durchkämmen! Da alles ganz zwanglos abläuft, ist ein Wechsel des Themas immer richtig, und so wird man nicht auf einem einzigen Gegenstand herumhacken, bis er langweilig wird. An jenem Morgen sprachen wir in den ersten zehn oder zwanzig Minuten alles durch, was wir kannten, und schweiften dann ab in das glückliche, freie, grenzenlose Reich der Dinge, über die wir nicht so sicher Bescheid wußten.

Harris sagte, wenn der beste Schriftsteller der Welt erst einmal die liederliche Angewohnheit angenommen habe, seine »haben« zu verdoppeln, werde er sie nicht mehr los, solange er lebe. Das heißt, wenn jemand sich angewöhnt hat, zu sagen: »Ich hätte es gern, mehr darüber gewußt zu haben«, statt einfach und vernünftig zu sagen: »Ich hätte gern mehr darüber gewußt«, dann ist die Krankheit dieses

Menschen unheilbar. Harris sagte, dieser Verstoß sei in jeder Nummer jeder Zeitung zu finden, die man je in englischer Sprache gedruckt habe, und beinahe in all unseren Büchern. Er sagte, er habe ihn in Kirkhams Grammatik festgestellt und bei Macaulay. Harris war der Meinung, daß im Munde der Leute Milchzähne häufiger vorkämen als diese »verdoppelten ›haben‹«.

Damit wechselte das Gespräch auf die Zahnmedizin über. Ich sagte, daß ich glaube, der Durchschnittsmensch fürchte sich vor dem Zahnziehen mehr als vor einer Amputation und schreie bei ersterem Eingriff schneller als bei letzterem. Der Philosoph Harris sagte, der Durchschnittsmensch würde in keinem dieser Fälle schreien, wenn er ein Publikum hätte. Dann fuhr er fort:

»Nachdem unsere Brigade das erstemal am Potomac ihr Lager aufgeschlagen hatte, wurden wir gelegentlich von einem ohrenzerreißenden Notschrei aufgejagt. Das bedeutete, daß einem Soldaten im Zelt ein Zahn gezogen wurde. Aber bald änderten die Ärzte das ab; sie führten die Zahnbehandlung im Freien ein. Danach gab es nie mehr ein Geheul. Zur täglichen Zahnsprechstunde versammelten sich immer etwa fünfhundert Soldaten in der Nähe des Behandlungsstuhles und warteten darauf, der Vorstellung beizuwohnen – und zu helfen; und in dem Augenblick, da der Arzt den Zahn des Kandidaten packte und zu ziehen anfing, drückte jeder einzelne dieser fünfhundert Kerls die Hand an die Backe und fing an, auf einem Bein umherzuhüpfen und mit aller Lungenkraft zu heulen! Die Haare standen einem zu Berge, wenn man diesen vielstimmigen und überwältigenden, einmütigen Katzenjammer losbrechen hörte! Angesichts eines so großen und spottlustigen Publikums gab ein Leidender keinen Ton von sich, selbst wenn man ihm den Kopf abriß. Die Ärzte sagten, sehr oft hätte ein Patient inmitten seiner Qualen lachen müssen, aber sie hätten nie wieder einen beim Schreien erwischt, nachdem man die Freilichtvorstellung eingeführt hatte.«

Zahnärzte brachten uns auf Ärzte, Ärzte brachten uns auf den Tod, der Tod brachte uns auf Skelette – und so glitt durch einen logischen Vorgang die Unterhaltung von einem Thema zum anderen,

Gerade als wir das Gespräch über Skelette beendet hatten und in eines über Fossilien hinüberglitten, hörten Harris und ich einen Schrei und schauten den steilen Berghang empor. Weit oben sahen wir erschrocken dreinschauende Männer und Frauen stehen, und ein umfangreicher Gegenstand purzelte und zappelte den steilen Hang herab auf uns zu. Wir gingen aus dem Weg, und als der Gegenstand auf der Straße landete, stellte es sich heraus, daß es ein Junge war. Er war gestolpert und gefallen, und da blieb ihm weiter nichts übrig, als dem Glück zu vertrauen, komme, was da kommen sollte.

Wenn man einmal anfängt, an einer solchen Stelle hinunterzurollen, gibt es kein Halten, bis man den Grund erreicht hat. Man stelle sich bloß vor, daß Leute auf einer Schräge *Landwirtschaft betreiben,* die so steil ist, daß man im günstigsten Fall davon sagen kann – wenn man peinlich genau sein will –, sie ist ein bißchen steiler als eine Stehleiter und nicht ganz so steil wie ein Mansardendach. Aber sie tun es wirklich. Einige der kleinen Bauernhöfe an dem Berghang gegenüber Heidelberg waren hochkant gestellt. Den Jungen hatte es ganz wunderbar durcheinandergerüttelt, und der Kopf blutete ihm aus Wunden, die ihm kleine Steine unterwegs zugefügt hatten.

Harris und ich sammelten ihn auf und setzten ihn auf einen Stein, und inzwischen kamen die Männer und Frauen heruntergerast und brachten seine Mütze.

Männer, Frauen und Kinder strömten aus umliegenden Häusern herbei und gesellten sich der Menge zu; der blasse Junge wurde gehätschelt, angestarrt und bedauert, und man brachte Wasser, damit er trinken und seine Wunden damit waschen könne: Und welch ein Stimmengewirr! Alle, die den Unfall gesehen hatten, beschrieben ihn gleichzeitig, und einer versuchte immer lauter zu reden als der andere; und ein Junge, der sie alle an Geist übertraf, rannte ein kleines Stück bergauf, rief herab, sie sollten mal aufpassen, und stolperte dann, fiel, rollte herunter zwischen uns und zeigte auf diese Weise triumphierend ganz genau, wie die Sache vonstatten gegangen war.

Harris und ich wurden in alle Schilderungen aufgenommen; wie wir gerade daherkamen; wie Hans Groß schrie; wie wir verblüfft hinaufblickten; wie wir Peter einer Kanonenkugel gleich ankommen sahen; wie verständig wir aus dem Wege gingen und ihn kommen ließen; und mit welcher Geistesgegenwart wir ihn aufhoben und abklopften und auf einen Stein setzten, als die Vorstellung beendet war. Wir waren ebensolche Helden wie alle anderen, außer Peter, und wurden als solche anerkannt; man führte uns mit Peter und dem Volk zum Häuschen von Peters Mutter, dort aßen wir Brot und Käse, tranken mit jedermann Milch und Bier und hatten viel geselligen Spaß an der Sache; und als wir gingen, schüttelten wir der ganzen Runde die Hände und hörten und riefen Lebewohl, bis uns eine Biegung der

Straße für immer von unseren herzlichen und liebenswürdigen neuen Freunden trennte.

Wir brachten unser Unternehmen zum Abschluß. Um halb neun Uhr abends betraten wir Oppenau, genau elfeinhalb Stunden, nachdem wir Allerheiligen verlassen hatten – 146 Meilen. Das ist die Entfernung laut Pedometer; das Reisehandbuch und die Kaiserlichen Generalstabskarten geben nur zehn ein Viertel Meilen an – ein erstaunlicher Schnitzer, denn diese zwei Quellen sind gewöhnlich einzigartig genau, was Entfernungen anbetrifft.

Das war eine Wanderung, die ganz und gar unseren Wünschen entsprach, und zwar war es die einzige, die wir je machen sollten, bei welcher der Weg ständig bergab führte. Am nächsten Morgen bestiegen wir den Zug und fuhren durch fürchterliche Staubnebel nach Baden-Baden zurück. Außerdem war jeder Platz voll besetzt, denn es war Sonntag, folglich unternahm jedermann einen »Vergnügungsausflug«. Heiß! Der Himmel war ein Backofen, und zwar ein tadelloser, ohne Risse, durch die etwas frische Luft hätte einströmen können. Zweifellos eine merkwürdige Zeit für einen Vergnügungsausflug.

Die Entlarvung der Ameisen

Während wir rasteten, beobachteten wir gelegentlich die fleißige Ameise bei ihrer Arbeit. Ich fand nichts Neues an ihr – ganz gewiß nichts, was meine Meinung von ihr hätte ändern können. Mir scheint, hinsichtlich ihrer Intelligenz muß die Ameise ein merkwürdig überschätzter Vogel sein. Ich habe sie nun viele Sommer hindurch beobachtet, während ich mich mit nützlicheren Dingen hätte beschäftigen sollen, und ich bin noch keiner lebenden Ameise begegnet, die mehr Verstand zu haben schien als eine tote. Ich spreche natürlich von der gewöhnlichen Ameise; ich habe keine Erfahrungen mit den erstaunlichen schweizerischen und afrikanischen Arten gesammelt, die wählen, stehende Heere besitzen, Sklaven halten und über religiöse Fragen disputieren. Diese besonderen Ameisen mögen ja durchaus so sein, wie sie der Naturforscher schildert, aber ich bin davon überzeugt, daß die Durchschnittsameise ein Schwindel ist. Ihren Fleiß gestehe ich natürlich ein – nur ihre Hohlköpfig-

keit mache ich ihr zum Vorwurf. Sie geht fouragieren, sie fängt etwas, und was tut sie dann? Nach Hause gehen? Nein; sie geht sonstwohin, nur nicht nach Hause. Sie weiß nicht, wo Zuhause ist. Ihr Zuhause ist vielleicht nur drei Fuß entfernt; egal, sie kann es nicht finden. Wie gesagt, sie fängt etwas; gewöhnlich ist es etwas, das weder für sie noch für jemand anderen von Nutzen sein kann; meistens ist es siebenmal größer, als es sein dürfte; sie sucht sich die ungeschickteste Stelle aus, um es anzupacken; sie hebt es tatsächlich mit voller Kraft hoch und zieht los – nicht nach Hause, sondern in die entgegengesetzte Richtung; nicht ruhig und vernünftig, sondern mit wahnsinniger Hast, die ihre Kraft vergeudet; sie stößt auf ein Steinchen, und statt es zu umgehen, erklettert sie es rückwärts, wobei sie ihre Beute hinter sich herzerrt, purzelt auf der anderen Seite herunter, springt wutentbrannt auf, klopft sich den Staub von den Kleidern, spuckt in die Hände, schnappt sich zornig ihren Besitz, reißt ihn hierhin, dann dahin, schiebt ihn einen Augenblick vor sich her, dreht sich um und schleppt ihn noch einen Augenblick hinter sich her, wird immer wilder, dann stemmt sie ihn plötzlich hoch empor und rast in einer völlig neuen Richtung davon; stößt auf ein Unkrautpflänzchen; es fällt ihr überhaupt nicht ein, einen Bogen darum zu machen. Nein, sie muß hinaufklettern, und sie klettert hinauf, schleppt ihren wertlosen Besitz bis zur Spitze – was genau so schlau ist, als würde ich einen Mehlsack von Heidelberg nach Paris über den Turm des Straßburger Münsters tragen. Wenn sie dort oben ankommt, stellt sie fest, daß das nicht der richtige Ort ist; wirft einen flüchtigen Blick auf die Landschaft, klettert oder aber purzelt herunter und zieht wieder los – wie gewöhnlich in einer neuen Richtung. Nach einer halben Stunde kommt sie auf sechs Zoll an die Stelle heran, von der sie ausgegangen ist, und setzt ihre Last ab. Inzwischen hat sie den ganzen Boden auf zwei Yard im Umkreis abgelaufen und alle Steinchen und Pflanzen erklettert, auf die sie gestoßen ist. Jetzt wischt sie sich den Schweiß von der Stirn, streicht sich die Glieder und läuft dann ziellos davon, in ebenso wahnsinnigem Tempo wie zuvor. Sie durchquert im Zickzack ein ziemlich großes Gebiet und stolpert schließlich wieder über ihre alte Beute. Sie erinnert sich nicht, diese jemals zuvor gesehen zu haben; sie hält Ausschau, um zu sehen, wo der Heimweg nicht ist, schnappt ihr Bündel und zieht los. Sie macht dieselben Abenteuer durch wie vorhin; hält endlich an, um auszuruhen, und nun kommt eine

Freundin daher. Offensichtlich macht die Freundin die Bemerkung, ein Grashüpferbein vom vorigen Jahr sei eine ganz vortreffliche Errungenschaft, und erkundigt sich, wo sie es herhabe. Offensichtlich erinnert sich die Besitzerin nicht genau daran, wo sie es herhat, glaubt aber, es »irgendwo hier herum« herzuhaben. Offensichtlich verpflichtet sich die Freundin, ihr dabei zu helfen, es nach Hause zu befördern. Daraufhin ergreifen sie mit besonders emsigem (Wortspiel unbeabsichtigt) Scharfsinn die entgegengesetzten Enden dieses Grashüpferbeines und fangen an, mit aller Kraft in entgegengesetzter Richtung zu zerren. Schließlich machen sie Rast und beraten miteinander. Sie kommen zu dem Schluß, daß etwas nicht stimme, sie können aber nicht herausfinden, was. Dann legen sie wieder los, genau wie vorher. Mit dem gleichen Ergebnis. Es folgen gegenseitige Anschuldigungen. Offensichtlich klagt jede die andere an, der Saboteur zu sein. Sie erhitzen sich, und der Streit endet mit einer Schlägerei. Sie umklammern einander und kauen sich gegenseitig eine Zeitlang auf dem Kiefer herum; dann rollen und purzeln sie auf der Erde umher, bis eine von ihnen einen Fühler oder ein Bein verliert und zwecks Wiederherstellung abdrehen muß. Sie versöhnen sich und fangen wieder in der gleichen alten, verrückten Weise an zu arbeiten, aber die verstümmelte Ameise ist im Nachteil; sie mag zerren wie sie will, die andere schleppt die Beute davon und sie am anderen Ende gleich noch mit. Statt aufzugeben, hält sie sich fest und schlägt mit den Schienbeinen gegen jedes Hindernis, das in den Weg kommt. Wenn dann das Grashüpferbein wieder über die ganze alte Strecke hinweggezottelt worden ist, wird es schließlich etwa an der Stelle fallen gelassen, wo es ursprünglich gelegen hatte. Die beiden schwitzenden Ameisen betrachten es nachdenklich und kommen zu dem Schluß, daß vertrocknete Grashüpferbeine ja doch ein armseliger Besitz seien, und dann ziehen sie in verschiedener Richtung ab, um zu sehen, ob sich nicht ein alter Nagel oder etwas anderes auftreiben läßt, das schwer genug ist, um dem Zeitvertreib zu dienen, und wertlos genug, um in einer Ameise den Wunsch zu erwecken, es zu besitzen.

Dort am Berghang im Schwarzwald habe ich zugesehen, wie eine Ameise mit einer toten Spinne, die mindestens zehnmal schwerer war als sie selbst, ein solches Theater veranstaltete. Die Spinne war nicht ganz tot, aber zu weit hinüber, um noch Widerstand zu leisten. Sie hatte einen runden, erbsengroßen Leib. Die kleine Ameise – die bemerkte, daß ich zusah – drehte sie auf den Rücken, schlug ihr die Zähne in die Kehle, hob sie hoch und zog energisch mit ihr los, stolperte dabei über kleine Steine, trat der Spinne auf die Beine und stellte sich dadurch selbst ein Bein, zerrte sie rückwärts, schob sie vor sich her, schleppte sie auf sechs Zoll hohe Steine hinauf, statt diese zu umgehen, erkletterte Pflanzen, die zwanzigmal höher waren als sie selbst, und sprang von deren Spitzen hinab – und ließ sie schließlich mitten auf dem Weg liegen, wo sie jede andere alberne Ameise, die sie haben wollte, mit Beschlag belegen konnte. Ich maß die Strecke aus, die von dieser Gans zurückgelegt worden war, und kam zu dem Ergebnis, daß das, was sie binnen zwanzig Minuten geleistet hatte, für einen Menschen – relativ betrachtet – etwa folgende Tätigkeit bedeuten würde: zwei je achthundert Pfund schwere Pferde zusammenzubinden, sie achtzehnhundert Fuß weit zu tragen, größtenteils über Steinblöcke von durchschnittlich sechs Fuß Höhe hinweg (nicht um sie herum), und im Laufe der Strecke eine Steilwand wie den Niagara sowie drei Kirchtürme von je hundertzwanzig Fuß Höhe zu erklettern und von oben herabzuspringen; und dann die Pferde an einem freiliegenden Ort abzusetzen, ohne daß sie jemand bewacht, und davonzueilen, um sich aus bloßer Eitelkeit einer anderen idiotischen Großtat zu widmen.

Die Wissenschaft hat kürzlich entdeckt, daß die Ameise nichts für den Winter zurücklegt. Das wird sie in gewissem Umfang aus der Literatur verbannen. Sie arbeitet nur, wenn Leute zuschauen, und auch dann nur, wenn der Beobachter unerfahren und wie ein Naturfreund aussieht und sich Notizen zu machen scheint. Das läuft auf Betrug hinaus und wird ihr in den Sonntagsschulen schaden. Sie besitzt nicht genug Urteilskraft, um auseinanderzuhalten, was zum Essen gut ist und was nicht. Das läuft auf Unwissenheit hinaus und wird den Respekt, den die Welt für sie hegt, beeinträchtigen. Sie kann nicht um einen Baumstumpf herumschlendern und dann wieder nach Hause finden. Das läuft auf Schwachsinn hinaus, und wenn diese vernichtende Tatsache erst einmal feststeht, werden vernünftige Leute aufhören, zu ihr aufzublicken, und gefühlvolle werden aufhören, sie zu verhätscheln. Ihr vielgerühmter Fleiß ist nur Eitelkeit und hohler Schein, weil sie niemals mit etwas zu Hause ankommt, womit sie loszieht. Das erledigt den letzten Rest ihres Rufes und vernichtet gänzlich ihren Hauptnutzen als moralische Kraft, da der Faulenzer infolgedessen zögern wird, ihr weiterhin nachzueifern. Es ist unbegreiflich merkwürdig, daß ein so offensichtlicher Humbug wie die Ameise so viele Völker an der Nase herumführen und das so viele Jahrhunderte durchhalten konnte, ohne entlarvt zu werden.

Die Ameise ist stark, aber wir haben noch etwas Starkes gesehen, wo wir so große Muskelkraft nicht vermutet hätten. Ein Giftpilz – jenes Gewächs, das in einer einzigen Nacht zu voller Größe aufschießt – war hochgegangen, hatte eine verfilzte Masse von Fichtennadeln und Erde emporgehoben, die doppelt so groß war wie er selbst, und hielt sie empor wie eine Säule, die ein Dach trägt. Ich nehme an, zehntausend Giftpilze könnten, richtig angesetzt, einen Menschen hochheben. Aber wozu wäre das gut?

Der deutsche Sonntag

Sonntag ist in Europa der große Tag – der freie Tag, der glückliche Tag. Man kann auf hunderterlei Weise die Sabbatruhe übertreten, ohne eine Sünde zu begehen.

Wir arbeiten sonntags nicht, weil das Gebot es untersagt; die Deutschen arbeiten sonntags nicht, weil das Gebot es untersagt. Wir ruhen sonntags, weil das Gebot es fordert; die Deutschen ruhen sonntags, weil das Gebot es fordert. Aber der ganze Unterschied liegt in der Definition des Wortes »ruhen«. Bei uns ist seine Bedeutung für den Sonntag: bleibe zu Hause und verhalte dich still; bei den Deutschen scheint seine Bedeutung für Sonntag und Wochentag die gleiche zu sein: ruhe dich davon aus, wovon du ermüdet bist, und kümmere dich nicht um das andere; ruhe dich davon aus, wovon du ermüdet bist, und gebrauche das geeignetste Mittel, dich in dieser bestimmten Hinsicht auszuruhen. Wenn also jemanden seine Pflichten die ganze Woche hindurch ans Haus gefesselt haben, wird es ihm Ruhe bedeuten, am Sonntag draußen zu sein; wenn es seine Pflichten die ganze Woche hindurch notwendig gemacht haben, gewichtige und ernste Dinge zu lesen, wird es ihm Ruhe bedeuten, am Sonntag etwas Leichtes zu lesen; wenn einen Menschen der Beruf die ganze Woche hindurch mit Tod und Beerdigungen beschäftigt hat, wird es ihm Ruhe bedeuten, am Sonntagabend zwei oder drei Stunden einzuschalten, in denen er über ein Lustspiel lacht; wenn die Müdigkeit davon herrührt, daß man eine ganze Woche hindurch Gräben ausgehoben oder Bäume gefällt hat, wird man Ruhe finden, indem man sonntags still zu Hause liegt; wenn die Hand, der Arm, der Geist, die Zunge oder ein anderer Körperteil durch Untätigkeit ermüdet sind, kann man sie nicht ausruhen lassen, indem man noch einen Tag der Untätigkeit hinzufügt; aber wenn ein Körperteil von dauernder Anstrengung ermüdet ist, dann ist Untätigkeit dafür die richtige Art auszuruhen. In dieser Weise scheinen die Deutschen das Wort »ruhen« aufzufassen, das heißt, sie lassen einen Körperteil ausruhen, indem sie seine Kräfte auffrischen, wiederherstellen, erneuern. Unsere Definition aber ist weniger großzügig. Wir ruhen sonntags alle in gleicher Weise aus – indem wir uns zurückziehen und uns still verhalten, ob das nun für die meisten von uns die zuverlässigste Methode darstellt, sich auszuruhen, oder nicht. Die Deutschen lassen die Schauspieler, die Prediger und so weiter sonntags arbeiten. Wir ermutigen die Prediger, die Redakteure, die Drucker und so weiter, sonntags zu arbeiten, und bilden uns ein, daß diese Sünde nicht auf uns falle; aber ich weiß nicht, wie wir um die Tatsache herumkommen sollen, daß, wenn ein Drucker mit der Sonntagsarbeit Unrecht tut, dasselbe nicht auch für den Prediger gilt, da das Gebot keine Ausnahme zu seinen Gunsten gemacht hat. Wir kaufen die Montagmorgenzeitung und lesen sie, und auf diese Weise ermutigen wir dazu, sonntags zu drucken. Aber ich will es nie wieder tun.

Die Deutschen heiligen den Sabbat, indem sie, wie geboten, sich der Arbeit enthalten; wir heiligen ihn, indem wir uns, wie geboten, der Arbeit enthalten, aber auch des Vergnügens, was nicht geboten ist. Folglich *übertreten* wir vielleicht das Gebot zu ruhen, denn unsere Ruhe ist in den meisten Fällen nur ein leeres Wort und keine Tatsache.

Diese Überlegungen haben so ziemlich ausgereicht, um den Riß in meinem Gewissen auszubessern, den ich an

The English Church; All Saints.

Holy Communion at 8 O'clock ; Morning Prayer, Sermon and Holy Communion [illegible] Evening Prayer and Sermon at 7.

Twain: Fühle mich heute morgen religiös. Ich sende einen Scout zur Kirche. Er sah die Kaiserin und hörte eine schwache Predigt. (NB)

jenem Sonntag durch meine Reise nach Baden-Baden hervorgerufen hatte. Wir kamen rechtzeitig an, um uns aufzufrischen und die englische Kirche zu erreichen, bevor der Gottesdienst begann. Noch dazu kamen wir ziemlich großartig an, denn der Wirt hatte den ersten besten Wagen bestellt, der aufzutreiben war, weil wir keine Zeit verlieren durften, und unser Kutscher trug eine so prächtige Livree, daß man uns wahrscheinlich für ein paar verirrte Herzöge hielt; warum hätte man uns sonst mit einem Kirchenstuhl für uns ganz allein beehrt, weit oben unter den ganz Auserwählten zur Linken der Kanzel? Das war mein erster Gedanke. In dem Kirchenstuhl direkt vor uns saß eine ältere Dame, einfach und billig gekleidet; ihr zur Seite saß eine junge Dame mit einem sehr freundlichen Gesicht, und sie war ebenfalls ganz schlicht gekleidet; aber rings um uns her waren Kleider und Schmuck zu sehen, in denen zu beten jedem wohltäte.

Twain: 28. Juli. Saß einen Sitz hinter der Deutschen Kaiserin und einer ihrer Zofen. In der Englischen Kirche. Sie opferte 20 Mark, machte reichlich Gebrauch von ihrer Riechflasche und knickste beim Namen des Retters, statt ihr Haupt zu senken wie die andern es taten. Die Kirche war nicht sehr gefüllt. Die Kaiserin »zieht« wohl nicht so gut. (NB)

Ich dachte, es wäre ziemlich offensichtlich, daß die ältere Dame verlegen war, sich in so billiger Aufmachung an so auffälligem Orte zu befinden; sie fing an, mir leid zu tun und mich zu bekümmern. Sie versuchte sich den Anschein zu geben, als wäre sie sehr mit ihrem Gebetbuch und ihren Responsorien beschäftigt und als merkte sie nicht, daß sie hier nicht hinpaßte, aber ich sagte mir: ›Es gelingt ihr nicht – in ihrer Stimme liegt ein gequältes Beben, das zunehmende Verlegenheit verrät.‹ Schließlich fiel der Name des Heilands, und in ihrer Erregung verlor sie völlig den Kopf, erhob sich und knickste, statt leicht den Kopf zu neigen, wie es alle anderen taten. Vor Mitgefühl stieg mir das Blut in die Schläfen, und ich wandte mich um und warf den feinen Pinkeln einen Blick zu, der flehend sein sollte, aber meine Empfindungen gingen mit mir durch und machten einen Blick daraus, der sagte: ›Wenn einer von euch Lieblingen des Glücks diese arme Seele auslacht, verdientet ihr, dafür ausgepeitscht zu werden.‹ Es wurde immer schlimmer, und kurz darauf ertappte ich mich dabei, daß ich im Geiste die freundlose Dame unter meinen Schutz nahm. Mein ganzer Sinn war auf sie gerichtet, die Predigt vergaß ich völlig. Die Verwirrung ergriff sie immer mehr; sie fing an, den Verschluß ihres Riechfläschchens schnappen zu lassen – er gab ein lautes, scharfes Geräusch von sich, aber in ihrer Not schnappte und schnappte sie immer weiter, ohne zu merken, was sie tat. Das Äußerste geschah, als der Sammelteller zu kreisen begann: die bescheidenen Leute warfen Pfennige darauf, die Adligen und die Reichen spendeten Silber, sie aber legte mit hallendem Klang ein goldenes Zwanzigmarkstück auf die Buchablage vor sich hin! Ich sagte mir: ›Sie hat sich von all ihren kleinen Ersparnissen getrennt, um die Achtung dieser herzlosen Leute zu erkaufen – es ist ein trostloser Anblick.‹ Diesmal wagte ich nicht, mich umzuschauen; aber als der Gottesdienst zu Ende ging, sagte ich mir: ›Laßt sie lachen, sie haben eine Gelegenheit dazu; aber an der Pforte dieser Kirche werden sie sehen, wie sie mit uns in unsere vornehme Kutsche steigt, und unser prachtstrotzender Kutscher soll sie nach Hause fahren.‹

Dann erhob sie sich – und die ganze Gemeinde blieb stehen, bis sie den Gang hinabgeschritten war. Es war die deutsche Kaiserin!

Nein, sie war nicht so verlegen gewesen, wie ich angenommen hatte. Meine Einbildungskraft war von der falschen Fährte ausgegangen, und das ist dann immer hoffnungslos; bis zum Schluß legt man dann garantiert alles falsch aus. Die junge Dame, die Ihre Kaiserliche Majestät begleitet hatte, war eine Ehrendame gewesen – und ich hatte sie die ganze Zeit über für eine ihrer Untermieterinnen gehalten.

Es war das einzige Mal, daß ich jemals eine Kaiserin unter meinem persönlichen Schutz hatte, und wenn ich meine Unerfahrenheit bedenke, staune ich, daß ich das so gut geschafft habe. Ich wäre selbst ein bißchen verlegen gewesen, wenn ich vorher gewußt hätte, auf welches Unternehmen ich mich da eingelassen hatte.

Wir erfuhren, daß die Kaiserin sich schon seit mehreren Tagen in Baden-Baden aufhielt. Es heißt, daß sie stets nur den Gottesdienst englischer Form besucht.

Den Rest dieses Sonntags verbrachte ich im Bett, ich las und ruhte mich von den Anstrengungen der Reise aus, aber ich schickte meinen Agenten, um mich bei der Nachmittagsandacht zu vertreten, denn niemals lasse ich etwas meinem Brauch in die Quere kommen, jeden Sonntag zweimal zur Kirche zu gehen.

Nichts verleiht einem Buch soviel Gewicht und Würde wie ein Anhang. *Herodot*

Anhang des Autors: Die schreckliche deutsche Sprache

Ein bißchen Bildung macht die ganze Welt verwandt. *Sprüche XXXII, 7*

Oft ging ich ins Heidelberger Schloß, um mir die Raritätensammlung anzusehen, und eines Tages überraschte ich den Kustos mit meinem Deutsch. Ich redete ausschließlich in dieser Sprache. Er war sehr interessiert; und nachdem ich eine Weile gesprochen hatte, sagte er, mein Deutsch sei höchst seltsam, möglicherweise ein »Unikum«, und wollte es seinem Museum einverleiben.

Wenn er gewußt hätte, was mich diese Fertigkeit zu erwerben gekostet hatte, hätte er auch gewußt, daß jeder Sammler dem Ruin entgegenging, der sie kaufen wollte. Harris und ich hatten damals mehrere Wochen lang hart an unserem Deutsch gearbeitet, und obwohl wir gute Fortschritte erzielt hatten, war uns das nur unter großen Schwierigkeiten und Behinderungen gelungen, denn in der Zwischenzeit waren uns drei Lehrer weggestorben. Ein Mensch, der nicht Deutsch gelernt hat, kann sich gar keine Vorstellung davon machen, was das für eine komplizierte Sprache ist.

Ganz bestimmt gibt es keine andere Sprache, die so un-

Arme Susie. Seit dem Tag an dem wir deutschen Boden betreten haben, ist Frl. Rosa von uns damit beauftragt, nur noch deutsch mit den Kindern zu reden; sie hassen es wie die Pest. Susie: »Mamma, ich wünschte, Rosa wäre englisch gemacht worden.« (HL)

geordnet und unsystematisch, so schlüpfrig und unfaßbar ist; man treibt völlig hilflos in ihr umher, hierhin und dahin; und wenn man schließlich glaubt, man hätte eine Regel erwischt, die festen Boden böte, auf dem man inmitten der allgemeinen Unruhe und Raserei der zehn Wortarten ausruhen könne, blättert man um und liest: »Der Schüler beachte sorgfältig folgende *Ausnahmen.*« Man läßt das Auge darüber hinweggleiten und entdeckt, daß es mehr Ausnahmen von der Regel als Beispiele für sie gibt. Und so geht man wieder über Bord, um wieder einen Ararat zu suchen und wieder Treibsand zu finden. So ging es mir und geht es mir noch. Jedesmal, wenn ich glaube, einen dieser vier verwirrenden Fälle da zu haben, wo ich ihn meistern kann, schleicht sich eine scheinbar unbedeutende Präposition in meinen Satz ein, ausgestattet mit einer furchtbaren und ungeahnten Macht, und läßt den Boden unter mir wegbröckeln. Zum Beispiel erkundigt sich mein Buch nach einem bestimmten Vogel (es erkundigt sich immerzu nach Sachen, die niemandem irgend etwas bedeuten): »Wo ist der Vogel?« Nun ist – laut Buch – die Antwort auf diese Frage, daß der Vogel wegen des Regens in der Schmiede warte. Natürlich macht das kein Vogel, aber man muß sich eben an das Buch halten. Na gut, ich fange an, mir das Deutsch für diese Antwort auszuklamüsern. Ich fange notwendigerweise am falschen Ende an, denn das ist die deutsche Auffassung. Ich sage mir: »Regen« ist männlich – oder vielleicht weiblich – oder möglicherweise sächlich – es macht jetzt zu viel Mühe, nachzuschlagen. Also ist es entweder »der« Regen oder »die« Regen oder »das« Regen, je nachdem, was dabei herauskommt, wenn ich nachschlage. Im Interesse der Wissenschaft werde ich von der Hypothese ausgehen, er sei männlich. Sehr schön, dann ist es »der« Regen, wenn er sich nur in dem ruhenden Zustand des *Erwähntwerdens* befindet, ohne Weiterung oder Erörterung – Nominativ; aber wenn dieser Regen in gewissermaßen allgemeiner Weise auf dem Boden herumliegt, dann ist er genau lokalisiert, er *tut etwas* – das heißt, er *ruht* (was eine der Vorstellungen der deutschen Grammatik von »tun« ist), und das versetzt den Regen in den Dativ und macht »dem« Regen daraus. Dieser Regen jedoch ruht nicht, sondern tut *aktiv* etwas: er fällt – vermutlich, um dem Vogel in die Quere zu kommen – und das zeigt *Bewegung* an, was die Wirkung hat, ihn in den Akkusativ rutschen zu lassen, und »dem« Regen zu »den« Regen macht. Nachdem ich das grammatikalische Horoskop dieses Falles fertiggestellt habe, melde ich mich zuversichtlich und gebe auf deutsch bekannt, daß der Vogel sich »wegen den Regen« in der Schmiede aufhalte. Dann läßt mich der Lehrer gelinde mit der Bemerkung abblitzen, daß das Wörtchen »wegen«, sobald es in einen Satz hineinplatze, *stets* das Subjekt ohne Rücksicht auf die Folgen in den *Genitiv* versetze und daß deshalb dieser Vogel »wegen des Regens« in der Schmiede geblieben sei.

Übrigens: von einer höheren Autorität erfuhr ich später, daß es eine »Ausnahme« gebe, die es einem gestatte, unter gewissen eigentümlichen und verwickelten Umständen »wegen dem Regen« zu sagen, aber daß diese Ausnahme ausschließlich bei Regen gelte.

Es gibt zehn Wortarten, und alle sind sie schwierig. Ein Durchschnittssatz in einer deutschen Zeitung ist eine erhabene und ehrfurchtgebietende Kuriosität; er nimmt eine Viertelspalte ein; er enthält alle zehn Wortarten – nicht in der gehörigen Reihenfolge, sondern durcheinandergewürfelt. Er ist hauptsächlich aus zusammengesetzten Wörtern gebaut, die der Schreiber an Ort und Stelle konstruiert hat und die in keinem Wörterbuch zu finden sind – sechs oder sieben in eines zusammengepreßte Wörter ohne Naht oder Saum – das heißt ohne Bindestriche. Er handelt von vierzehn oder fünfzehn verschiedenen Gegenständen, jeder in einer eigenen Parenthese eingeschlossen, mit zusätzlichen Parenthesen hier und da, die wiederum drei oder vier Unterparenthesen einschließen, so daß Hürden innerhalb der Hürden entstehen; schließlich werden alle Parenthesen und Unterparenthesen zwischen zwei Überparenthesen zusammengeballt, deren eine in der ersten Zeile des majestätischen Satzes liegt und die andere in der Mitte der letzten Zeile – *und danach kommt das Verb*, und man bekommt zum erstenmal heraus, wovon der Mann gesprochen hat; und nach dem Verb – nur als Verzierung, soweit ich es ausmachen kann – schaufelt der Schreiber *»haben sind gewesen gehabt haben geworden sein«* oder Worte ähnlicher Bedeutung hinein, und das Monument ist fertig. Ich nehme an, daß dieses abschließende Hurra so etwas wie der Schnörkel bei einer Unterschrift ist – nicht notwendig, aber hübsch. Deutsche Bücher sind ziemlich leicht zu lesen, wenn man sie vor den Spiegel hält oder sich auf den Kopf stellt – um den Aufbau umzukehren –, aber ich glaube, eine deutsche Zeitung lesen und verstehen zu lernen ist eine Sache, die einem Ausländer stets unmöglich bleiben muß.

Aber sogar die deutschen Bücher sind nicht ganz frei von Anfällen der Parenthesenstaupe – obwohl diese ge-

Weer gaen yuber die Brooky. (Wir gehen über die Brücke.) (NB)

Er lebt wie Gott in Frankreich.
Nun ist Holland in Noth.
Er hat das Pulver nicht erfunden. (NB)

I am going in der *Sweitz.*
No, in die Sweitz (movement)
It is very pretty in die Sweitz.
No, in der Sweitz. (quiet) (NB)

wöhnlich so mild verläuft, daß sie nur ein paar Zeilen umfaßt, und daher vermittelt das Verb, wenn man sich endlich zu ihm hinabgearbeitet hat, dem Verstand noch einen gewissen Sinn, weil man sich noch an eine ganze Menge von dem erinnern kann, was davor stand.

Hier folgt nun ein Satz aus einem beliebten und ausgezeichneten deutschen Roman – mit einer kleinen Parenthese darin. Ich werde ihn absolut wörtlich übersetzen und zur Unterstützung des Lesers die Klammern und ein paar Bindestriche hinzufügen – obwohl im Original keine Klammern oder Bindestriche stehen und es dem Leser überlassen bleibt, sich bis zu dem fernen Verb hindurchzumühen, so gut er kann:

»Wenn er aber auf der Straße der (in-Samt-und-Seide-gehüllten-jetzt-sehr-ungeniert-nach-der-neuesten-Mode-gekleideten) Regierungsrätin begegnet«, und so weiter und so fort.

Das ist aus dem Roman »Das Geheimnis der alten Mamsell« von Frau Marlitt. Und dieser Satz ist nach dem höchst bewährten deutschen Muster gebaut. Sie sehen, wie weit das Verb von der Operationsbasis des Lesers entfernt ist; na, in einer deutschen Zeitung setzen sie ihr Verb drüben auf der nächsten Seite hin; und ich habe gehört, daß sie manchmal, wenn sie eine oder zwei Spalten lang aufregende Einleitungen und Parenthesen dahergeschwafelt haben, in Zeitnot geraten und in Druck gehen müssen, ohne überhaupt bis zum Verb gekommen zu sein. Natürlich läßt das den Leser in einem Zustand starker Erschöpfung und Unwissenheit zurück.

Auch in unserer Literatur haben wir die Parenthesenkrankheit; und Fälle davon kann man täglich in unseren Büchern und Zeitungen sehen; aber bei uns ist sie Merkmal und Kennzeichen eines ungeübten Verfassers oder eines trüben Verstandes, während sie bei den Deutschen zweifellos Merkmal und Kennzeichen einer routinierten Feder und Zeugnis jener Art leuchtenden intellektuellen Nebels ist, den diese Leute für Klarheit halten. Denn es ist bestimmt *nicht* Klarheit – es kann überhaupt nicht Klarheit sein. Selbst ein Schwurgericht hätte genug Scharfsinn, um das herauszukriegen. Die Gedanken eines Schriftstellers müssen ziemlich verworren, ziemlich aus der Reihe geraten sein, wenn er ansetzt, zu sagen, ein Mann habe auf der Straße eine Regierungsrätin getroffen, und dann mitten in einem so einfachen Vorhaben die aufeinander zukommenden Leute anhält und stillstehen läßt, bis er eine Aufstellung der Kleider der Frau niedergeschrieben hat. Das ist einfach absurd. Es erinnert an jene Zahnärzte, die sich dein unmittelbares und atemloses Interesse an einem Zahn sichern, indem sie ihn mit der Zange packen, und dann dastehen und sich durch eine langweilige Anekdote winden, bevor sie den gefürchteten Ruck machen. Parenthesen in der Literatur und der Zahnheilkunde sind geschmacklos.

Die Deutschen haben noch eine Art von Parenthese, die sie bilden, indem sie ein Verb in zwei Teile spalten und die eine Hälfte an den Anfang eines aufregenden Absatzes stellen und die andere Hälfte an das Ende. Kann sich jemand etwas Verwirrenderes vorstellen? Diese Dinger werden »trennbare Verben« genannt. Die deutsche Grammatik ist übersät von trennbaren Verben wie von den Blasen eines Ausschlags; und je weiter die zwei Teile auseinandergezogen sind, desto zufriedener ist der Urheber des Verbrechens mit seinem Werk. Ein beliebtes Verb ist »reiste ab«. Hier folgt ein Beispiel, das ich aus einem Roman ausgewählt und ins Englische übertragen habe:

»Da die Koffer nun bereit waren, REISTE er, nachdem er seine Mutter und Schwestern geküßt und noch einmal sein angebetetes Gretchen an den Busen gedrückt hatte, die, in schlichten weißen Musselin gekleidet, mit einer einzigen Teerose in den weiten Wellen ihres üppigen braunen Haares, kraftlos die Stufen herabgewankt war, noch bleich von der Angst und Aufregung des vergangenen Abends, aber voller Sehnsucht, ihren armen, schmerzenden Kopf noch einmal an die Brust dessen zu legen, den sie inniger liebte als ihr Leben, AB.«

Im Rauchzimmer verstehe ich nur genug von dem Unterhaltung zu mich puzzle. (NB)

I will jetzt mein Satz vor Ihnen ausbreiten. (spread.) out. (NB)

Es ist jedoch nicht richtig, allzulange bei den trennbaren Verben zu verweilen. Ganz bestimmt verliert man dabei sehr bald die Geduld; und wenn man an dem Thema klebt und sich nicht warnen läßt, wird es einem schließlich das Gehirn erweichen oder verhärten. Personalpronomen und Adjektive sind in dieser Sprache eine wuchernde Plage und hätten weggelassen werden sollen. Der gleiche Laut »sie« zum Beispiel bedeutet »you« und bedeutet »she« und bedeutet »her« und bedeutet »it« und bedeutet »they« und bedeutet »them«. Man stelle sich die lumpige Armut einer Sprache vor, die ein Wort die Arbeit von sechsen tun lassen muß – und noch dazu ein armes, kleines, schwaches Ding von nur drei Buchstaben. Aber vor allem stelle man sich vor, wie es erbittert, wenn man nie weiß, welche dieser Bedeutungen der Sprecher ausdrücken will. Das erklärt, warum ich, wenn jemand »sie« zu mir sagt, gewöhnlich versuche, ihn umzubringen, wenn es ein Fremder ist.

Man betrachte nun das Adjektiv. Hier lag ein Fall vor,

wo Einfachheit ein Vorteil gewesen wäre; deshalb und aus keinem anderen Grunde hat der Erfinder dieser Sprache es so sehr kompliziert, wie er nur konnte. Wenn wir in unserer erleuchteten Sprache von »our good friend or friends« sprechen wollen, halten wir uns an diese eine Form und haben keinen Kummer oder Ärger damit; aber bei der deutschen Sprache ist es anders. Wenn ein Deutscher ein Adjektiv in die Hände kriegt, dekliniert er es und dekliniert es immer weiter, bis der gesunde Menschenverstand ganz und gar herausdekliniert ist. Es ist genau so schlimm wie Latein. Er sagt zum Beispiel:

SINGULAR

Nominativ:	mein guter Freund,	my good friend
Genitiv:	meines guten Freundes,	of my good friend
Dativ:	meinem guten Freunde,	to my good friend
Akkusativ:	meinen guten Freund,	my good friend

PLURAL

Nominativ:	meine guten Freunde	my good friends
Genitiv:	meiner guten Freunde	of my good friends
Dativ:	meinen guten Freunden	to my good friends
Akkusativ:	meine guten Freunde	my good friends

Nun lasse man den Irrenhauskandidaten versuchen, diese Variationen auswendig zu lernen, und sehe zu, wie bald er aufgenommen wird. Man möchte in Deutschland lieber ohne Freunde auskommen, als sich ihretwegen all diese Mühe zu machen. Ich habe gezeigt, was es für eine Plage ist, einen guten (männlichen) Freund zu deklinieren; na, das ist nur ein Drittel der Arbeit, denn man muß eine Vielzahl neuer Verdrehungen und Adjektive lernen, wenn das Objekt weiblich ist, und noch eine weitere Vielzahl, wenn das Objekt sächlich ist. Nun gibt es in dieser Sprache mehr Adjektive als schwarze Katzen in der Schweiz, und sie müssen alle sehr sorgfältig dekliniert werden wie die oben angedeuteten Beispiele. Schwierig? – mühsam? – diese Worte können es gar nicht beschreiben. Ich habe einen kalifornischen Studenten in Heidelberg in seiner gelassensten Laune sagen hören, er würde lieber zwei Schnäpse ablehnen als ein deutsches Adjektiv deklinieren.

Der Erfinder dieser Sprache scheint sich ein Vergnügen

daraus gemacht zu haben, sie in jeder Form, die er sich nur ausdenken konnte, zu komplizieren. Zum Beispiel schreibt man, wenn man zufällig über ein Haus oder ein Pferd oder einen Hund spricht, diese Wörter so, wie ich es getan habe; aber wenn man von ihnen im Dativ spricht, klebt man ein dummes und unnötiges -e dran und schreibt Hause, Pferde, Hunde. Da nun ein angehängtes -e oft den Plural bedeutet, wie das -s bei uns, wird der unerfahrene Schüler vermutlich einen Monat lang immerzu aus einem Dativhund Zwillinge machen, bevor er seinen Fehler entdeckt; und auf der anderen Seite hat manch unerfahrener Schüler, der sich einen Verlust kaum leisten konnte, zwei Hunde gekauft und bezahlt und nur einen bekommen, weil er, ohne es zu wissen, diesen Hund im Dativ des Singulars gekauft hat, während er tatsächlich annahm, er redete im Plural – wobei natürlich nach den strengen Regeln der Grammatik das Recht auf der Seite des Verkäufers lag und deshalb eine Klage auf Rückerstattung keinen Erfolg haben konnte.

In Deutschland fangen alle Substantive mit einem Großbuchstaben an. Das ist nun mal eine gute Idee; und eine gute Idee fällt in dieser Sprache notwendigerweise wegen ihrer Seltenheit auf. Ich halte die Großschreibung der Substantive für eine gute Idee, weil man daran fast immer das Hauptwort erkennen kann, sobald man es sieht. Gelegentlich gerät man in einen Irrtum, weil man den Namen einer Person fälschlich für den Namen einer Sache hält und ziemlich viel Zeit mit dem Versuch vergeudet, einen Sinn herauszugraben. Deutsche Namen bedeuten fast immer etwas, und das trägt dazu bei, den Lernenden zu täuschen. Einmal habe ich eine Stelle übersetzt, die besagte, daß »die wütende Tigerin ausbrach und den unglückseligen Tannenwald ganz und gar verschlang«. Als ich mich gerade rüstete, das zu bezweifeln, entdeckte ich, daß »Tannenwald« in diesem Falle der Name des Mannes war.

Jedes Substantiv hat ein Geschlecht, und in dessen Verteilung liegt kein Sinn und kein System; deshalb muß das Geschlecht jedes einzelnen Hauptwortes für sich auswendig gelernt werden. Es gibt keinen anderen Weg. Zu diesem Zwecke muß man das Gedächtnis eines Notizbuches haben. Im Deutschen hat ein Fräulein kein Geschlecht, während eine weiße Rübe eines hat. Man denke nur, auf welche übertriebene Verehrung der Rübe das deutet und auf welche dickfellige Respektlosigkeit dem Fräulein gegenüber. Sehen wir mal, wie das gedruckt aussieht. Ich übersetze das aus einer Unterhaltung in einem der besten deutschen Sonntagsschulbücher:

Gretchen: »Wilhelm, wo ist die Rübe?«

Wilhelm: »*Sie* ist in die Küche gekommen.«

Gretchen: »Wo ist das gebildete und schöne englische Mädchen?«

Wilhelm: »*Es* ist in die Oper gegangen.«

Um mit deutschen Geschlechtern fortzufahren: ein Baum ist männlich, seine Knospen sind weiblich, seine Blätter sind sächlich; Pferde sind geschlechtslos, Hunde sind männlich, Katzen sind weiblich – natürlich einschließlich der Kater; jemandes Mund, Hals, Busen, Ellbogen, Finger, Nägel, Füße und Leib gehören dem männlichen Geschlecht an, und sein Kopf ist männlich oder sächlich, je nach dem Wort, das zur Bezeichnung gewählt wird, und *nicht* nach dem Geschlecht der Person, die ihn trägt – denn in Deutschland tragen alle Frauen entweder männliche oder geschlechtslose Köpfe; jemandes Nase, Lippen, Schultern, Brust, Hände, Hüften und Zehen gehören dem weiblichen Geschlecht an; und seine Haare, Ohren, Augen, Kinn, Beine, Knie, Herz und Gewissen haben überhaupt kein Geschlecht. Der Erfinder der Sprache hat wahrscheinlich das, was er vom Gewissen wußte, vom Hörensagen erfahren.

Nun wird der Leser aus der oben angeführten Aufteilung erkennen, daß in Deutschland ein Mann vielleicht *glaubt* er sei ein Mann, aber wenn er darangeht, die Sache eingehender zu betrachten, müssen ihm Zweifel kommen; er stellt fest, daß er in nüchterner Wahrheit eine überaus lächerliche Mischung ist; und wenn er sich schließlich mit dem Gedanken zu trösten versucht, er könne sich wenigstens darauf verlassen, daß ein Drittel des Durcheinanders männlich und maskulin ist, wird der erniedrigende zweite Gedanke ihn schnell daran erinnern, daß er in dieser Beziehung nicht besser dran ist als jede Frau oder Kuh im Lande.

Es ist wahr, daß im Deutschen durch irgendein Versehen des Erfinders der Sprache eine Frau weiblich ist, aber ein Weib nicht – was bedauerlich ist. Ein Weib hat hier kein Geschlecht; sie ist neutrum; und so ist nach der Grammatik ein Fisch *er*, seine Schuppen sind *sie*, aber ein Fischweib ist keines von beiden.

Eine Frau als geschlechtslos zu bezeichnen, mag man Untercharakterisierung nennen; das ist schlimm genug, aber Übercharakterisierung ist gewiß schlimmer. Ein Deutscher spricht von einem englischen Mann als einem »Engländer«; um das Geschlecht zu ändern, fügt er »-in« hinzu, und das bedeutet englische Frau – »Engländerin«. Das scheint eine ausreichende Kennzeichnung zu sein, aber für einen Deutschen ist es immer noch nicht exakt genug; also setzt er vor das Wort den Artikel, der darauf hinweist, daß das folgende Geschöpf weiblich ist, und schreibt es so hin: »die Engländerin«. Ich finde, daß diese Person übercharakterisiert ist.

Schön, nachdem nun der Schüler das Geschlecht einer großen Menge von Substantiven gelernt hat, ist er immer noch in einer schwierigen Lage, denn es ist ihm unmöglich, seine Zunge zu überreden, Dinge mit »er« und »sie« und »ihm« und »ihr« zu bezeichnen, die sie immer mit »es« zu bezeichnen gewöhnt war.

Sogar wenn er sich im Geiste einen deutschen Satz mit den ihms und ihrs an den richtigen Stellen zurechtlegt und dann seinen Mut bis zu dem Punkt aufreizt, den Satz auch auszusprechen, hat es keinen Zweck – sobald er zu sprechen anfängt, macht seine Zunge nicht mit, und all die mühsam erarbeiteten Männlichkeiten und Weiblichkeiten kommen als »es« heraus. Und sogar wenn er für sich Deutsch liest, nennt er diese Sachen immer »es«, wohingegen er in folgender Weise lesen sollte:

Geschichte von dem Fischweib
und seinem traurigen Schicksal

Es ist ein rauher Tag. Hört den Regen, wie *er* strömt, und den Hagel, wie *er* prasselt; und seht den Schnee, wie *er* dahintreibt, und oh, den Schlamm, wie tief *er* ist! Ach, *das* arme Fischweib, *es* steckt im Sumpfe fest; *es* hat *seinen* Fischkorb fallen lassen; und *seine* Hände sind von den Schuppen zerschnitten worden, als *es* nach einigen der fallenden Fische griff; und eine Schuppe ist *ihm* sogar ins Auge gedrungen, und *es* kann *sie* nicht herausbekommen. *Es* öffnet den Mund, um Hilfe zu rufen, aber wenn ein Laut aus *ihm* herausdringt, ach! wird *er* vom Wüten des Sturmes erstickt. Und jetzt hat eine Katze einen der Fische erwischt, und *sie* wird gewiß mit *ihm* entkommen. Nein; *sie* beißt eine Flosse ab, *sie* hält *sie* im Maul – wird *sie* sie verschlingen? Nein, der tapfere Hund des Fischweibes verläßt *seine* Jungen und rettet die Flosse, die *er* zur Belohnung selbst auffrißt. Entsetzlich! Der Blitz hat den Fischkorb getroffen! *Er* setzt *ihn* in Brand! Seht die Flamme, wie *sie* das dem Untergang geweihte Utensil mit *ihrer* roten und zornigen Zunge beleckt! Nun greift *sie* den Fuß des hilflosen Fischweibes an – *sie* verbrennt *ihn* bis auf *die* große Zehe, und selbst diese ist halb verbrannt; und noch immer breitet *sie* sich aus, läßt *sie* ihre feurigen Zungen lodern! *Sie* greift *das* Bein des Fischweibes an und vernichtet *es; sie* greift *seine* Hand an und vernichtet *sie;* sie greift *seine* arme, abgetragene Kleidung an und vernichtet auch *sie;* sie greift *seinen* Leib an und verbrennt *ihn;* sie schlingt sich um *sein* Herz, und *es* wird verbrannt; dann um *seine* Brust, und in einem Augenblick ist *sie* Asche; nun erreicht sie *seinen* Hals – weg ist *er;* nun *sein* Kinn – weg ist *es;* nun *seine* Nase – weg ist *sie.* Wenn keine Hilfe kommt, wird im nächsten Augenblick *das* Fischweib nicht mehr sein! Die Zeit drängt – ist niemand da, zu helfen und zu retten? Ja! Frohlocken, Frohlocken! Mit fliegenden Füßen kommt *die* Engländer*in*! Aber ach! Die großherzige Frau kommt zu spät! Wo ist jetzt das dem Verhängnis verfallene Fischweib? *Es* ist von *seinen* Leiden erlöst; *es* ist in ein besseres Reich eingegangen; alles, was von *ihm* übrig ist, um die Klagen der Lieben zu hören, ist dieser arme, schwelende Aschenhaufen. Ach, trauriger, trauriger Aschenhaufen! Laßt uns *ihn* zart, ehrfurchtsvoll auf die bescheidene Schaufel nehmen und *ihn* zu *seiner* langen Ruhe tragen mit dem Gebet, wenn *er* wieder auferstehe, möge es in einem Reich geschehen, wo *er* ein gutes, ordentliches, handfestes, verläßliches Geschlecht besäße, und zwar ganz für sich allein, ohne einen schäbigen Haufen verschiedener Geschlechter fleckförmig über sich verstreut herumschleppen zu müssen.

Der Leser kann selbst sehen, daß diese Pronomengeschichte für die ungeübte Zunge eine sehr mißliche Sache ist.

Ich nehme an, daß die Ähnlichkeit in Schriftbild und Klang zwischen Wörtern, die keine Ähnlichkeit in der Bedeutung besitzen, für den Ausländer in allen Sprachen eine unerschöpfliche Quelle der Verwirrung darstellt. Das gilt für unsere Sprache, und das gilt besonders für das Deutsche. Da ist nun das beschwerliche Wort »vermählt«; für mich hat es eine so große – entweder wirkliche oder eingebildete – Ähnlichkeit zu drei oder vier anderen Wörtern, daß ich nie weiß, ob es »verschmäht«, »gemalt«, »verdächtig« oder »verheiratet« heißt, bis ich im Wörterbuch nachschlage und dann feststelle, daß es letzteres bedeutet. Solche Wörter gibt es haufenweise, und sie sind eine große Plage. Um die Schwierigkeiten zu mehren, gibt es Wörter, die einander zu ähneln *scheinen* und sich doch nicht ähneln; aber sie machen genausoviel Ärger, als täten sie es. Zum Beispiel gibt es das Wort »vermieten« und das Wort »verheiraten«. Ich habe von einem Engländer gehört, der in

Heidelberg an die Tür eines Mannes klopfte und im besten Deutsch, das er beherrschte, vorschlug, dieses Haus zu »verheiraten«. Dann gibt es einige Wörter, die eine Sache bedeuten, wenn man die erste Silbe betont, aber etwas ganz anderes, wenn man die Betonung auf die letzte Silbe verlegt. Zum Beispiel gibt es ein Wort, das je nach der Betonung Ausreißen bedeutet oder das schnelle Durchblättern eines Buches; und ein anderes Wort, das mit jemandem »verkehren« oder jemanden »meiden« bedeutet, je nachdem, wohin man die Betonung verlegt – und man kann sich gewöhnlich darauf verlassen, daß man sie an die falsche Stelle verlegt und Ärger bekommt.

In dieser Sprache gibt es einige höchst nützliche Wörter: »Schlag« zum Beispiel, und »Zug«. Im Wörterbuch stehen drei viertel Spalten Schlags und anderthalb Spalten Zugs. Das Wort »Schlag« bedeutet Stoß, Streich, Schmiß, Hieb, Erschütterung, Klaps, Klatsch, Zeitmaß, Takt, Münzenprägen, Gepräge, Art, Rasse, Weise, Apoplexie, Holzfällen, Gehege, Flurstück, Waldrodung. Das ist seine einfache und *genaue* Bedeutung – das heißt, seine beschränkte, eingeengte Bedeutung; aber es gibt Mittel, es freizusetzen, damit es sich aufschwingen kann wie auf den Flügeln des Morgens, um nie zur Ruhe zu kommen. Man kann ihm jedes beliebige Wort an den Schwanz hängen und ihm jede Bedeutung geben, die man nur möchte. Man kann mit »Schlagader« anfangen, was Arterie bedeutet, und man kann das ganze Lexikon Wort für Wort anhängen, durch das ganze Alphabet hindurch, bis »Schlagwasser«, was Leckwasser bedeutet, und einschließlich »Schlagmutter«, was Schwiegermutter bedeutet.

Genauso mit »Zug«. Strenggenommen heißt Zug: Ruck, Zerren, Luftstrom, Prozession, Marsch, Vormarsch, Schar, Richtung, Feldzug, Eisenbahn, Karawane, Durchreise, Kolbenhub, Anflug, Linie, Schnörkel, Charaktereigenschaft, Gesichtsbildung, Merkmal, Schachbewegung, Orgelklappe, Gespann, Hang, Neigung, Inhalation, Veranlagung; aber das, was es *nicht* bedeutet, wenn alle seine legitimen Anhängsel angefügt sind, hat noch niemand entdeckt.

Man kann die Nützlichkeit von Schlag und Zug gar nicht überschätzen. Nur mit diesen beiden und mit dem Wort »also« bewaffnet, was kann der Ausländer auf deutschem Boden nicht alles erreichen? Das deutsche Wort »also« entspricht der englischen Phrase »you know«, und das bedeutet überhaupt nichts – in der *Unterhaltung*, obwohl es gedruckt manchmal doch etwas bedeutet. Jedesmal, wenn ein Deutscher den Mund öffnet, fällt ein »also« heraus;

Twain: Ich wünschte, ich könnte mich Deutsch reden hören.

Einer der Gründe für Twains wiederholte Deutschlandaufenthalte war sein Interesse an der deutschen Sprache. Schon vor der Abreise nach Europa wurden im Haus Clemens Deutschübungen abgehalten. Das Kindermädchen und später auch Frl. Benfey, Livy's Deutschlehrerin, versuchten ihr bestes. Aber schon am 4. Mai schrieb Twain an einen Freund, daß die Kinder ihre Schwierigkeiten mit der deutschen Sprache »aus tiefster Seele hassen«. Livy genoß ihren Deutschunterricht jedoch, wie sie ihrer Mutter mitteilte: »Miss Benfey liebt die Literatur, sie ist eine Übersetzerin und aber auch eine Poetin. Meine Stunden mit ihr bereiten mir große Freude.«

Twains Ehrgeiz Deutsch zu lernen war recht groß. So sind seine gelegentlichen Ausbrüche gut zu verstehen:

Wußte nie, wofür die Ewigkeit gut sei. Sie gibt uns eine Chance, Deutsch zu lernen.

und jedesmal, wenn er ihn schließt, beißt er eines entzwei.

Nun, mit diesen drei prachtvollen Wörtern ausgerüstet, ist der Ausländer Herr der Lage. Er mag nur furchtlos daherreden; er mag nur sein leidliches Deutsch dahinplätschern lassen, und wenn ihm ein Wort fehlt, mag er einen »Schlag« in das Vakuum ziehen; alle Wahrscheinlichkeit spricht dafür, daß es sauber hineinpaßt; aber wenn nicht, mag er sofort einen »Zug« hinterherstoßen; die zwei zusammen können kaum verfehlen, das Loch zu spunden; aber wenn sie durch ein Wunder *doch* versagen sollten, mag er einfach »Also!« sagen, und das verschafft ihm einen Augenblick Zeit, sich das benötigte Wort einfallen zu lassen. Wenn man in Deutschland seine Gesprächsflinte lädt, ist es immer zweckmäßig, einen oder zwei »Schlag« und einen oder zwei »Zug« mit hineinzustecken; denn gleichgültig, wie weit die übrige Ladung streuen mag, mit *diesen* wird man unbedingt etwas zur Strecke bringen. Dann sagt man sanft »also« und lädt wieder auf. Nichts verleiht einer deutschen oder englischen Unterhaltung einen solchen Anstrich von Anmut und Eleganz, als wenn man genügend »Alsos« oder »You knows« einstreut.

Twain: ***Träumte, alle bösen Ausländer kämen in deutschen Himmel. Könnten nicht reden und wünschten anderswo hingegangen zu sein.*** *(NB)*

In meinem Notizbuch finde ich folgende Eintragung:

»1. *Juli.* – Im Krankenhaus ist gestern einem Patienten mit Erfolg ein dreizehnsilbiges Wort entfernt worden – einem Norddeutschen aus der Nähe von Hamburg –, aber da ihn die Chirurgen unglücklicherweise unter dem Eindruck, er enthalte ein Panorama, an der falschen Stelle geöffnet hatten, ist er gestorben. Das beklagenswerte Ereignis hat die ganze Gemeinde in Trauer versetzt.«

Dieser Abschnitt liefert den Stoff für ein paar Bemerkungen über eine der seltsamsten und merkwürdigsten Besonderheiten meines Themas – die Länge der deutschen Wörter. Einige deutsche Wörter sind so lang, daß sie eine Perspektive aufweisen. Man beachte folgende Beispiele:

Freundschaftsbezeigungen.
Dilettantenaufdringlichkeiten.
Stadtverordnetenversammlungen.

Diese Dinger sind keine Wörter, sie sind alphabetische Prozessionen. Und sie sind nicht selten; man kann jederzeit eine deutsche Zeitung aufschlagen und sie majestätisch quer über die Seite marschieren sehen – und wenn man nur einen Funken Phantasie besitzt, kann man auch die Banner sehen und die Musik hören. Sie verleihen dem sanftesten

Thema einen kriegerischen Schmiß. Ich interessiere mich sehr für solche Kuriositäten. Wenn ich auf eine gute stoße, stopfe ich sie aus und stelle sie in mein Museum. Auf diese Weise habe ich eine recht wertvolle Sammlung geschaffen. Wenn ich Doubletten bekomme, tausche ich mit anderen Sammlern und mehre so die Vielseitigkeit meines Bestandes. Hier folgen einige Exemplare, die ich kürzlich bei der Versteigerung der Habe eines bankrotten Nippesjägers gekauft habe:

Generalstaatsverordnetenversammlungen.
Altertumswissenschaften.
Kinderbewahrungsanstalten.
Unabhängigkeitserklärungen.
Wiederherstellungsbestrebungen.
Waffenstillstandsunterhandlungen.

Wenn sich eine dieser großartigen Bergketten quer über die Druckseite zieht, schmückt und adelt sie natürlich die literarische Landschaft – aber gleichzeitig bereitet sie dem unerfahrenen Schüler großen Kummer, denn sie versperrt ihm den Weg; er kann nicht unter ihr durchkriechen oder über sie hinwegklettern oder sich einen Tunnel durch sie hindurchgraben. Also wendet er sich hilfesuchend an sein Wörterbuch; aber da findet er keine Hilfe. Irgendwo muß das Wörterbuch eine Grenze ziehen – und so läßt es diese Art von Wörtern aus. Und das ist richtig, denn diese langen Dinger sind kaum echte Wörter, sondern eher Wortkombinationen, und ihr Erfinder hätte umgebracht werden müssen. Es sind zusammengesetzte Wörter, deren Bindestriche weggelassen sind. Die verschiedenen Wörter, aus denen sie aufgebaut sind, stehen im Wörterbuch, aber sehr verstreut, so daß man die Wörter nacheinander aufstöbern kann und schließlich den Sinn herauskriegt, aber das ist eine langwierige und aufreibende Beschäftigung. Ich habe dieses Verfahren an einigen der oben angeführten Beispiele ausprobiert. »Freundschaftsbezeigungen« ist nur eine dumme und ungeschickte Art, »demonstrations of friendship« zu sagen. »Unabhängigkeitserklärungen« ist keine Verbesserung gegenüber »Declarations of Independence«, finde ich. »Generalstaatsverordnetenversammlungen« ist, soweit ich es feststellen kann, bloß ein rhythmischer, überspannter, gespreizter Ausdruck für »meetings of the legislature«. In unserer Literatur hatten wir einmal eine ganze Menge Verbrechen dieser Art, aber sie sind jetzt verschwunden. Wir sprachen damals von einer »nie-zu-vergessenden« Sache, statt alles in das schlichte und hinreichende Wort »denkwürdig« zu zwängen und gelassen unseren Geschäften nachzugehen, als sei nichts geschehen. Damals waren wir nicht damit zufrieden, die Sache einzubalsamieren und auf anständige Weise zu begraben, wir wollten noch ein Monument darüber errichten.

Aber in unseren Zeitungen wirkt die Zusammensetzungsseuche bis zum heutigen Tag noch ein bißchen fort, jedoch nach deutscher Art mit weggelassenen Bindestrichen. Sie nimmt folgende Form an: Statt zu sagen: »Mr. Simmons, Sekretär der Kreis- und Distriktgerichte, war gestern in der Stadt«, wird es auf die neue Art so formuliert: »Kreis- und Distriktsgerichtssekretär Simmons war gestern in der Stadt.« Das spart weder Zeit noch Tinte und klingt außerdem ungeschickt. In unseren Zeitungen findet man oft eine Bemerkung wie diese: »*Frau* Unterbezirksstaatsanwalt Johnson kehrte gestern für die Saison in ihre Stadtwohnung zurück.« Das ist ein Fall von wirklich unberechtigter Zusammenziehung; denn er spart nicht nur keine Zeit und Mühe, sondern verleiht Frau Johnson einen Titel, auf den sie kein Recht hat. Aber diese kleinen Beispiele sind wirklich Lappalien verglichen mit dem schwerfälligen und schrecklichen deutschen System, durcheinandergemengte Zusammensetzungen anzuhäufen. Ich möchte zur Illustration die folgende Lokalnotiz aus einer Mannheimer Tageszeitung vorlegen:

»Vorgesternkurznachelfuhrabend brannte der indieserstadtstehendegasthof Zum Fuhrmann ab. Als das Feuer das aufdemabbrennendenhausruhende Storchennest erreichte, flogen die Storcheneltern fort. Aber als das vondemtobendenfeuerumgebene Nest *selbst* Feuer fing, stürzte sich sofort die schnellwiederkehrende Storchenmutter in die Flammen und starb, die Flügel über die Jungen gebreitet.«

Selbst die schwerfällige deutsche Konstruktion ist nicht fähig, dem Bilde das Pathos zu nehmen – tatsächlich scheint sie es irgendwie zu unterstreichen. Diese Notiz ist Monate zurück datiert. Ich hätte sie früher verwenden können, aber ich wartete noch darauf, etwas von dem Storchenvater zu hören. Ich warte immer noch.

Also! Wenn ich nicht bewiesen habe, daß das Deutsche eine schwierige Sprache ist, so habe ich es wenigstens beabsichtigt. Ich habe von einem amerikanischen Studenten gehört, der gefragt wurde, wie er mit seinem Deutsch vorankomme, und prompt antwortete: »Ich komme überhaupt nicht voran. Ich habe drei volle Monate lang hart daran gearbeitet, und alles, was ich vorweisen kann, ist nur der eine deutsche Satz: ›Zwei Glas!‹« (Zwei Glas Bier.) Er hielt einen Augenblick nachdenklich inne, dann fügte er mit Nachdruck hinzu: »Aber das *sitzt!*«

Und wenn ich nicht auch bewiesen habe, daß Deutsch ein quälendes und erbitterndes Fach ist, dann ist meine Darstellung zu rügen, *nicht* meine Absicht. Ich habe kürzlich von einem verhärmten und schwergeprüften amerikanischen Studenten gehört, der immer, wenn er seine Kümmernisse nicht länger tragen konnte, zu einem bestimmten deutschen Wort seine Zuflucht nahm – dem einzigen Wort in der ganzen Sprache, dessen Klang seinem Ohr süß und köstlich und seinem gefolterten Geist wohltätig war. Es war das Wort »damit«. Nur der *Klang* war es, der ihm half, nicht die Bedeutung; und so wurde ihm schließlich, als er erfuhr, daß die Betonung nicht auf der ersten Silbe liege, seine einzige Stütze, sein einziger Stab genommen, und er schwand dahin und starb.

Ich glaube, die Beschreibung eines lauten, erregenden, tumulthaften Geschehens muß im Deutschen zahmer als im Englischen klingen. Unsere bildhaften Wörter dieser Art haben einen so tiefen, starken, hallenden Klang, während ihre deutschen Entsprechungen so dünn und mild und energielos klingen. Boom, burst, crash, roar, storm, bellow, blow, thunder, explosion; howl, cry, shout, yell, groan; battle, hell. Das sind großartige Wörter. Ihr Klang besitzt eine Kraft und Mächtigkeit, die den Dingen angemessen sind, die sie beschreiben. Aber ihre deutschen Entsprechungen wären niedlich genug, um Kinder damit in Schlaf zu singen, oder aber meine achtunggebietenden Ohren sind nur Schaustücke und nicht wesentlich nützlichere Instrumente zur Klanganalyse. Würde irgendein Mensch in einer Auseinandersetzung sterben wollen, die mit einem so harmlosen Ausdruck wie »Schlacht« benannt würde? Oder würde sich ein Schwindsüchtiger nicht zu dick verpackt vorkommen, wenn er, nur mit Hemdkragen und Siegelring bekleidet, in einen Sturm hinausgehen wollte, den zu beschreiben das an Vogelgezwitscher erinnernde Wort »Gewitter« verwendet würde? Und man beachte die stärkste der verschiedenen deutschen Entsprechungen für »explosion« – »Ausbruch«. Unser Wort für Zahnbürste, »toothbrush«, ist kräftiger. Mir scheint, die Deutschen könnten Dümmeres tun, als es in ihre Sprache einzuführen, um besonders ungeheure Explosionen damit zu beschreiben. Das deutsche Wort für »hell« – Hölle – klingt mehr wie »helly« als sonst etwas; wie dürr, nüchtern und ausdruckslos ist es also notwendigerweise. Wenn einem Manne auf deutsch gesagt würde, er solle dorthin gehen, könnte er sich wirklich dazu aufschwingen, sich beleidigt zu fühlen?

Nachdem ich die verschiedenen Untugenden dieser Sprache ausführlich aufgezeigt habe, komme ich nun zu der kurzen und angenehmen Aufgabe, ihre Tugenden aufzuweisen. Die Großschreibung der Substantive habe ich bereits erwähnt. Aber weit vor dieser Tugend kommt noch eine andere – daß ein Wort entsprechend seinem Klang geschrieben wird. Nach einer kurzen Belehrung über das Alphabet weiß der Schüler schon, wie jedes deutsche Wort ausgesprochen wird, ohne fragen zu müssen; während wir in unserer Sprache, einem Schüler auf die Frage: »Was bedeutet das Wort b-o-w?« antworten müßten: »Niemand kann sagen, was es heißt, wenn es für sich allein steht; man kann es nur sagen, wenn man es im Textzusammenhang betrachtet und auf diese Weise seine Bedeutung ermittelt – ob es eine Sache ist, mit der man Pfeile abschießt, oder ein Kopfnicken oder das Vorderende eines Bootes.«

Es gibt einige deutsche Wörter, die ungewöhnlich ausdrucksstark sind. Zum Beispiel diejenigen, die das stille, friedliche und zärtliche Familienleben beschreiben; diejenigen, die sich mit der Liebe in jeder Form befassen, von einfacher Freundlichkeit und ehrlichem Wohlwollen dem vorüberschreitenden Fremden gegenüber bis hinauf zum Liebeswerben; diejenigen, die sich mit der Natur draußen in ihren sanftesten und lieblichsten Formen befassen – mit Wiesen und Wäldern, Vögeln und Blumen, dem Duft und Sonnenschein des Sommers und dem Mondlicht friedvoller Winternächte; mit einem Wort, diejenigen, die sich mit allen nur möglichen Formen der Untätigkeit, der Ruhe und des Friedens befassen; auch diejenigen, die sich mit den Geschöpfen und Wundern des Märchenlandes befassen; und schließlich und hauptsächlich ist die Sprache in denjenigen Worten, die Pathos ausdrücken, unübertrefflich reich und ausdrucksstark. Es gibt deutsche Lieder, die einen mit der Sprache nicht Vertrauten zum Weinen bringen können. Das zeigt, daß der *Klang* der Worte stimmt – er gibt den Inhalt haargenau wieder; und auf diese Weise wird das Ohr angesprochen und über das Ohr das Herz.

Die Deutschen scheinen keine Angst davor zu haben, ein Wort zu wiederholen, wenn es das richtige ist. Sie wiederholen es sogar mehrmals, wenn sie wollen. Das ist klug. Aber wenn wir im Englischen ein Wort in einem Absatz mehrmals verwendet haben, bilden wir uns ein, tautologisch zu werden, und dann sind wir so schwach, daß wir es gegen irgendein anderes Wort auswechseln, das der genauen Bedeutung nur nahekommt, um dem zu entgehen, was wir fälschlich für den größeren Makel halten. Wiederholung mag schlecht sein, aber bestimmt ist Ungenauigkeit schlimmer.

Es gibt in der Welt Leute, die sich ziemlich viel Mühe geben, die Mängel an einer Religion oder Sprache aufzuzeigen, und dann gelassen ihrer Wege gehen, ohne Abhilfe vorzuschlagen. Ich bin kein Mensch dieser Art. Ich habe bewiesen, daß die deutsche Sprache reformbedürftig ist. Nun gut, ich bin bereit, sie zu reformieren. Zumindest bin ich bereit, die geeigneten Vorschläge zu machen. Ein solches Vorgehen wäre bei jemand anderem unbescheiden; aber ich habe alles in allem mehr als neun Wochen einem gewissenhaften und kritischen Studium dieser Sprache gewidmet und daraus ein Zutrauen zu meiner Fähigkeit gewonnen, sie zu reformieren, das mir eine bloß oberflächliche Bildung nicht hätte verleihen können.

An erster Stelle würde ich den Dativ fortlassen. Er bringt die Plurale durcheinander; und außerdem weiß man nie, wann man sich im Dativ befindet, wenn man es nicht zufällig entdeckt – und dann weiß man nicht, wann oder wo man hineingekommen ist, wie lange man schon drin ist oder wie man jemals wieder herauskommen soll. Der Dativ ist nur eine närrische Verzierung – es ist besser, ihn aufzugeben.

Als nächstes würde ich das Verb weiter nach vorn schieben. Man kann mit einem noch so guten Verb laden, ich stelle doch fest, daß man bei der gegenwärtigen deutschen Entfernung nie wirklich ein Subjekt zur Strecke bringt – man verletzt es nur. Deswegen bestehe ich darauf, daß diese wichtige Wortart an einen Punkt vorgeschoben wird, wo sie mit bloßem Auge leicht zu erkennen ist.

Drittens würde ich einige kräftige Wörter aus der englischen Sprache importieren – zum Fluchen und auch, um alle Arten kräftiger Dinge kräftig auszudrücken.*

* »Verdammt« und seine Abwandlungen und Erweiterungen sind Wörter, denen viel Bedeutung innewohnt, aber der *Klang* ist so mild und wirkungslos, daß deutsche Damen sie gebrauchen können, ohne sich zu versündigen. Deutsche Damen, die man durch keinerlei Überredung oder Zwang dazu bringen könnte, eine Sünde zu begehen, stoßen sofort eines dieser harmlosen kleinen Wörter aus, wenn sie ihr Kleid zerreißen oder die Suppe ihnen nicht schmeckt. Es klingt ungefähr so verrucht wie unser »My gracious!« Deutsche Damen sagen immerzu »Ach Gott!«, »Mein Gott!«, »Gott im Himmel!«, »Herrgott!«, »Herr Jesus!« und so weiter. Vielleicht glauben sie, unsere Damen hätten denselben Brauch, denn ich habe einmal eine freundliche und liebe alte deutsche Dame zu einem reizenden, jungen amerikanischen Mädchen sagen hören: »Die beiden Sprachen sind sich so ähnlich - wie nett; wir sagen ›Ach Gott!‹, und Sie sagen ›*Goddam!*‹«

Abgesehen vom Buchstabieren und der Aussprache sollte jemand in 30 Stunden Englisch lernen können, Französisch in 30 Tagen und Deutsch in 30 Jahren.

Nicht nur die deutsche Sprache interessierte ihn. Schon zu seinen Lotsenzeiten hatte er französisch gelernt. Seine zwei Essays über die italienische Sprache zeugen von Scharfsinn und Vorstellungskraft. Aber Deutsch war nach Englisch die Sprache, der er sein größtes Interesse widmete, trotz all der Schimpftiraden gegen diese Sprache... Es gab Zeiten, da innerhalb der Clemensfamilie mehr deutsch als englisch geredet wurde. Mark Twain versuchte sich in öffentlichen Ansprachen in Deutsch. Er übersetzte viel vom Deutschen ins Englische, aber auch, mindestens eine Geschichte, vom Englischen ins Deutsche. Seine Übersetzung der »Lorelei« ist sehr gut. Man sagt, seine amüsante Abhandlung über »Die schreckliche deutsche Sprache« habe Kaiser Wilhelm II. sehr entzückt. Seine Notizbücher sind mit Deutschübungen gespickt. (MW)

Viertens würde ich die Geschlechter reorganisieren und sie entsprechend dem Willen des Schöpfers verteilen. Dies als Ehrfurchtsbeweis, wenn schon nichts anderes.

Fünftens würde ich diese großmächtigen, langen, zusammengesetzten Wörter beseitigen; oder den Sprecher auffordern, sie in Abschnitten vorzubringen, mit Pausen zum Einnehmen von Erfrischungen. Das beste wäre, sie gänzlich zu beseitigen, denn Ideen werden leichter aufgenommen und verdaut, wenn sie einzeln kommen, als wenn sie in einem Haufen anrücken. Geistige Speise ist wie jede andere; es ist angenehmer und bekömmlicher, sie mit einem Löffel einzunehmen, statt mit einer Schaufel.

Sechstens würde ich einen Sprecher auffordern, aufzuhören, wenn er fertig ist, und seiner Rede nicht eine Girlande dieser unnützen »haben sind gewesen gehabt haben geworden seins« an den Schwanz zu hängen. Kinkerlitzchen dieser Art entehren eine Rede, statt ihr einen zusätzlichen Reiz zu verleihen. Sie sind daher ein Ärgernis und sollten verworfen werden.

Siebentes würde ich die Parenthese abschaffen. Ebenso die Unterparenthese, die Unterunterparenthese und die Unterunterunterunterunterunterparenthesen sowie die abschließende, weitreichende, allumfassende Hauptparenthese. Ich würde von jedem einzelnen, hoch oder niedrig, verlangen, daß er eine einfache, gradlinige Erzählung entwickle oder aber sie zusammenwickle, sich darauf setze und still sei. Übertretungen dieses Gesetzes sollten mit dem Tode bestraft werden.

Und achtens und letztens würde ich »Zug« und »Schlag« mit ihren Anhängseln beibehalten und den Rest des Vokabulars verwerfen. Das würde die Sache vereinfachen.

Nun habe ich angeführt, was ich als die notwendigsten und wichtigsten Änderungen betrachte. Man kann wohl kaum erwarten, daß ich umsonst noch mehr nennen würde; aber es gibt weitere Vorschläge, die ich machen kann und werde, falls meine beabsichtigte Bewerbung zur Folge hat, daß ich von der Regierung in aller Form dazu angestellt werde, die Sprache zu reformieren.

Meine philologischen Studien haben mich davon überzeugt, daß ein begabter Mann Englisch (ausgenommen Rechtschreibung und Aussprache) in dreißig Stunden lernen kann, Französisch in dreißig Tagen und Deutsch in dreißig Jahren. Es liegt also auf der Hand, daß die letztgenannte Sprache gestutzt und ausgebessert werden muß. Wenn sie so bleiben sollte, wie sie ist, müßte man sie sanft und ehrerbietig bei den toten Sprachen absetzen, denn nur die Toten haben Zeit, sie zu lernen.

Rede in deutscher Sprache,
gehalten vom Autor dieses Buches bei einem Festessen
des Anglo-Amerikanischen Studentenklubs
anläßlich des 4. Julis

Meine Herren!

Seit ich vor einem Monat in diesem alten Wunderland, diesem ungeheuren Garten Deutschland angekommen bin, hat sich meine englische Sprache schon so oft als unnützes Gepäckstück erwiesen, und in einem Land, wo man Gepäck nicht aufgeben kann, war es sehr lästig, sie mitzuschleppen, daß ich mich schließlich in der vorigen Woche an die Arbeit gemacht und die deutsche Sprache gelernt habe. *Also! Es freut mich, daß dies so ist, denn es muß, in ein hauptsächlich degree, höflich sein, daß man auf ein occasion like this, sein Rede in die Sprache des Landes worin he boards, aussprechen soll. Dafür habe ich aus reinische Verlegenheit – no, Vergangenheit – no, I mean Höflichkeit – aus reinische Höflichkeit habe ich resolved to tackle this business in the German language, um Gottes willen! Also! Sie müssen so freundlich sein und verzeih mich die interlarding von ein oder zwei Englischer Worte, hie und da, denn ich finde daß die deutsche ist not a very copious language,* und so muß man, wenn man wirklich etwas zu sagen hat, auf eine Sprache zurückgreifen, die der Belastung gewachsen ist.

Wenn man aber kann nicht meinem Rede verstehen, so werde ich ihm später dasselbe übersetz, wenn er solche Dienste verlangen wollen haben werden sollen sein hätte. (Ich weiß nicht, was »wollen haben werden sollen sein hätte« bedeutet, aber ich bemerke, daß man es immer an das Ende eines deutschen Satzes stellt – nur zur allgemeinen literarischen Prachtentfaltung, nehme ich an.)

Dies ist ein großer und mit Recht gewürdigter Tag – ein Tag, der die Verehrung verdient, die ihm von den echten Patrioten aller Klimazonen und Nationalitäten erwiesen wird – ein Tag, der ein ergiebiges Thema für Gedanken und Reden bietet; *und meinem Freunde – no, meinen Freunden – meines Freundes* – na, sucht euch was aus, sie kosten alle dasselbe; ich weiß nicht, welches stimmt – *also! ich habe gehabt haben worden gewesen sein,* wie Goethe in seinem »Verlorenen Paradies« sagt – ich – ich – *that is to say – ich* – aber wir wollen umsteigen.

Also! Die Anblick so vieler Großbritanischer und Ameri-

***Ich hatte diese kleine 7-Minuten-Rede drei Tage zuvor in abscheulichem Deutsch geschrieben und mir viel Mühe gegeben, sie auswendig zu lernen. Die Schwierigkeit bestand nicht darin, die Worte zu lernen, sondern die Pausen, die vordergründigen Peinlichkeiten, die Zweifel, die gelegentlichen Ausflüge in den englischen Sprachschatz... kurz und gut, all die Tricks, die den Vortrag improvisiert und verwirrt erscheinen lassen, zu behalten. Ich hatte erwartet, beim Vortrag Spaß zu empfinden, aber die Absurdität der Worte brachte mich selber zum Lachen, bevor die Hälfte der Zeit um war. Ich setzte mich dann selbstverständlich hin, denn ich konnte beim besten Willen nicht mehr vorgeben, wahrhaftige Schwierigkeiten mit der Sprache zu haben, nachdem ich so gelacht hatte.** (HL)*

Frank Harris, der 22jährige Student, der Mark Twain zu diesem Vortrag einlud, wurde später selber ein bekannter Schreiber. Die angloamerikanische Studentengesellschaft hatte ihr Domizil am Wrede-Platz, dem heutigen Friedrich-Ebert-Platz.

Für junge Leute, die in Twains Haus deutsch lernten, schrieb er ein bilinguales Theaterstück. (Den Titel entnahm er Richard Rosenthals Textbuch »The Meisterschaft System: A Short and Practical Method of Acquiring Complete Fluency of Speech in the German Language.) Titel des Stückes: Die Meisterschaft. Es wurde später sogar in einer Zeitschrift publiziert, nachdem jemand Mark Twains Deutsch verbessert hatte.

kanischer hier zusammengetroffen in Bruderliche concord, ist zwar a welcome and inspiriting spectacle. Und was hat euch dazu bewegt? Kann die schwerfällige deutsche Zunge sich zum Ausdruck dieses Impulses aufschwingen? *Is it Freundschaftsbezeigungenstadtverordnetenversammlungenfamilieneigentümlichkeiten?* Nein, o nein! Das ist ein lebendiges und edles Wort, aber es trifft nicht den Kern des Impulses, der dieses freundschaftliche Treffen zusammengebracht hat *and produced diese Anblick – eine Anblick welche ist gut zu sehen – gut für die Augen in a foreign land and a far country – eine Anblick solche als in die gewöhnliche Heidelberger Phrase nennt man ein »schönes Aussicht«! Ja, freilich natürlich wahrscheinlich ebensowohl! Also! Die Aussicht auf dem Königstuhl mehr größerer ist, aber geistliche sprechend nicht so schön, lob Gott! Because sie sind hier zusammengetroffen, in Bruderlichem concord, ein großen Tag zu feiern,* dessen großer Gewinn nicht nur einem Lande und einem Ort zugute kommt, sondern allen Ländern, die heute die Freiheit kennen und lieben, Gutes gebracht hat. *Hundert Jahre vorüber, waren die Engländer und die Amerikaner Feinde; aber heute sind sie herzlichen Freunde, Gott sei Dank!* Möge diese gute Kameradschaft andauern; mögen diese Flaggen hier, in Freundschaft vereint, so bleiben; mögen sie nie wieder über feindlichen Heeren wehen oder von Blut befleckt werden, das verwandt war, verwandt ist und immer verwandt bleiben wird, bis eine auf der Landkarte gezogene Linie sagen kann: »*Das* hindert das Blut der Vorväter daran, in den Adern der Nachkommen zu fließen!«

Nur Gott kann deutsche Zeitungen lesen

Heidelberger Zeitung.

Tagblatt und Verkündiger für die Stadt Heidelberg.

Nr. 307. Samstag, den 31. December

Zum neuen Jahre

BADEBLATT für die Grossherzogliche Stadt Baden.

Amtliche Fremdenliste.

LISTE OFFICIELLE DES ÉTRANGERS.

64. Jahrgang.

N° 85. Sonntag, den 28. Juli 1878.

Donau-Zeitung.

№ 17. Passau, Dienstag, den 21. Januar 1879. Agnes.

Die Getreide- und Viehzölle.

Beiliegend erhalten Sie die gewünschte Titelbildkopie der Donau-Zeitung v. 21.1.1879. Die Donau-Zeitung wurde b. Verlag J. Bucher, Passau, gedruckt. Was es mit »Oberkreuzberg« für eine Bewandtnis haben soll, ist aus dieser Zeitungsnummer nicht zu ersehen. Oberkreuzberg ist ein Ort im Landkreis Grafenau, im unteren Bayerischen Wald, nördlich von Passau.
Mit freundlichen Grüßen, I.V. Wachtfeichtl, Staatliche Bibliothek Passau.

Die Tageszeitungen von Hamburg, Frankfurt, Baden, München und Augsburg sind alle nach ein und demselben Schema aufgebaut. Ich spreche von diesen, weil ich sie besser kenne als andere deutsche Zeitungen. Sie enthalten keinerlei Leitartikel; keine Personalien – und vielleicht ist das eher ein Vorteil als ein Nachteil; keine Humorspalte; keine Reportagen aus den Polizeigerichten; keine Berichte über Verhandlungen vor höheren Gerichten; keine Nachrichten über Boxkämpfe oder Hundekämpfe, Pferderennen, Gehwettbewerbe, Segelregatten, Schießwettkämpfe oder andere sportliche Dinge irgendwelcher Art; keine Wiedergaben von Bankettreden; keine Spalte für Kuriositäten und Seltsamkeiten irgendwo zwischen Wahrheit und Geschwätz; keine »Gerüchte« über irgend etwas oder irgend jemanden; keine Voraussagen oder Prophezeiungen über irgend etwas oder irgend jemanden; keine Listen erteilter oder beantragter Patente, auch keinen Hinweis auf solche Dinge; keine Schmähung öffentlicher Beamten, seien sie groß oder klein, oder Beschwerden über sie oder Lobreden auf sie; sonnabends keine religiöse Spalte, montags keine wieder aufgewärmte, abgestandene Predigt; unter »Lokales« keine Enthüllungen darüber, was in der Stadt geschieht – tatsächlich wird nichts von lokaler Bedeutung erwähnt, was über die Schritte eines Prinzen oder das beabsichtigte Zusammentreten irgendeiner beratenden Körperschaft hinausginge.

Nach einer so gewaltigen Liste dessen, was man in der deutschen Tageszeitung nicht findet, könnte man mit Recht die Frage stellen, was denn *überhaupt* darin stünde. Sie ist leicht beantwortet: eine Kinderhandvoll Telegramme, hauptsächlich über europäische nationale und internationale politische Vorgänge; Briefkorrespondenz über dieselben Dinge; Marktberichte. Bitte sehr. Daraus setzt sich die deutsche Tageszeitung zusammen. Die deutsche Tageszeitung ist die schwerfälligste, traurigste und langweiligste Erfindung des Menschen. Unsere eigenen Tageszeitungen bringen den Leser ziemlich oft in Zorn; die deutsche Tageszeitung stumpft ihn bloß ab. Einmal in der Woche lockert die führende deutsche Tageszeitung ihre gewichtigen Spalten auf – das heißt, sie glaubt, sie aufzulockern – mit einer tiefgründigen, einer abgründigen Buchkritik; einer Kritik, die einen tief, tief hinabführt in die wissenschaftlichen Eingeweide des Themas – denn der deutsche Kritiker ist zuallererst wissenschaftlich –, und wenn man endlich auftaucht und wieder die frische Luft spürt und das liebe Tageslicht erblickt, entscheidet man einstimmig, daß eine Buchkritik der falsche Weg ist, eine deutsche Tageszeitung aufzulockern. Manchmal setzt einem die führende deutsche Tageszeitung an Stelle der Kritik etwas vor, was sie für einen heiteren, flotten Essay hält – über altgriechische Bestattungsbräuche oder die altägyptische Methode, eine Mumie zu teeren, oder die Gründe, die zu der Annahme führen, daß einige vorsintflutliche Völker von Katzen nichts gehalten hätten. Das sind keine unerfreulichen Themen; es sind keine uninteressanten Themen; es sind sogar aufregende Themen – bis einer dieser massiven Wissenschaftler sie zu packen kriegt. Er überzeugt einen bald davon, daß sich sogar diese Stoffe so behandeln lassen, daß der Leser den Kopf hängen läßt.

Twain: Ich denke, daß nur Gott eine deutsche Zeitung lesen kann. Diese Signaturen sind die Unterschriften deutscher Korrespondenten. Sind sie gesetzlich vorgeschrieben?

Wie ich gesagt habe, besteht die durchschnittliche deutsche Tageszeitung ausschließlich aus Korrespondenz – ein bißchen davon telegraphisch übermittelt, der Rest durch Briefpost. Jeder Absatz trägt den Untertitel »London«, »Wien« oder den Namen einer anderen Stadt und ein Datum. Und immer steht vor dem Namen der Stadt ein Buchstabe oder ein Zeichen, das angibt, wer der Korrespondent ist, damit ihn die Behörden finden, wenn sie ihn hängen wollen. Sterne, Kreuze, Dreiecke, Vierecke, Halbmonde, Sonnen – das sind einige der Zeichen, die von den Korrespondenten verwendet werden.

Einige Tageszeitungen gehen vor, andere nach. Zum Beispiel war meine Heidelberger Zeitung immer vierundzwanzig Stunden alt, wenn sie im Hotel eintraf; aber eine meiner Münchener Abendzeitungen kam immer volle vierundzwanzig Stunden, bevor sie fällig war.

Einige weniger wichtige Tageszeitungen verabreichen täglich einen Eßlöffel Fortsetzungsroman; er wird auf französische Art unten quer über das Blatt ausgespannt. Ich schätze, wenn ein Mann die Zeitung auf fünf Jahre abonnierte, könnte es ihm gelingen, so ziemlich die ganze Geschichte mitzukriegen.

Ich schickte meinen Agenten in München aus, mir doch bitteschön die von Mark Twain erwähnten Zeitungen als Kopien zu besorgen. Fehlanzeige. Die eine Zeitung gab es nie, die andere erschien erstmalig 20 Jahre später etc.

Fragt man einen Münchener Bürger nach der besten Münchener Tageszeitung, wird er einem stets sagen, daß es nur eine gute Münchener Tageszeitung gebe und daß diese in Augsburg erscheine, vierzig oder fünfzig Meilen entfernt. Das ist so, als sagte man, die beste New Yorker Tageszeitung erscheine außerhalb, irgendwo in New Jersey. Ja, die Augsburger »Allgemeine Zeitung« ist »die beste Münchener Zeitung«, und an sie dachte ich, als ich weiter oben eine »führende deutsche Tageszeitung« beschrieb. Die ganze Zeitung ist aufgeschlagen nicht ganz so groß wie eine einzige Seite des »New York Herald«. Sie ist natürlich beiderseitig bedruckt; aber in so großen Lettern, daß man ihren gesamten Inhalt mit »Herald«-Lettern auf einer einzigen Seite des »Herald« unterbringen könnte – und dann wäre auf der Seite noch genug Platz für die Beilage der »Zeitung« und einen Teil des »Zeitungs«-Inhalts vom nächsten Tage.

Das ist die führende Tageszeitung. Die wirklich in München gedruckten Tageszeitungen werden vom Publikum zweitklassig genannt. Wenn man nach der besten dieser zweitklassigen Zeitungen fragt, sagen sie, da gäbe es keinen Unterschied, eine sei so gut wie die andere. Ich habe ein Exemplar einer davon aufgehoben; sie heißt »Münchener Tages-Anzeiger« und trägt das Datum des 25. Januar 1879. Vergleiche sind abscheulich, aber sie brauchen nicht boshaft zu sein; und ohne Boshaftigkeit möchte ich diese Zeitung, herausgegeben in einer deutschen Stadt von 170 000 Einwohnern, mit Zeitungen anderer Länder vergleichen. Ich wüßte keinen anderen Weg, der es dem Leser ermöglichte, die Sache zu »taxieren«.

Twain: Mannheim, 13. Mai. Der »Bad. Beob.« berichtet Folgendes: In vorletzter Nacht ist dahier die Wirtschaft »Zur Landkutsche« niedergebrannt. Als die Flamme an dem auf dem brennenden Hause befindlichen Storchen-Nest emporschlug, flogen die Storchen auf. Als aber das Nest selbst in Brand gerieth, stürzte das Weibchen sich in die Flammen und starb, die Flügel über die Jungen ausbreitend. (NB)

Eine Spalte einer durchschnittlichen Tageszeitung in Amerika enthält 1800 bis 2500 Wörter; der Lesestoff in einer einzigen Nummer besteht aus 25 000 bis 50 000 Wörtern. Der Lesestoff in meinem Exemplar der Münchener Zeitung besteht aus insgesamt 1654 Wörtern – denn ich habe sie gezählt. Das würde fast eine Spalte einer unserer Tageszeitungen ausmachen. Eine einzige Nummer der umfangreichsten Tageszeitung der Welt, der Londoner »Times«, enthält oft 100 000 Wörter Lesestoff. Wenn man berücksichtigt, daß der »Tages-Anzeiger« die üblichen sechsundzwanzig Nummern pro Monat herausgibt, würde ihn der Inhalt einer einzigen Nummer der Londoner »Times« zweieinhalb Monate lang mit »Stoff« versorgen!

Der »Tages-Anzeiger« hat acht Seiten; seine Seite ist einen Zoll breiter und einen Zoll länger als ein Blatt Kanzleipapier; das heißt, das Format seiner Seite liegt irgendwo zwischen dem einer Schülerschiefertafel und eines Damentaschentuches. Ein Viertel der ersten Seite wird vom Zeitungskopf eingenommen; das verleiht ihr ein ziemlich kopflastiges Aussehen; der Rest der ersten Seite ist Lesestoff; die ganze zweite Seite enthält Lesestoff; die anderen sechs Seiten sind Inseraten gewidmet.

Der Lesestoff ist in zweihundertfünf Klein-Cicero-Zeilen zusammengepreßt und durch acht Cicero-Überschriften aufgelockert. Die Speisekarte sieht wie folgt aus: Zuerst steht unter einer Cicero-Überschrift, die Aufmerksamkeit und Respekt gebieten soll, eine vierzeilige Predigt, welche die Menschheit dringlichst daran zu denken bittet, sie seien, obzwar Pilger hienieden, so doch Erben des Himmels und sie würden, »wenn sie von der Erde scheiden, geradenwegs zum Himmel steigen«. Vielleicht ist eine vierzeilige Predigt in einer Sonnabendzeitung das ausreichende deutsche Gegenstück zu den acht oder zehn Spalten Predigten, welche die New Yorker in ihren Montagmorgenblättern vorgesetzt bekommen. Die neuesten Nachrichten (zwei Tage alt) folgen der vierzeiligen Predigt unter der Cicero-Überschrift »Telegramme« – diese werden mit einer Schere aus der »Augsburger Zeitung« des Vortages heraustelegraphiert. Die Telegramme bestehen aus vierzehnzweidrittel Zeilen aus Berlin, fünfzehn Zeilen aus Wien und zweifünfachtel Zeilen aus Kalkutta. Dreiunddreißig Klein-Cicero-Zeilen mit telegraphischen Nachrichten in der Tageszeitung einer königlichen Residenz von 170 000 Einwohnern ist bestimmt keine Überdosis. Als nächstes haben wir die Cicero-Überschrift »Tagesneuigkeiten«, unter der folgende Nachrichten aufgeführt werden: Prinz Leopold wird Wien einen Besuch abstatten, sechs Zeilen; Prinz Arnulf kehrt aus Rußland zurück, zwei Zeilen; der Landtag wird um zehn Uhr vormittags zusammentreten und über ein Wahlgesetz beraten, drei Zeilen und ein Wort; eine Stadtverwaltungsnotiz, fünfeinhalb Zeilen; Eintrittspreise zu dem geplanten großen Wohltätigkeitsball, dreiundzwanzig Zeilen – denn diese Notiz füllt fast ein Viertel der ganzen ersten Seite; in Frankfurt am Main soll ein wundervolles Wagnerkonzert mit einem Orchester von hundertundacht Musikern stattfinden, siebeneinhalb Zeilen; damit schließt die erste Seite. Insgesamt stehen auf dieser Seite fünfundachtzig Zeilen, einschließlich dreier Überschriften. Etwa fünfzig dieser Zeilen, so stellt man fest, befassen sich mit Lokalangelegenheiten; also werden die Reporter nicht überanstrengt.

Genau die Hälfte der zweiten Seite wird von einer Opernkritik eingenommen, dreiundfünfzig Zeilen (drei davon Überschriften), und von Todesanzeigen, zehn Zeilen.

Die andere Hälfte der zweiten Seite besteht aus zwei Abschnitten unter der Überschrift »Verschiedenes«. Einer dieser Abschnitte berichtet über einen Streit zwischen dem Zaren von Rußland und seinem ältesten Sohn, einundzwanzigeinhalb Zeilen; und der andere berichtet über die grauenhafte Ermordung eines Bauernkindes durch seine Eltern, vierzig Zeilen oder ein Fünftel des gesamten Lesestoffes, der in der Zeitung enthalten ist.

Man bedenke, was ein Fünftel des Lesestoffes einer amerikanischen Tageszeitung in einer Stadt von 170 000 Einwohnern ausmacht; man stelle sich vor, was das für eine Masse ist. Würde jemand annehmen, ich könnte eine derartige Masse so bequem in einem Kapitel dieses Buches unterbringen, daß sie schwer wiederzufinden wäre, wenn der Leser die Stelle verlöre? Bestimmt nicht. Ich werde den Kindesmord Wort für Wort übersetzen, um dem Leser einen echten Begriff davon zu vermitteln, wieviel ein Fünftel des Lesestoffs einer Münchener Zeitung tatsächlich ausmacht, wenn man es mit den Augen abschätzen kann:

»Aus Oberkreuzberg bekommt die ›Donau-Zeitung‹ am 21. Januar einen langen Bericht über ein Verbrechen, den wir wie folgt abkürzen: In Rametuach, einem Dorf bei Eppenschlag, wohnte ein junges Ehepaar mit zwei Kindern, von denen eines, ein fünfjähriger Junge, drei Jahre vor der Eheschließung geboren war. Aus diesem Grunde und auch, weil ein Verwandter in Iggensbach dem Jungen vierhundert Mark (hundert Dollar) hinterlassen hatte, war er dem herzlosen Vater im Wege; also beschlossen die unnatürlichen Eltern, ihn auf die grausamste nur mögliche Weise zu opfern. Sie gingen daran, ihn langsam verhungern zu lassen, wobei sie ihn unterdessen entsetzlich mißhandelten – wie die Dorfbewohner jetzt wissen lassen, da es zu spät ist. Der Junge war in ein Loch eingesperrt, und wenn Leute vorüberkamen, weinte er und flehte sie an, ihm Brot zu geben. Die anhaltenden Mißhandlungen und Entbehrungen führten schließlich am 3. Januar zu seinem Tod. Der plötzliche *(sic!)* Tod des Kindes erregte Verdacht, um so mehr, als die Leiche sofort bekleidet und auf die Bahre gelegt wurde. Deshalb erstattete der Leichenbeschauer Meldung, und am 6. wurde eine gerichtliche Leichenschau abgehalten. Welch ein jammervoller Anblick war da enthüllt! Der Körper war ein bloßes Gerippe. Magen und Därme waren völlig leer – sie enthielten überhaupt nichts. Das Fleisch auf der Leiche war nicht so stark wie ein Messerrücken, und Einschnitte brachten keinen Tropfen Blut hervor. Es gab an dem ganzen Körper nicht ein heiles Stück Haut von der Größe eines Dollars; Wunden, Narben, Prellungen, Blutergüsse überall – sogar auf den Fußsohlen waren Wunden. Die grausamen Eltern gaben an, der Junge sei so bösartig gewesen, daß sie gezwungen gewesen seien, strenge Strafen anzuwenden, und daß er schließlich über eine Bank gefallen sei und sich das Genick gebrochen habe. Sie wurden jedoch zwei Wochen nach der Leichenschau verhaftet und in das Deggendorfer Gefängnis eingeliefert.«

Ja, sie wurden »zwei Wochen nach der Leichenschau verhaftet«. Wie heimatlich das klingt. Diese Art Fixigkeit der Polizei erinnert mich mehr an mein Heimatland als die deutsche Journalistik.

Ich glaube, eine deutsche Tageszeitung bringt keinen

nennenswerten Nutzen hervor, aber gleichzeitig richtet sie auch keinerlei Schaden an. Das ist ein sehr bedeutendes Verdienst und sollte nicht zu leicht genommen oder leichtfertig betrachtet werden.

Die deutschen Witzblätter werden wunderschön auf feinem Papier gedruckt, und die Illustrationen sind schön gezeichnet, schön gestochen und nicht etwa auf fade, sondern auf köstliche Art lustig. Das gilt im allgemeinen auch für die zwei oder drei knappen Sätze, welche die Bilder begleiten. Ich erinnnere mich an eines dieser Bilder – ein unsagbar heruntergekommener Stromer betrachtet wehmütig ein paar Münzen, die auf seiner Handfläche liegen; er sagt: »Na, mit dem Betteln ist bald nichts mehr los. Nur an die fünf Mark (eineinviertel Dollar) für den ganzen Tag; mancher Beamte kriegt mehr!«

Und mir fällt das Bild eines Vertreters ein, der gerade seine Muster auspacken will:

Kaufmann (verdrießlich): »Nein, lassen Sie das nur. Ich will nichts kaufen.«

Vertreter: »Bitte, ich wollte Ihnen nur zeigen ...«

Kaufmann: »Aber ich will sie nicht sehen.«

Vertreter (nach einer Pause, bittend): »Aber hätten Sie etwas dagegen, daß *ich* sie mir ansehe? Ich habe sie schon seit drei Wochen nicht mehr gesehen!«

Anhang des Herausgebers:

Zu diesem Buch

Als Samuel Langhorne Clemens, d.h. Mark Twain, 1878 nach Europa kam, war er schon ein bekannter Mann. Ein paar Jahre zuvor hatte er einen ersten Reisebericht unter dem Titel »Innocents Abroad« veröffentlicht. Dieses Buch, nicht das ebenfalls schon erschienene »Tom Sawyer«, war der Grundstein seines Ruhmes. »*The Innocents Abroad (Die Arglosen im Ausland)*. Es war das zu seiner Zeit berühmteste amerikanische Reisebuch. Mark Twains Bericht fand wohl deshalb so viele Leser, weil der Autor nicht gläubig hinnahm, was für Kultur gehalten wurde. Er wollte mit dem Trug der Alten Welt brechen und seine Landsleute von den Sentimentalitäten der Reiseschilderungen über Europa befreien. Er warnte gewissermaßen davor, daß man inmitten der Galerien, Ruinen und Zeugnisse der Vergangenheit seinen gesunden Menschenverstand verliere und zum Monarchisten oder Ästheten werde. Für Twain hieß es: Was soll ich als Amerikaner mit Europa anfangen? Ganz banal fragte er sich das, von nicht allzu großem historischem Vorwissen belastet, doch voll von Vorurteilen. Da er aber auch sich selbst und seine Mitreisenden in Frage stellte und skeptisch beobachtete, wie sich der amerikanische Besucher außerhalb seines Landes verhielt, wirkt seine Schrift heute noch wie eine Karikatur des modernen Tourismus.« (RM)

Auch in seinem zweiten Reisebuch, »A Tramp Abroad«, deutsch »Bummel durch Europa« ist sein Standpunkt ein sehr amerikanischer; er betrachtete Europa wie ein kulturimperialistischer Amerikaner. Er legte bei seinen Einschätzungen und Betrachtungen den (west-) amerikanischen Maßstab an, wobei sein Humor vorwiegend britisch war. Seine »deutsche Leidenschaft für das Groteske« und seine »unvergleichlichen sprachlichen Artistenstücke« wurden damals bestenfalls von Wilhelm Busch erreicht.

»Die Unterschiede zwischen der neuen Welt und dem alten Europa waren zu groß, als daß man erwarten könnte, ein Mann des amerikanischen Westens hätte den alten Werten Europas voll gerecht werden können oder wollen. Was er in *seinem* Amerika sah, war für ihn Gesetz. Es war seiner Ansicht nach das Höchste und Beste, was die Menschheit im Laufe ihres geschichtlichen Werdeprozesses erstrebt und erreicht hatte. Alles früher Gewesene und Geschaffene verlor demgegenüber an Wert. So erklärt sich die ungeheure, naive Überheblichkeit des Durchschnittsamerikanertums. Diese entbehrte aber nicht jeglicher Begründung, sondern bestand in manchem zu Recht. Dies muß man sich immer wieder vor Augen halten, um das Bild nicht schief und verzerrt zu machen.

Noch etwas anderes kommt hinzu: Wenn jenes Amerikanertum mit Mark Twain als seinem vordringlichsten Exponenten wenig oder keinen Sinn für die künstlerischen und literarischen Erzeugnisse der alten Kulturwelt hatte, so lag das ebenfalls in der geistigen Struktur des Pioniertums begründet. Es handelt sich hier weniger um ein Nichtwissen und Nichtverstehenkönnen als vor allem darum, daß jenes im Aufbau begriffene Amerika vordringlichere Aufgaben zu lösen hatte, als sich auf literarischem und künstlerischem Gebiete zu betätigen. Das freie Land harrte der Besiedlung, Kultivierung und Ausnutzung; es galt, die riesigen Menschenströme zu leiten. Da mußte einfach die kluturelle Aufgabe zeitweilig zurücktreten.

So sieht Mark Twain alles, was über die vergangene Zeit und die Menschen und Taten von einst berichtet wird, als höchst fragwürdig an oder bezeichnet es von vornherein als falsch und durch sentimental-romantische Phantasiezutaten versüßlicht.

Mark Twains Stellung zur Vergangenheit, oder richtiger seine absolute Bindung an die Gegenwart drückt sich am eindeutigsten in den Worten aus: »Hinsichtlich der Vergangenheit gibt es nur eins, das wert ist, festgehalten zu werden: die Tatsache, daß es wirklich die Vergangenheit ist, – die nicht zurückgebracht werden kann. ...« (EMT)

Clemens/Twain ließ sich von den schweren Schicksalsschlägen, an denen sein Leben nicht arm war, nie einschüchtern, er resignierte nicht, sondern machte sich immer wieder neu an die Arbeit. Dieser Glaube an die Zukunft im Bewußtsein des Schaffenkönnens und Schaffenwollens ist ein Zug, den Twain mit den Pionieren des Westens teilte. »Ich will mit eigenen Augen sehen und mir meine Meinung bilden«, war eine seiner Maximen. Was wäre es für ein interkulutreller Fortschritt, wenn sich GI-Joe heute genauso offen Europa stellen würde.

Twain hatte die Angewohnheit, mehrere Bücher anzufangen, und dann irgendwann mittendrin ging ihm die schreiberische Puste aus. Nachdem »Tom Sawyer« anfangs nicht den erhofften Erfolg brachte und Twain nach seiner

Hochzeit mit seiner Livy eine Art »kreativen Block« empfand, erinnerte er sich an die schöne Zeit, die er 1869 in Europa gehabt hatte. So kam er wieder nach Europa, um angefangene Manuskripte zu beenden. Er wolle sich in einem Winkel des Kontinents verstecken, wo ihn niemand kennt, wo er in Ruhe schreiben könne, schrieb er einem Freund. Und über seine Reiseabenteuer: »Ich möchte ein Buch machen, das die Leute *lesen* werden.« In einem, allerdings nicht in seinem Buch aufgenommenen Vorwort erklärt Twain dieses Buch wie folgt:

»An den Leser.
Sie sind vielleicht in Versuchung zu sagen, daß ich, nachdem ich zuvor als ›Unschuldiger‹ unterwegs war, nun durch Erfahrung und Tücke als ›Tramp‹ reiste. Nun, als ich den Titel dieses Buches auswählte, wollte ich damit nur die Art meiner Reise beschreiben; nämlich mich zu Fuß durch diese fremden Länder zu bewegen. Doch je mehr ich daran denke, wie gleichgültig es mir letztendlich war, ob ich nun wirklich wanderte oder wie lang es dauerte oder ob ich nun etwas sah oder fand, solang ich vorwiegend eine faule, erfreuliche, verantwortungsfreie Urlaubszeit unterwegs verbrachte, um so mehr beziehe ich den Ausdruck ›Tramp‹ unbewußt nicht nur auf mene Reiseart, sondern auch auf mich als Person. ... Tramps nehmen zu; nach und nach werden sie die Mehrheit stellen. Eines Tages wird ein Tramp Präsident werden, ich habe, so scheint es, noch eine Zukunft vor mir.

Ich besuchte einige Länder, die ich nie zuvor gesehen hatte.

Ich wollte wirklich wandern, in der Hoffnung, hier und dort mal mitgenommen zu werden, falls ich müde würde. Wenn ich das schaffen sollte, hätte ich etwas gehabt, mit dem ich mein Leben lang hätte angeben können. Man hätte mich bewundert als einen Mann, der eines der bemerkenswertesten Abenteuer dieser Zeit bestanden hat.

Der Sinn stand mir danach, gleichzeitig auch eine gute Zeit zu haben, und die hatte ich. Ich hatte zuvor lange Zeit gearbeitet, ich wollte nicht zu meiner Ermüdung wandern, sondern zu meiner Erholung. Ich war im Urlaub unterwegs; ein befriedigender Urlaub in frischer Luft, nicht in Städten und Kunstgalerien. Außerdem hatte ich ein paar kleine Anliegen, z.B. die deutsche Sprache zu lernen und meine Kunstausbildung zu verfeinern. Mark Twain

Es dauerte einige Zeit, bevor Twain in Europa wirklich zum Schreiben kam. Da er mit Familie, einer Jugendfreundin seiner Frau, einem Kindermädchen, Reiseführer und dann auch seinem Freund Twichell reiste, war es anfangs kaum möglich, die Ruhe zum Schreiben zu finden. Zu diesem Zweck nahm er sich ein Zimmer im Gasthof auf dem Königstuhl in Heidelberg, wie wir im Text erfahren. Dort schrieb er vor allem an angefangenen Büchern weiter.

»Dort war es auch, wo sich etwas – für die amerikanische Literatur – ganz Entscheidendes ereignete, so zumindest sein Biograf Justin Kaplan. Diese Geschichte wird jeden deiner amerikanischen Besucher umhauen: nach seiner Reise nach Heilbronn und der Niederschrift seiner gefaketen Story der Floßfahrt mit dem katastrophalen Schluß an der Alten Brücke kam ES ihm – er konnte den Huckleberry Finn weiterschreiben.

Dort war er justament an jener Stelle stecken geblieben, wo die Jungs mit ihrem Floß einen Dampfer rammen. Ist das nicht ein wahrer Höhepunkt der Serie ›Es geschah auf dem Königstuhl‹? Ohne ihn wäre die amerikanische Literatur um ein Juwel ärmer.« (aus der Communale Nr. 36, 5.9.1985)

Am 13. Juli 1878 hatte er schon 400 Manuskriptseiten des »Tramps« geschrieben, aber diese wurden später fast alle nicht gedruckt, da es lauter Bruchstücke waren, ohne roten Faden. Am 20. August teilte er dann seinem Freund Frank Bliss mit: »Ich habe herausgefunden, daß es keinen Sinn hat unterwegs zu schreiben. Ich werde dauernd unterbrochen und bin vom Reisen allemal zu müde. Seit Twichell hier war, habe ich sowieso einen anderen, besseren Plan zu meinem Buch. Also werde ich einen großen Teil des bisherigen Manuskripts zerreißen und frisch anfangen. Ich werde wohl erst im November dazu kommen, wenn wir uns in München niederlassen.« Am 15. November kommen die Clemens in München an. »München erschien wie ein unerträglicher, übler Platz, die Zimmer waren so klein . . .« schimpft Twain, »Livy und Clara saßen und heulten, ich zog mich an einen einsamen Platz zurück und betete!« Aber, wie er zugab, lag das nur an der allgemeinen Übermüdung von der Reise. Schon am nächsten Morgen verliebte sich die ganze Reisegesellschaft in die Zimmer, das Wetter und die Stadt. Twain hatte auch hier wieder einen separaten Arbeitsraum, aber sein Notizbuch mit den Aufzeichnungen der Schweizreise war verloren gegangen. Zeitweilig hoffte er gar, es sei gänzlich verschwunden und er damit seiner Pflicht dieses Buch zu schreiben entbunden. Aber das Notizbuch tauchte wieder auf und er machte sich erneut an die Arbeit. Mitte Januar 1879 hatte er dann in der Tat einen Großteil seiner in Heidelberg geschriebenen Manuskripte vernichtet und 900 neue Seiten geschrieben. Er schaffte pro Tag an die 30 Seiten und glaubte, nun schon das halbe Buch fertig zu haben. »My pen got the old swing again!« Mitte Januar schrieb er an Joe Twichell: »Ich werde 10 oder 20 eigene Illustrationen für das Buch anfertigen und das sollte auch auf der Titelseite vermerkt werden. Ich habe schon zwei, drei die mir gefallen. Das heißt, ich bekomme Magenschmerzen, wenn ich sie betrachte. Wenn das Manuskript fertig ist, werde ich es, ohne zu kopieren, rüberschicken. Dieses Risiko gehe ich ein.«

Twain reiste im Frühling nach Paris und war zwischenzeitlich arg von Rheumatismus geplagt. Auch die Arbeit ging nicht mehr so zügig voran. »Ich wünschte, ich wäre in der Lage scharfe Satiren über das europäische Leben zu schreiben, aber natürlich kann ein Mensch nur erfolgreiche Satiren schreiben, wenn er von einem ausgeglichenen gerechten Humor beseelt ist. Ich dagegen hasse das Reisen, hasse Hotels, hasse die Oper, hasse die Alten Meister – in Wirklichkeit scheine ich nie gut gelaunt genug zu sein, um Satiren zu schreiben. Am liebsten würde ich aufstehen und alles verfluchen, am besten mit Schaum vor dem Mund...«

Inzwischen war das Buch eine schwere Last für ihn geworden. Er hatte viel geschrieben, aber fast noch mehr wieder aus dem Manuskript eliminiert. In seinen Unterlagen finden sich ungezählte Geschichten, die ursprünglich für dieses Buch gedacht waren, aber schließlich doch ungedruckt blieben.

Einer seiner Gründe 1878 nach Europa zu fahren war es, angefangene Manuskripte fertigzustellen. Als er 1879 in die Staaten zurückfuhr, mußte er dort noch monatelang am »Tramp« arbeiten. So teilte er seinem zeitweiligen Wegbegleiter Twichell/Harris mit: »Ich bin dabei, mein Manuskript zu überarbeiten. Ich hatte nicht gehofft, daß es mir gefällt, aber in der Tat bin ich positiv überrascht. Seit einem Jahr werfe ich permanent die frühen Kapitel hinaus. Sie waren zwar nicht schlecht, aber es fehlt die durchgehende Linie, der rote Faden. Vorgestern habe ich wieder drei neue Kapitel auf den Stapel der schon geschriebenen gelegt...«

Am 23.11.1879 schrieb er: »Das Buch ist endgültig fertig.« Am 8.1.1880 redet er von 4000 Manuskriptseiten, die er auf 2600 gekürzt habe, es sei ein Kampf auf Leben und Tod. Am 5.3. endlich ist das Manuskript außerhalb seines Sichtwinkels, endlich in Druck. Am 13.3.1880 erscheint »A Tramp Abroad«.

»Stell Dir bitte einmal Folgendes vor: da habe ich in Europa vierzehn Monate lang Material gesammelt, und nun, da das Buch fertig ist, finde ich heraus, daß Du, mein lieber Twichell, der ja nur 6 Wochen mit mir unterwegs war, auf 440 der insgesamt 631 Seiten vorkommst bzw. beteiligt bist; abgesehen von jenen Stellen, in die ich Dich nachträglich eingebaut habe. Ohne Deine Begleitung hätte es mich 14 Jahre gekostet, genügend Material zusammen zu bekommen. Dadurch ist mir eine ganze Welt verhaßter Arbeit erspart geblieben und das werde ich Dir nicht vergessen, mein Junge... Wir hatten eine wahrhaft gute Zeit zusammen, Joe, jene sechs Monate würde ich jederzeit gerne wiederholen, doch den Rest der 14 Monate – niemals!«

Zu dieser Ausgabe

»Ich hatte lange darüber nachgedacht, daß Mark Twain's »Bummel durch Europa« eines seiner lustigsten und unausgeglichensten Werke ist... Zum 125. Geburtstag des Schreibers überlegte ich mir, daß man dieses Werk eigentlich in gestraffter Form neu verlegen sollte, leider war es mir damals nicht möglich, solch eine Ausgabe herauszugeben...« schreibt der Twain-Fachmann Charles Neider. Die deutsche Fassung des Textes ist meist gekürzt worden und leider recht unsensibel dazu. Dazu kommt, daß man selbst in Kurzausgaben den Hinweis »ungekürzte Fassung« wiederfindet. Nun, wir geben es zu: auch wir haben diese Ausgabe gekürzt. Aber dafür auch eine ganze Menge hinzugefügt.

Die Originalausgabe bestand aus 50 Kapiteln und sechs Anhängen. 24 Kapitel handeln in Deutschland, von denen habe ich eines, und zwar das über die Lorelei, herausgenommen, da dieses Kapitel wirklich mehr für Amerikaner geschrieben war als für Einheimische. Des weiteren habe ich einige Legenden, die Twain zugegebenerweise aus einem Sagenbuch abgeschrieben und an Plätze, an denen er vorbeikam, verpflanzt hat, nicht in diese Ausgabe mit aufgenommen, zumal sie meist nicht so spaßig sind wie Twains eigene Worte. In den Kapiteln 12, 18, 20-23 wurden einige Textabschnitte fortgelassen, dafür aber wiederum andere Teile, die erst im Schweiz-Teil des Buches abgedruckt waren, sich aber auf Deutschland bezogen, nahtlos mit aufgenommen. Von den 6 Teilen des Anhangs wurden zwei fortgelassen, zwei mit vorn in den Text verpflanzt und zwei im Anhang belassen.

Dadurch ergab sich auch eine neue Kapitelaufteilung und eine für den heutigen Leser zeitgemäße Ausgabe, die außerdem noch durch über 100 Anmerkungen und Randergänzungen von Twain und über Twain (soweit nicht anders vom Herausgeber vermerkt) und ebensoviele Illustrationen zu der bislang sicherlich spannendsten und informativsten Ausgabe dieses Textes wuchs.

Mark Twains Reiseplan 1878/79

(die mit Sternchen versehenen Orte kennzeichnen Ausflüge Twains mit seinem Freund Joe Twichell ohne Begleitung der Familie)

11. April 1878	Mit der Holsatia von New York nach
25.-[30.] April	Hamburg
[1.-3.] Mai	Kassel, über Hannover und Göttingen; Ausflug zur Wilhelmshöhe
4. Mai	Frankfurt/Main
6. Mai-23. Juli	Heidelberg
24. Mai	Ausflug nach Mannheim
30. Mai	Ausflug nach Mannheim
10. Juli	Ausflug nach Worms
23. Juli	Ausflug nach Baden-Baden
24.-[27.] Juli	Mit der Kutsche in den Schwarzwald, via Forbach, Schönmünzach, und Allerheiligen
1. August	Twichell in Baden-Baden
4. August	Nach Gernsbach, via Ebersteinburg und Neuhaus
5. August	*Allerheiligen, via Aachen und Ottenhöfen
6. August	*Nach Heidelberg, via Oppenau
8. August	*Nach Heilbronn
9. August	*Bootsfahrt von Heilbronn nach Hirschhorn
10. August	*Rückkehr nach Baden-Baden

2. August	*Luzern; wieder mit der Familie vereint
15.-16. August	Ausflug zur Rigi-Kulm
21. August	Nach Interlaken
27. August	*Zermatt, am Matterhorn
28. August	*Der Riffelberg und das Gorner Grat, anschließend wieder bei der Familie
5. September	*Chamonix und der Mont Blanc
7. September	Genf, wieder mit der Familie zusammen
8. September	Twichell kehrt in die Staaten zurück
16. September	Nach Turin
18.-[24.] September	Mailand
24. September	Bellagio am Comer See
25. Sept.-17. Okt.	Venedig
17.-28. Oktober	Florenz
28. Okt.-11. Nov.	Rom
14. November	Nach Trento, über Modena, Mantua und Verona
15. Nov. 1878-27. Feb. 1879: München	
27.-28. Februar	Nach Paris über Straßburg
28. Februar-10. Juli	Paris
15. Juli	Nach Amsterdam

20.-28. Juli	London
28. Juli-2. August	Aufenthalt in Condover Hall bei Shrewsbury
2.-3. August	Ausflug nach Oxford
4.-18. August	London
18.-20. August	Ausflug zum englischen Lake District
21. August	Ankunft in Liverpool
23. August	S.S. Gallia legt in Liverpool ab

Mark Twain in Deutschland

»Wenn du etwas taugst, dann bleibe im Lande und nähre dich redlich. Wenn du aber nichts taugst, dann zieh in die Fremde, denn da mußt du arbeiten, ob du willst oder nicht. Du wirst somit ein Segen für deine Freunde, da du aufhörst, ihnen lästig zu fallen – wenn auch die Leute, zu denen du gehst, darunter zu leiden haben.« Mark Twain

Wenn man diesem Zitat Glauben schenken darf, so war Samuel Langhorne Clemens, d.h. Mark Twain, ein wahrer Segen für seine Freunde, trieb er sich doch für seine Zeit ungewöhnlich viel in der Weltgeschichte herum. Selbst in der Zeit des heutigen Globaltourismus würde er als »Globaltrottel« oder Globetrotter durchgehen.

Während seiner wiederholten Europareisen besuchte er Frankreich, Italien, England, die Schweiz, Schweden und Deutschland für jeweils längere Zeit, d.h. etliche Monate. Außerdem reiste er nach Ägypten, Palästina, Arabien, Marokko, Rußland, Ceylon, Madeira, Südafrika, Australien, Neuseeland, Indien und Hawaii.

Nun gab es mindestens zwei Gründe für diese ausgedehnten Reisen: einmal die glückliche Verbindung zwischen persönlichem Interesse und beruflicher Notwendigkeit, denn imerhin waren es seine Reisebücher, mit denen er zu Anfang seiner Schreiberkarriere Erfolg hatte; zum zweiten war es der Gesundheitszustand seiner Frau und seiner Töchter, der ihn veranlaßte fast ein Jahrzehnt mit der Familie in Europa zu verbringen. »Deutschland, die Kuranstalt für Kranke aus aller Welt.« Dieser Ausspruch hatte sicherlich seine Berechtigung, gerade auch für Heidelberg, denn dort gab es u.a. eine große »Krankenkolonie« von Russen. Im Jahr von Twains Besuch wurde z.B. auch die Psychiatrie neu eröffnet.

Ein weiterer Grund seiner relativ langen Aufenthalte im deutschsprachigen Raum war eben diese deutsche Sprache, über die er sich ja auch im Anhang dieses Buches explizit ausgelassen hat.

Auf anderen Gebieten fühlte sich Twain sicherlich wie ein Entwicklungshelfer. Sein Lebensbild war vom »freien Westen« geprägt und die europäische Enge und die geballten Kulturdenkmäler verwirrten ihn ein ums andere Mal.

»Demokratische und puritanische Vorstellungen ließen aber Mark Twain insbesondere die europäische Kulturpracht mit kritischen Augen sehen. Er fragte sich immer wieder, wie es dem ›kleinen Mann‹ bei all dieser Schönheit und Glorie seiner Herrscher erging. Die Kultur löste er nicht aus ihrem sozialen Umfeld. Er stellte die provozierende Überlegung an: Wie kann ich Versailles bewundern, wenn ich weiß, daß Tausende von Menschen wegen dieses Bauwerks zugrunde gehen mußten? Und in Italien, wo ihn der Reichtum der Kirchen bedrückte, fragte er sich, wieso die Bettler und Armen nicht ihre Kirchen berauben und die behaglich lebenden Priester vertreiben. Er konnte nicht verstehen, daß Kostbarkeiten gehortet werden, untätig ruhen, während die Hälfte der Menschen in diesem Staat kaum wußte, wie sie vom einen zum anderen Tag überleben sollte. Als *nutzlosen Plunder* beschimpfte er deshalb den Besitz der Kirchen. *Soweit ich beurteilen kann, hat Italien seit fünfzehnhundert Jahren all seine Kräfte, all seine Geldmittel und all seinen Fleiß darauf verwandt, ein riesiges Aufgebot wundervoller Kirchenbauten zu errichten, und dabei die Hälfte seiner Bürger verhungern lassen, um das zu erreichen. Es ist heute ein riesiges Museum von Pracht und Elend.*« (RM)

Er machte sich vierlerlei Gedanken über das Europa seiner Zeit, und vor allem an der Monarchie hatte er als »Jung-Demokrat« vielerlei auszusetzen. Was er darüber schrieb, klingt auch heute noch aktuell. Er erhob schwerste Vorwürfe gegen das gesamte Europa, das seiner Meinung nach eine Ewigkeit ein »Leben der Heuchelei« gelebt hat. Es ist Mark Twains immer wiederkehrende Ansicht, daß Europa für tausend Jahre nur zum Vorteil von »einem halben Dutzend siebentrangiger Familien, Monarchen genannt, und einiger hundert Spitzbuben, sarkastisch Adlige genannt«, existiert hat. Auf dieser Ansicht, die in ihrer Einseitigkeit das Heil der Welt vom »einfachen Mann« und von der Masse erwartet, fußt alles, was er in dieser Richtung über die Staaten Europas und ihre Regierungsform äußert. »Insbesondere Frankreich trifft seine ganze Verachtung! Der tiefere Grund dürfte wohl darin zu suchen sein, daß Mark Twain in Frankreich nicht die Aufnahme fand, die ihm die anderen großen europäischen Völker, insbesondere Deutschland und England, bereiteten. Mark Twains Humor und der esprit français schalten einander aus; sie sind zu wesensfremd, um eine Verständigung zu ermöglichen. Der klassische französische Geist und der Mann des wildesten, ursprünglichsten und nicht zuletzt germanischen Humors sind zwei unvereinbare Welten. Daß dies mehr noch als alle Abneigung Mark Twains gegen die Monarchie und die Adelsherrschaft, in denen er die Wurzeln allen Übels sah, für seine Ablehnung Frankreichs verantwortlich zu machen, kann man als gesichert annehmen.

Jedenfalls könnten die Vorwürfe Mark Twains gegen Frankreich kaum krasser sein! Ziemlich beiläufig noch ist eine Äußerung, in der gesagt wird: ›Frankreich hat weder Winter noch Sommer noch Sittlichkeit, – von diesen Nachteilen abgesehen, ist es ein feines Land.‹

Aber dann kommt es auch sogleich um so kräftiger: ›Durch tausend Jahre erlaubte sich die barbarische Nation (Frankreich) Blutbäder, von Zeit zu Zeit ein großes oder ein kleines. Der Mordgeist ist Frankreich eigentümlich, ... kein anderer Staat hatte ihn.‹ Wäre nicht die geschichtliche Leistung Napoleons und der Jungfrau von Orleans sowie vor allem die der von Mark Twain verherrlichten Französischen Revolution, so, meint er, würde es scheinen, daß Frankreich nicht dazu geboren wurde, Zivilisationen zu schaffen. Gerade aber *weil* Frankreich die achtungsgebietende Leistung der Revolution hervorgebracht hat, empfindet Mark Twain es als um so bedauerlicher, daß die Franzosen so oft ihre hieraus erwachsene republikanische Verpflichtung vergäßen. Als eine Vernachlässigung dieser Gesinnung sieht er zum Beispiel die Ehrfurcht vor Titeln und den Trägern dieser Titel an.« (EMT)

Clemens' Aufenthalt vom Mai bis Anfang August ist in seinem Text ausführlich beschrieben. Anschließend, auch das ist noch Teil der Originalfassung des »Bummel durch Europa«, fuhr er in die Schweiz und nach Italien. Im November kehrte die Familie Clemens dann nach Deutschland zurück. »17. Nov. 1878 aus Florenz kommend nach München, c/o Fraülein *(sic)* Dahlweiner, No 1 Karlstrasse, 2. Stock

Unsere kleine Familie kam pünktlich bei Frl. Dahlweiner an; wo unsere Zimmer 10 Monate im voraus reserviert worden waren. Das war aber noch nicht alles: wir kamen exakt zur richtigen Zeit an, am vorgesehenen Tag mit dem geplanten Zug, so wie es Frau Clemens zehn Monate zuvor errechnet hatte. Frl. Dahlweiner stand mit der Laterne in der Hand an der Tür und erwartete uns...«

In München war die ganze Reisegesellschaft gut beschäftigt: Livy und Clara Spaulding sowie die Kinder nahmen Deutschunterricht, die Frauen zusätzlich noch Kunstunterricht. Mr. Clemens nahm sich ein Zimmer in der Nymphenburger Straße 45, um dort seinen »Bummel durch Europa« aufzuschreiben. Dabei wurde ihm klar, daß er nicht gleichzeitig Deutsch lernen und ein Buch schreiben könne, also gab er ersteres auf. Man feierte Weihnachten in München mit einem geschmückten Weihnachtsbaum, ganz nach deutschem Brauch. Die Familie entschied, trotz aller Vorurteile Frankreich gegenüber, den Frühling in Paris zu verbringen. Es wurde ein fürchterlicher Reinfall, denn in jenem Jahr war von Frühling in Paris nichts zu verspüren, der Winter hielt länger an, als man es gewohnt war: selbst im Juni saß man noch bibbernd vor dem Kamin. Als sie die Kälte und den Regen nicht mehr länger ertragen konnten, zogen die Clemens wieder nach Brüssel. Das schlechte Wetter trieb sie in 9 Tagen durch Brüssel, Antwerpen, Rotterdam, Amsterdam, Den Haag, bis sie gegen Ende Juli in London eintrafen, wo er schon 1873 Erfolge gefeiert hatte. Das Wetter blieb schlecht und man freute sich auf die Heimfahrt. Trotzdem verbrachte man noch einen Monat in England, besuchte Oxford, den Lake-District, und Mark Twains guter Ruf in diesem Lande führte zu vielen neuen Bekanntschaften, z.B. mit Bram Stoker und Darwin. Clemens selber war indes nicht mehr so arg von den Engländern angetan, da die Zeitungen in einer Art und Weise über die Vereinigten Staaten schrieben, die den Patrioten in ihm verletzte: »Sie schreiben hochnäsig über uns und sind dabei keinen Deut besser als wir!« Livy schrieb an ihre Mutter: »Wir sind sehr glücklich, daß wir bald wieder nach Hause kommen... ich bin unaussprechlich froh, daß wir in Amerika leben.«

Am 23. August verließ die Familie Clemens Liverpool an Bord der S.S. Gallia. Unterwegs sah Clemens einen Mondregenbogen, einen totalen, brillanten Bogen über dem Meer. Am 3. September erreichte man mit 22 Frachtkisten und 12 Seekoffern New York. Ein Reporter schrieb: »Er schaut älter aus als vor seiner Deutschlandreise, sein Haar ist stark ergraut.«

13 Jahre später, 1891, kehrte Clemens noch einmal, ein letztes Mal, nach Heidelberg zurück. »Wir haben wieder unser altes Zimmer Nr. 40«, schrieb er in sein Notizbuch, »ich stieg auch zum Königstuhl hinauf und besuchte das Gasthaus. Ich erkannte das alte Gretchen, die beiden Mädels schienen auch mich wiederzuerkennen (das gab mir Hoffnung), aber dem war dann doch nicht so... damals war ich halt noch ein ausgelassener junger Mann von 42 Jahren...«

Die Clemens verbrachten im Sommer zwei Wochen in Bayreuth, dem »Heiligtum St. Wagners«, wie er es beschrieb. Mit zunehmendem Alter scheint sich sein Musikgeschmack also doch noch gewandelt zu haben, denn seine Berichte waren eine Mischung zwischen Verblüffung, mit welcher Begeisterung Wagners Opern hier aufgenommen wurden, und eigener Anerkennung. Nicht nur die Damen der Familie, auch Clemens selber hatte nun immer mehr Probleme mit seiner Gesundheit, in seinem Fall ging es um Rheuma im Schreibarm. So fuhr die Gesellschaft als nächstes nach Marienbad, um sich dort auszukurieren. Von da aus ging es für ein paar Wochen in die Schweiz. Dort ließ Clemens die Familie allein, um, auf der Suche nach weiteren Reisestorys, zehn Tage lang allein die Rhone hinunter zu fahren. Er schrieb auch 174 Seiten darüber, befand die Geschichten auch für gut, aber sie wurden nie in vollem Umfang abgedruckt. Teile davon erschienen später in »Europe and Elsewhere«, das 1923 von Paine herausgegeben wurde. Ab Oktober wohnte man dann in Berlin in der Körnerstraße 7, später, ab Januar, im Hotel Royal. Während dieses Aufenthalts kam es dann auch zu einem Treffen mit Kaiser Wilhelm II., der, wie es überliefert ist, ein großer Freund von Mark Twains Schriften war. In seiner Autobiografie schreibt Clemens über einen Freund, der Kartoffeln auf eine wunderbare Art zu bereiten verstand: »Seit damals habe ich nur noch ein einziges Mal erlebt, daß Kartoffeln so serviert wurden. Das war gegen Ende 1891, als der deutsche Kaiser Wilhelm II. mich zu einem Privatbankett einlud. Als diese Kartoffeln aufgetragen wurden, war ich so überrascht, daß ich die Etikette vergaß und bevor ich mich wieder darauf besonnen hatte, eine unverzeihliche Sünde beging: Die Kartoffeln entlockten mir einen freudigen Willkommensruf, den ich an den neben mir sitzenden Kaiser richtete, ohne zu warten, bis er das Gespräch eröffnet hatte. Ich glaube, er bemühte sich aufrichtig, so zu tun, als sei er nicht schockiert und empört, aber er war es ganz offensichtlich. Und dasselbe galt für ein Halbdutzend andere anwesende Würdenträger. Alle waren wie versteinert und keiner hätte ein Wort herausgebracht, wenn er es versucht hätte. Das fürchterliche Schweigen währte mindestens eine halbe Minute und würde bestimmt noch heute andauern, hätte nicht der Kaiser selbst es gebrochen; denn keiner der anderen Anwesenden hätte das je gewagt. Das geschah abends um halb sieben, und bis nahe Mitternacht blieb die Atmosphäre ziemlich kühl; dann schmolz das Eis, oder besser, es wurde weggespült von gewaltigen Mengen Bier.«

Zwischenzeitlich unternahm die ganze Familie Ausflüge, u.a. in den Harz. Am 13.1.1892 hielt Clemens dann einen seiner Vorträge in Berlin, in dem es natürlich wieder um die »schreckliche deutsche Sprache« ging. Die Aufnahme war sehr geteilt. Ein Großteil der Zuhörer war sehr begeistert, andere Deutsche jedoch verbittert, daß man a) so etwas überhaupt zuläßt und b) sich auch noch Leute finden, die solchen Ketzereien freudvoll zustimmen.

Im Oktober verbrachte er dann drei Tage und drei Nächte damit, den »Struwwelpeter« ins englische zu übertragen. Eine selbstgebundene Ausgabe legte er seinen Töchtern unter den Weihnachtsbaum. Seine Erwartungen, daß seine Fassung dieses »meistgefeierten Kinderbuchs Europas« nun auch in Amerika und England erscheinen würde, wurden allerdings enttäuscht. Erst 1935 erschien »Slovenly Peter« mit einer Einleitung von Clara Clemens bei Harper & Row.

In jener Zeit sollte Twain 6 Reiseberichte in Briefform schreiben. Leider sind diese nicht mehr erhalten, man weiß nur noch die Titel: »Die Cholera-Epidemie in Hamburg«, »Das Heiligtum St. Wagners in Bayreuth«, ein Brief aus Bad Nauheim und einer aus Berlin, in dem er deutsche und amerikanische Eigenarten gegenüber stellt und aus seiner Bewunderung für die Stadt Berlin, trotz dem Titel »Chicago in Deutschland«, keinen Hehl machte. Während dieser Zeit war er arg vom Rheuma geplagt, wobei nicht mehr zu ergründen ist, ob das Rheuma eine Folge seiner frustrierenden Schreibversuche war oder umgekehrt. In den nun folgenden Jahren fuhr er ab und an für Wochen oder auch Monate in die Staaten, um dort seinen Geschäften nachzugehen, während die Familie in Europa blieb, wohin er immer wieder zurückkehrte. Den Frühling verbrachte man in Südfrankreich, Venedig, dann wieder Berlin; in Florenz wurde für längere Zeit eine wunderschöne Villa gemietet; in Bad Nauheim lebte man im Hotel Kaiserhof (auf meine wiederholten Nachfragen beim Verkehrsverein und Stadtarchiv der Stadt wußte niemand etwas von einem Mark Twain-Besuch). Dort fing er mit den Arbeiten an »Tom Sawyer Abroad« an, denn sein Arm war wieder geheilt. In Nauheim traf er auch auf den Prinzen von Wales, den späteren Edward den Siebenten, der so viel Gefallen an Clemens fand, daß er ihn zum Essen einlud, das mit einer abendlangen, angeregten Unterhaltung abgerundet wurde. Während einer Schiffsfahrt zurück in die USA schrieb Clemens »About all Kinds of Ships«, wo er sich über alle Arten von Schiffen, mit denen er gefahren war, ausließ. Angereichert wurde diese Abhandlung mit einem imaginären Gespräch zwischen Noah und einem deutschen Schiffsinspektor, mit einer Beschreibung, wie es wohl an Bord von Columbus' Schiff zugegangen sei u.a.m. 1893 verbrachte er 7 Monate in den Staaten, dann war er wieder bei der Familie, vor allem in Südfrankreich. In jener Zeit ging sein Verlag in den Staaten pleite.

Am 3. Oktober 1897 bezogen die Clemens dann im Hotel Metropol in Wien Quartier, nachdem sie vorher sieben Hotels abgelehnt hatten. Tochter Clara nahm bei Theodore Leschetitzky Pianounterricht, Tochter Jean und Frau Livian unterzogen sich ärztlicher Behandlung. Samuel Clemens führte, abgesehen von den gesundheitlichen Schwierigkeiten in der Familie, in Wien ein sehr angenehmes Leben. Er war der »bekannte amerikanische Humorist«, der überallhin eingeladen wurde, vor allem in höchste gesellschaftliche Kreise. Diese Einladungen nahm er gerne an, zumal sie ihn vom zwischenzeitlichen Tod seiner Tochter Susy ablenkten.

Die Wiener mochten ihn, verschiedene Zeitungen buhlten um ihn, bzw. um Beiträge aus seiner Feder. Als eine große Wiener Zeitung, zumal die Konkurrenz des Blattes, für das er öfter gearbeitet hatte, einen Artikel von ihm wollte, schickte der Amerikaner ihnen stattdessen einen Weihnachtsgruß: »Glück und Wohlergehen allen meinen Freunden im ganzen Kaiserreich. Dasselbe wünsche ich meinen Feinden – am Weihnachtstag, aber nicht einen Tag länger.«

Im Februar hielt er dann wieder einen seiner Vorträge, diesmal sogar unter Anwesenheit von sechs Mitgliedern der Kaiserlichen Familie und vier Prinzessinnen zweiten Grades. »Ich brachte ihnen allen bei, wie man Wassermelonen stiehlt.«

Die komplizierte Politik im Österreichisch-Ungarischen Reich faszinierte ihn, und er schrieb einen langen, sehr amüsanten Artikel über seine wiederholten Besuche des österreichischen Parlaments: »Stirring Times in Austria«. Eine Bemerkung innerhalb dieses Artikels über die Juden provozierte ihn dann zu dem Essay »Concerning the Jews«, auf das er sehr stolz war.

Wien erregte Clemens' verstärktes Interesse am Theater. »Ich habe aufgehört Bücher zu schreiben und wende mich etwas anderem zu«, berichtete er nach Hause. Er fing an Theaterstücke zu schreiben. Er wollte nichts anderes tun, bis er herausgefunden hatte, ob er auch darin erfolgreich sein könne. »Ich weiß nicht, ob ich ein Stück schreiben kann, das sich auch spielen läßt, aber das macht nichts. Ich werd allemal ein halbes Dutzend schreiben, die unmöglich sind.« Diese Bemerkung war nicht unrealistisch, denn als Theaterschreiber hat er sich nun wirklich keinen großen Namen gemacht. Zur Übung in diesem Genre übersetzte er auch zwei Stücke: Ernst Gottkes und Georg Engels »Bartel Turaser« und Philip Langmanns »Im Gegenfeuer«. Beide Stücke wurden von New Yorker Theaterleuten abgelehnt und die Übersetzungen sind verschwunden. So widmete Clemens seine Aufmerksamkeit gegen Ende des Jahres 1798 immer mehr philosophischen Fragen, sowohl als Leser wie auch als Schreiber.

In der Zwischenzeit war Clemens ein reicher Mann gewesen, aber seine Investitionen in eine halbautomatische Setzmaschine hatten ihn zum Ruin getrieben, da ein Konkurrenztyp ein paar Monate früher fertig wurde. Nachdem er in jahrelanger harter Arbeit seine Schulden abgetragen hatte und sich seine Konten wieder füllten, begann er sich wiederum als Mäzen für neue technische Erfindungen zu profilieren; zumindest versuchte er es. So fand er in Wien eine Stoffdesignmaschine, für die die Rechte für Amerika noch zu haben waren.

Schließlich wurde das Leben in Wien doch zu anstrengend, und die Clemens zogen nach Kaltenleutgeben aufs Land. »Für den Sommer haben wir uns eine möblierte Villa am Ortsende dieses Wasserheilbads gemietet. Mrs. Clemens und Jean werden die Wassertherapie versuchen. Nach Wien ist es nur 1/2 Stunde mit dem Zug. Die Villa liegt wunderschön, mit einem Kiefernwäldchen nach hinten hinaus und umgeben von bewaldeten Hügeln... Wir werden Mitte Oktober nach Wien zurückkehren, diesmal aber wohl nicht im Metropol absteigen, denn das wird im Winter überlaufen sein. Ein neues Hotel, das ›Krantz‹, hat uns seine Dienste angeboten, doch sie wollen uns nur 1/3 ihrer Preise erlassen, während wir im Metropol nur die Hälfte zu zahlen hatten. Dort zahlten wir für Vollpension 460 Dollar im Monat, im Krantz wären es 704 Dollar – aber das ist auch ein Palast und das Essen ist dort viel besser. Wenn sie nochmal 125 Dollar runtergehen, werden wir uns dort einquartieren...«

Gegen die Jahrhundertwende ging der Europaaufenthalt der Familie Clemens zu Ende. »Dieses immerwährende Exil macht mich todmüde«, schrieb er am 8.1.1900. Als Clemens am 15. Oktober 1900 in die Staaten zurückkehrte, beschrieb ihn sein Freund Hoswell in einem Brief: »Clemens ist hier und hat sich in der 10th Street häuslich niedergelassen. Er sieht jünger und vergnügter aus, als ich ihn in den letzten zehn Jahren erlebt habe. Er meint, es läge am ›Plasmon‹, einer neuen deutschen Nahrungsdroge, die er einnähme...«

1901 verfaßte Clemens einen politischen Artikel, der im Februar desselben Jahres in der »North American Review« abgedruckt wurde. Es war ein wütender Angriff auf die Politik jener Zeit, vor allem gegen den Zar in China, Kaiser Wilhelm, den Außenminister von Südafrika und den Präsidenten der Philippinen. »An die Person, die im Dunkeln sitzt.« Er wurde sogar Vorsitzender einer Bürgerinitiative gegen die Massenmorde der Belgier unter König Leopold im Kongo, der Amerikanisch-Kongolesischen Gesellschaft. Seine Reisen hatten ihn der »3. Welt« näher gebracht, als sie heute dem Durchschnittsamerikaner zu sein scheint.

Erste Überstetzungen der Bücher Twains erarbeitete Moritz Busch für den Verlag Wilhelm Grunow in Leipzig. Beim Tauchnitz Verlag erschienen dann ab »Tom Sawyer« fast alle Neuauflagen Twains, allerdings in englischer Sprache. Bemerkenswert: obwohl es noch kein Copyright-Abkommen gab und der Verleger nicht verpflichtet war, dem Autor etwas zu zahlen, bekam Twain für diese Auflagen ein, wenn auch nicht hohes, Honorar.

Die Kritiker waren nicht so arg von ihm angetan, erst sein Aufenthalt in Wien und das große Interesse an seinen Büchern brachte sie dazu, Twain auch als Literaten ernst zu nehmen. Robert Lutz verlegte 1892 eine 6-bändige Ausgabe Twain'scher Werke, und nach und nach wurden fast alle seine Bücher ins Deutsche übertragen.

Seine größte Popularität in Deutschland hatte Twain nach dem ersten Weltkrieg. 1923 war er ein wahrer Bestsellerautor in diesem Land, etwas, das bislang noch kein fremdsprachiger Autor erreicht hatte. Ab 1929 ließen dann die Auflagen und Verkäufe nach. Sicherlich auch, weil eine gewisse Anti-Propaganda auftauchte, die Twain als Juden »abqualifizierte«. Schon 1910 war dieser »Vorwurf« aufgetaucht, 1927 durch einen Herrn Kurt G. Krebs wiederholt worden: »...der aus den ehemaligen habsburgischen Gebieten ausgewanderte Jude...«. Weitere Verbreitung fand dann diese Mißinformation im »Handbuch der Judenfrage« von Theodor Fritsch. Ein Alfred Eisenmenger behauptete anschließend: »Man will es nicht glauben, daß Mark Twain Jude ist; aber seine Schreibweise ist jüdisch.« In späteren Ausgaben seines Werkes »Das Judentum in ausländischen Schriften« hatte er seinen Irrtum wohl eingesehen und diese Bemerkung gestrichen.

So hat das Interesse an Twains Bücher erst nach dem Krieg wieder zugenommen, wenn auch bis heute vor allem seine »Jugendbücher« der Grundpfeiler seines Ruhmes in diesem Land sind. Aber vielleicht bewirkt die Rückkehr des Kometen ja einen neuen Schub auch des »erwachsenen« Interesses.

Im 20. Jahrhundert kam Twain nicht mehr nach Deutschland zurück. Der Tod seiner Frau und seiner Töchter (bis auf Clara) und das zunehmende Alter dämmten seinen Reisedrang zusehends ein. Aber noch lange Zeit nach seinem letzten Deutschlandaufenthalt unterschrieb er noch Briefe an Freunde mit »Gott behüte Dich!«